U0032437

余英時
文集

余英時——
10

漢胡經濟關係的研究

漢代貿易與擴張

余英時 ——— 著

鄔文玲 等——譯　何俊——編

余英時文集編輯序言

聯經出版公司編輯部

　　余英時先生是當代最重要的中國史學者，也是對於華
人世界思想與文化影響深遠的知識人。

　　余先生一生著作無數，研究範圍縱橫三千年中國思想
與文化史，對中國史學研究有極為開創性的貢獻，作品每
每別開生面，引發廣泛的迴響與討論。除了學術論著外，

他更撰寫大量文章，針對當代政治、社會與文化議題發表意見。

一九七六年九月，聯經出版了余先生的《歷史與思想》，這是余先生在台灣出版的第一本著作，也開啟了余先生與聯經此後深厚的關係。往後四十多年間，從《歷史與思想》到他的最後一本學術專書《論天人之際》，余先生在聯經一共出版了十二部作品。

余先生過世之後，聯經開始著手規劃「余英時文集」出版事宜，將余先生過去在台灣尚未集結出版的文章，編成十六種書目，再加上原本的十二部作品，總計共二十八種，總字數超過四百五十萬字。這個數字展現了余先生旺盛的創作力，從中也可看見余先生一生思想發展的軌跡，以及他開闊的視野、精深的學問，與多面向的關懷。

文集中的書目分為四大類。第一類是余先生的**學術論著**，除了過去在聯經出版的十二部作品外，此次新增兩冊《中國歷史研究的反思》古代史篇與現代史篇，收錄了余先生尚未集結出版之單篇論文，包括不同時期發表之中英文文章，以及應邀為辛亥革命、戊戌變法、五四運動等重要歷史議題撰寫的反思或訪談。《我的治學經驗》則是余先生畢生讀書、治學的經驗談。

其次，則是余先生的**社會關懷**，包括他多年來撰寫的時事評論（《時論集》），以及他擔任自由亞洲電台評論員期間，對於華人世界政治局勢所做的評析（《政論集》）。

其中,他針對當代中國的政治及其領導人多有鍼砭,對於香港與台灣的情勢以及民主政治的未來,也提出其觀察與見解。

余先生除了是位知識淵博的學者,同時也是位溫暖而慷慨的友人和長者。文集中也反映余先生**生活交遊**的一面。如《書信選》與《詩存》呈現余先生與師長、友朋的魚雁往返、詩文唱和,從中既展現了他的人格本色,也可看出其思想脈絡。《序文集》是他應各方請託而完成的作品,《雜文集》則蒐羅不少余先生為同輩學人撰寫的追憶文章,也記錄他與文化和出版界的交往。

文集的另一重點,是收錄了余先生二十多歲,居住於**香港期間**的著作,包括六冊專書,以及發表於報章雜誌上的各類文章(《香港時代文集》)。這七冊文集的寫作年代集中於一九五〇年代前半,見證了一位自由主義者的青年時代,也是余先生一生澎湃思想的起點。

本次文集的編輯過程,獲得許多專家學者的協助,其中,中央研究院王汎森院士與中央警察大學李顯裕教授,分別提供手中蒐集的大量相關資料,為文集的成形奠定重要基礎。

最後,本次文集的出版,要特別感謝余夫人陳淑平女士的支持,她並慨然捐出余先生所有在聯經出版著作的版稅,委由聯經成立「余英時人文著作出版獎助基金」,用於獎助出版人文領域之學術論著,代表了余英時、陳淑平

夫婦期勉下一代學人的美意，也期待能夠延續余先生對於
人文學術研究的偉大貢獻。

編者序言

　　我收集余英時先生的英文論著，初衷本是為了自己更全面地學習他的治學方法和理解他的論學旨趣。但在閱讀的過程中慢慢覺得，如果能將這些論著譯成中文，也許不失為一件有意義的事情。這意義在我看來至少有兩點：一是有興趣的讀者可以更全面地讀到余先生的論著；二是有助於對海外漢學以及中美學術交流的認識與研究。

　　《東漢生死觀》取名於余先生1962年在哈佛大學的同名博士論文。由於這篇學位論文中的第一章後經修改以同名發表於1964-965年的《哈佛亞洲研究學刊》，因此在本冊中用後者取代了前者。此外，另收了同一主題的一篇書評(1981年)和一篇論文(1987年)。時隔二十年作者續論這一主題，主要是因為考古的新發現。1978年末余先生率美國漢代研究代表團訪問中國月餘，漢代文獻與遺跡的親切感受大概也起了激活作用。

　　《漢代貿易與擴張》取名於余先生1967年出版的同名專著。此外，另收了兩篇論文和一篇書評。論文與漢代有關，發表的時間雖然分別是1977年和1990年，但後者是因所收入的文集出版延後所致，實際上它們同時完成於1973-975年間。與這一主題相關，作者後來為《劍橋中國史》(秦漢卷)(1988年)撰有專章「漢代對外關

係」，此書早有中譯本，故這裡不再收錄。1964年刊行的書評是關
於唐代財政體制的，雖與漢代無直接關係，但考慮到主題同屬於社
會經濟史，所以一併編入此冊。

　　《人文與理性的中國》由多篇論文組成，討論主題集中在中國
思想史，涉及3世紀到當代，體裁有專論、書評、條目和序跋，先
後發表於1980-2000年。之所以取名爲《人文與理性的中國》，是
我以爲這個提法能反映余先生的思想，他的所有思想史論著從根本
的意義上說，也正是要釋證中國文化中的人文情懷和理性精神。
（編按：繁體中文版出版時，依余先生的意思，增收〈文藝復興
乎？啓蒙運動乎？——一個史學家對五四運動的反思〉、〈朱熹哲
學體系中的道德與知識〉、〈歷史視野的儒家與中西相遇〉、〈20
世紀中國現代化與革命崇拜之爭〉、〈歷史學的新文化轉向與亞洲
傳統的再發現〉五文。）

　　《十字路口的中國史學》，取名於余先生作爲美國漢代研究訪
華團團長寫成的同名總結報告。此外，收入了由余先生匯總的訪問
活動與討論日記，以及差不多同時完成並與主題相關的一篇專論。
這篇專論最初以中文寫成發表，後被譯成英文並經作者適當改寫後
發表，收入本冊時相同部分照錄中文，不同部分則據英文而譯。

　　余英時先生的英文論著在1970年代有一個明顯的變化，此後他
的學術論著主要是以中文發表，大部分英文論著則概述他中文論著
的主要思想，以及他對中國思想文化傳統的分析性通論。前者顯然
是因爲他希望更直接地貢獻於中國學術，後者則表明他希望將中國
的學術引入美國。促成這個變化的契機大概是他1973-1975年在新
亞書院及香港中文大學的任職。雖然服務兩年後仍回哈佛任教本是
事先的約定，且這兩年的服務也令他身心疲憊，但深藏於他心中的

中國感情似乎更被觸動，更需要得到合理的安頓。1976年1月余英時先生四十六歲時，同在哈佛任教的楊聯陞將自己與胡適的長年往來書信複印本送給他作為生日禮物，在封面上題寫：「何必家園柳？灼然獅子兒！」大概正是體會到弟子的心情而示以老師的寬慰、提示與勉勵吧。

此後，余先生與兩岸三地的中國學界一直保持著密切的學術交流。我在余先生小書齋的書架上翻覽時曾見到錢鍾書在所贈《管錐編》扉頁上的題詞，當時覺得有趣，便請余先生用他的小複印機複印了一份給我，現不妨抄錄在這裡，也算是一個佐證。題雲：

> 誤字頗多，未能盡校改，印就後自讀一過，已覺須補訂者二三十處。學無止而知無涯，炳燭見跋，求全自苦，真癡頑老子也。每得君書，感其詞翰之妙，來客有解事者，輒出而共賞焉。今晨客過，睹而歎曰：「海外當推獨步矣。」應之曰：「即在中原亦豈作第二人想乎！」並告以入語林。

總之，讀余英時先生的英文論著應當注意其中的中國學術背景，正如讀他的中文論著應該留心其中的西方學術背景一樣。

何　俊

楊序

　　作為第一個延祚久長的官僚制帝國，漢朝（前206-220）在若干個世紀裡都被視為東亞地區帝國統治的經典模式。不論是在漢人統治時期，還是在異族統治下，中國歷朝歷代的統治者和士大夫都將漢代的典章制度視為他們的歷史經驗而進行學習。漢帝國的秩序也通過直接的方式以及其修正模式，即唐代模式，對鄰近的國家，尤其是韓國、日本、越南產生了顯著的影響。

　　漢代的制度之所以產生極其重要的影響，主要原因在於它成功地融合了先前時代的遺產中各種明顯相矛盾的因素。例如，理論與實踐中對儒家和法家的有意識結合，在理想主義和現實主義之間給出了一個充分的變化、擺動空間。這種調和也被運用於黷武主義與和平主義、自由放任與國家控制，以及其他相互對立的力量之間。整個帝國的網絡系統類似於一個巨大的酒瓶，儘管這個酒瓶裡大多數時候都裝著舊酒，但它能夠不時地容納一些新酒，從而使之強大得足以容忍進一步的騷動。

　　余英時博士的著作，以貿易和擴張為中心，討論了漢帝國網絡系統中的若干部分。在全面研究傳世文獻和考古材料的基礎上，從多個角度考察了漢代中國人與其他民族之間的對外關係。在廣泛的歷史和文化背景中，重新審視了漢朝所面臨的經濟和軍事問題，最

終展示了一幅全景式的畫卷，並用許多具體的事例和敏銳的評論做了論證和闡釋。無論就其廣度和深度而言，此書在任何語言中都是對這一主題的首次全面研究，爲理解中國歷史做出了非常重要的貢獻。

在一個急劇的文化大變動的時代，歷史的價值也許變得極其令人懷疑。另一方面，既然今天的現在會變成明天的過去，那麼，對於一個國家或民族來說，拒絕與過去的所有聯繫和延續顯然是徒勞的。在歷史的鏡子裡映照出來的醜陋面孔也許屬於我們的祖先，但遺憾的是，他也長得跟我們的面孔很相像。中國人以其重視歷史的思想而著稱。如此根深蒂固的文化特性，即使用國家強制手段也不可能在一兩代人中被完全清除掉，正如唐代詩人李白的詩句所說：「抽刀斷水水更流。」

楊聯陞

馬薩諸塞　劍橋

1966年9月

自序

我在本書中嘗試以貿易與擴張之間的相互作用為中心主題，對漢代與胡族之間的經濟關係進行系統的描述。這一工作之所以可能，是基於以下幾方面的背景。

首先，我們今天能夠獲得大量即使是漢代兩個偉大的歷史學家司馬遷和班固也無法看到的資料，尤其是許多近來的考古發現。其次，儘管現代中西方學者對這一主題所涉及到的幾乎每一個方面都進行了縝密的考察，但現代歷史研究的結果仍然需要在解釋框架方面得到加強，以便其意義能夠更容易得到認識。

最後，更好地理解傳統中國的世界秩序的需要在日益增強。近年來，中國的貢納體系在處理西方對清王朝的挑戰時所暴露出來的不足之處，已為許多著作所涉及。眾所周知，在面臨新的世界秩序時，這一體系已經崩潰而無法修復；但是應該記住，中國的貢納體系有著悠久的歷史。我認為，要對它作出任何公正的評價，不僅必須要考慮到它的衰落和崩潰，而且必須要考慮到它的建立和成長。鑑於這一體系在漢朝時期開始形成，因此我依據當時政治、經濟的現實背景來分析它的發展演進。

在設計本書的整體框架的過程中，我主要依靠各個朝代的正史記載，因為在其編年紀中對基本的事實都有記述。正如我在前面的

解釋中所指出的那樣，本書極大地受益於現代歷史學成就，如果沒有現代歷史學成就，任何綜合性研究(即使像本書這樣有限的綜合研究)都是不可能獲得成功的。

考古學的發現主要被用於證實歷史記載。然而，在重構漢代中國與西方國家的貿易關係，尤其是絲綢貿易的過程中，考古學的證據發揮了主要作用。特別應該提到的是敦煌和居延發現的漢代簡牘資料，這些資料是任何本段歷史的研究者都不能夠忽略的。在許多場合中，它們對於我澄清邊境貿易的制度背景極有幫助。

每一本書都是其作者欠付他的老師和朋友的知識債務的一個標誌。我的書也不例外。我首先要提到錢穆博士，我在香港新亞書院本科學習期間，正是他激勵我進入中國研究領域，同時教導我熱愛中國歷史。我要特別感謝哈佛大學的楊聯陞教授，他不僅指導了本書每一階段的寫作，而且親自作序，為本書增色不少。我還要感謝哈佛大學的費正清(John K. Fairbank)教授、芝加哥大學的何炳棣教授和洛杉磯加利福尼亞大學的勞榦教授，他們熱心地閱讀了本書的部分或全部初稿，並提出了大量修改意見。

1963年至1966年，從密西根大學洛克罕研究生院獲得的三筆研究經費，使我能夠有機會到美國的幾個亞洲圖書館為本研究收集資料。在同一時期，密西根大學中國研究中心為本書的準備提供了物質上的便利，不僅給予大量打印服務，而且為我配備研究助手，使我能夠將重要的德國和俄國考古資料結合到我的研究中。我特別感謝我的朋友和同事——中國研究中心主任費維凱(Albert Feuerwerker)教授對我的不斷激勵。此外，加利福尼亞大學出版社工作人員的熱情支持，使本稿得以迅速付梓。

余英時 麻薩諸塞 劍橋 1966年10月

目次

年表

秦

　　秦始皇　西元前221-前210年

　　秦二世　西元前209-前206年

西漢

　　高祖　西元前206-前195年

　　惠帝　西元前194-前188年

　　呂后　西元前187-前180年

　　文帝　西元前179-前157年

　　景帝　西元前156-前141年

　　武帝　西元前140-前87年

　　昭帝　西元前86-前74年

　　宣帝　西元前73-前49年

　　元帝　西元前48-前33年

　　成帝　西元前32-前7年

　　哀帝　西元前6-前1年

　　平帝　西元1-5年

　　孺子嬰　西元6-8年

王莽新朝　西元9-23年

東漢

　　光武帝　西元25-57年

　　明帝　西元58-75年

　　章帝　西元76-88年

　　和帝　西元89-105年

　　殤帝　西元106年

　　安帝　西元107-125年

　　順帝　西元126-144年

　　沖帝　西元145年

　　質帝　西元146年

　　桓帝　西元147-167年

　　靈帝　西元168-188年

　　少帝　西元189年

　　獻帝　西元189-220年

三國

　　魏　西元220-264年

　　蜀　西元221-263年

　　吳　西元222-280年

換算表

1斛或1石=10斗=100升=0.565蒲式耳

1匹=4丈

1丈=7英尺，6.94英寸

1里=1364.1英尺

1斤=244克

錢=銅錢

10000銅錢=1斤黃金=244克

縮寫表[*]

BEFEO：*Bulletin de L'École francaise d'Extrême-Orient*
BMFEA：*Bulletin of the Museum of Far Eastern Antiquities*
HJAS：*Harvard Journal of Asiatic Studies*
JAOS：*Journal of the American Oriental Society*
TP：*T'oung Pao*

---

* 譯註：該表中的中文文獻已在正文中譯出，故縮寫不再列出。又，書末
尚有中文術語表和索引，譯本從略。

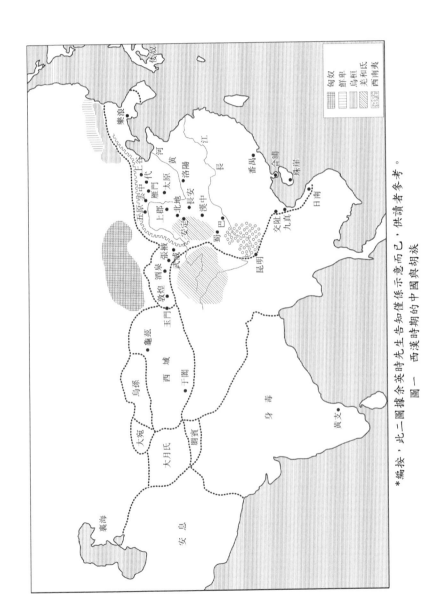

圖一　西漢時期的中國與胡族

*編按，此二圖據余英時先生告知僅係示意而已，供讀者參考。

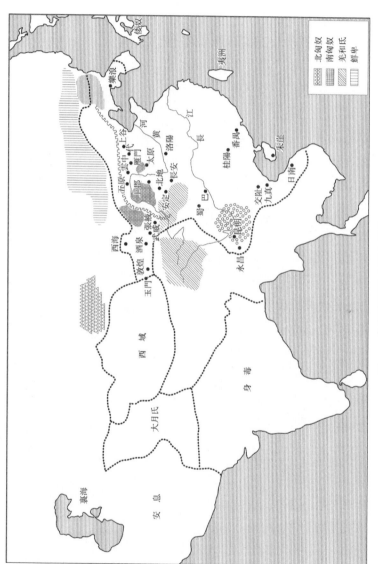

圖二　東漢時期的中國與胡族

北匈奴
南匈奴
羌和氐
鮮卑

後匈奴
樂浪
黃河
河
江
長
夷洲
番禺
桂陽
朱崖
日南
九真
交阯
安陽
巴
蜀
永昌
昆明
雲貴高原
西河
上谷
代
雁門
太原
北地
洛陽
長安
安定
三輔
天水
金城
武威
張掖
酒泉
敦煌
玉門
西海
西　域
大月氏
身　毒
安　息
裏海

漢代貿易與擴張

——漢胡經濟關係的研究

（1967年）

第一章
導論：問題及其緣起

　　作為一個歷史時期，漢代中國在眾多的輝煌業績之中尤其引人注目的是它在貿易和擴張方面所達到的前所未有的成就。絲綢之路的開闢和通往中亞的西北通道的開通，儘管有其重要的歷史意義，但也只是構成整個歷史的一小部分。從最寬泛的意義上講，貿易可以包含所有類型的交換，這些交換可以涉及到一切有經濟價值的東西；因此，韋伯把古代君主之間無償的禮物交換視為一種貿易形式——「禮物貿易」[1]。然而，就傳統中國來說，皇帝的禮物與胡族的納貢之間的交換長期以來就被稱為「通貢貿易」[2]。另一方面，擴張也是多方面的——軍事的、政治的、經濟的以及文化的。因此，在目前的研究中，擴張的涵義包括從最具體意義上的領土擴張到最抽象意義上的文化擴張——中國對境外異族的文化滲透，或者簡言之，就是使之中國化。

　　儘管在概念上它們是截然不同的，但漢代中國的貿易與擴張緊密地交織在一起，在現實中很難將它們割裂開來。在整個漢代，它們通過相互促進並肩發展。但是，任何想弄清它們二者中何者為原

1　Max Weber, *General Economic History*, p. 197.
2　Owen Lattimore, *Inner Asian Frontiers of China*, pp. 482-483.

因、何者爲結果的嘗試都將不可避免地以失望而告終。事實上，其作用都是雙向的：有時是貿易爲擴張鋪平了道路，有時是擴張爲貿易開闢了機會。正是基於這種考慮，在這裡注意力應該更多地集中在二者之間的相互作用上，而不是將二者割裂開來的任何一方。

從歷史的觀點看，這一時期的貿易和擴張最初只是對北部和西北邊境上匈奴的威脅作出的反應，但結果是，不僅許多胡族群體，諸如北部的匈奴、羌、烏桓和西南夷被納入帝國的範圍之內，而且他們都或多或少地被中國化了。在這一過程中，中國也擴張到了西域和中亞，甚至直接或間接地與更偏西的國家建立了貿易往來。儘管其後來的發展在漢帝國歷史上非常重要，但西部擴張仍然只能被理解爲一種附帶的趨勢。在總的對外關係領域，一直爲朝廷所關注的中心是如何成功地對付中國邊境的各個胡族群體，以防止他們擾亂帝國的秩序。只有服務於這一目的時，西部擴張才是必要而值得一試的。簡言之，它是達到目的的一種手段，而不是目的本身。這段歷史爲這一看法提供了充分的證據。譬如說，漢武帝死後，其過度的擴張政策在朝廷中遭到了嚴厲的批評[3]。甚至奉行擴張政策的漢武帝本人也在臨死前下詔悔過[4]。在下文中將會看到，幾個繼任的皇帝，尤其是西漢的宣帝和東漢的光武帝，在是否遵循對西域採取擴張政策上大費躊躇；一些朝廷官員甚至提出了頗有意思的反對擴張的理論。然而，最好的證據可以在東漢對納貢的各胡族群體的援助比例中找到：每年用於整個西域納貢國家的支出總額是7,480萬錢，而僅用於南匈奴的開支數額就達10,090萬錢。

3　Lien-sheng Yang, *Studies in Chinese Institutional History*, p. 6.
4　《漢書》卷96下。

　　所有這些事實無可辯駁地表明了漢代對外政策的重點指向何處。正是基於這種理解，本研究才特地將重點放在中國和邊境胡族之間普遍的經濟往來上。由此，歸順的胡族在中國的安置情況和中國與非漢族人之間的境內外貿易，都會被視爲本研究中同樣重要的不同方面。這樣做的目的是爲了呈現出有關貿易和擴張的基本事實的均衡圖景。而且，通過對這些歷史事實的分析，也企望揭示出漢代中國與胡族之間經濟關係的總體結構。這裡的結構，不僅包括其間發生的各種類型的經濟交往方式，而且也包括這些經濟交往是如何被嵌入帝國的政治和經濟體系中去的。

　　在西方，傳統中國一直被稱爲「儒教」國家或者「儒家」社會，而這一稱謂的涵義決不是清晰明瞭的。如果這一稱謂意指一個國家或社會是遵照先秦儒家關於政治和社會的著述所確立的路線或者原理建立起來的，那麼，漢代的中國也許可以被看作是比其後任何朝代都更加典型的儒家社會。而且，就制度層面而言，漢代的重要性就在於它是中華帝國秩序基本模式的形成時期——就傳統內部的不同發展階段而言，這一模式一直持續到19世紀末。從這個觀點看，對漢朝時期的中國與胡族之間經濟關係結構的詳細分析也可以闡明所謂「儒教」國家或者「儒家」社會的特徵。

　　在中國歷史上，胡族的威脅問題並不是始於漢朝初年的。爲了理解整個歷史背景，我們必須將其起源追溯到更早的時期。胡族的威脅問題最早在春秋時期(前771-前481)就變得特別嚴重。首先，我們知道，周的都城從今陝西西安附近的鎬東遷到河南洛陽的活動標誌著春秋時期的開始，而且周的遷都活動即便不是由西北邊境的戎人入侵所導致的結果，也與之有直接關係。整個春秋時期，胡族都在不時地入侵漢族各國。因此，擊退胡族是霸權體系下霸主國家

最緊迫的政治目標和政治義務之一。在這一時期，牢記漢族更多地是在文化標準上而不是種族意義上有別於胡族這一點是很重要的。一方面，北部和西北部的戎人和狄人被視爲野蠻人；另一方面，南方欠發達而富於進攻性的楚人也同樣被視爲野蠻人。《公羊春秋》說：「南夷(即楚)與北狄交，中國不絕若線。」[5]

就經濟生活而言，春秋時期漢族和胡族之間的區別在本質上只有一個，那就是農業民族和遊牧民族的區別，後來漢代的情況也是如此。作爲遊牧民族，除了放牧牲畜的目的之外，胡族人通常對易於攜帶的諸如金錢和商品等可流動的財富比對土地更有興趣[6]。

早在西元前6世紀，在與胡族人長期密切的接觸中，漢族人就了解了他們的經濟行爲模式，而且開始利用這一點來對付他們。比如，西元前568年，晉國(在今山西境內)的大臣魏絳提出了一個針對鄰近戎狄的和平政策，他指出了和平協議必將帶來的大量好處；在這些好處當中，下述兩點尤其與討論的主題即貿易和擴張有關。第一，戎人和狄人都是遊動不居的，因此，他們寧願要貨物而不要土地。可以設想，通過和平的手段，可以用錢買他們的土地讓漢人耕種。第二，隨著和平的到來，邊境上的緊張局勢可以得到緩解，反過來，邊境上的漢族農民也有可能從事他們的農業工作[7]。

根據第一點，我們可以知道，甚至在這樣早的時期，貿易就像在漢代一樣已經被中國政府當作控制邊境上的胡族的政治武器來使

5　《春秋公羊註疏》，十三經注疏本，卷10。
6　Lattimore，前引書，p. 66.
7　James Legge, tr., *The Ch'un-Ts'ew with the Tso Chuen in The Chinese Classics*, 5:424.在《國語》(萬有文庫本，〈晉語〉七，頁159)中可以找到一段更簡短的內容相似的文字。

用了。拉提摩提出了一個有意思的觀點，他強調，在抵抗胡族的戰爭中，戰國時期（前450?-前221）的中國是在進行擴張，而不是保衛它的領土[8]。現在，這第一點進一步表明，中國的擴張不僅採取戰爭的形式，而且也採取貿易的形式，有時候貿易證明是更加有效和徹底的方式。根據第二點，就像下文會充分展示的那樣，很顯然，春秋時期胡族的威脅預示了漢代的情況，即，遊牧民族對漢族農民定居生活的威脅隨時在不斷的邊境襲擊中表現出來。

正如歷史文獻和考古發現所揭示的那樣，戰國時期尤其是西元前3世紀以後，中國和胡族的經濟交往普遍地存在於許多邊境地區。北部的燕國據稱和鄰近的胡族尤其是位於東北的烏桓有著密切的聯繫。燕國國人的貿易關係據說延伸得更遠，甚至到了朝鮮[9]。這一文學性的記載得到了現代考古發現的證實，在朝鮮發現了大量稱為「明刀」的刀幣[10]。1958年至1960年，東北地區發掘了幾個戰國時期的墓葬；這些墓葬被認為是屬於所謂的東胡的，很可能是烏桓人的。遺物中有包括武器在內的青銅器，清晰地顯示出其受中國文化和匈奴文化共同影響的痕跡。譬如說，戰國時期的漢族戈戟就可以作為很好的證據，證明這些胡族人和中國內地的漢族人之間一定建立了某種聯繫，尤其是經濟聯繫[11]。

在中國西南的邊境地區，尤其是四川，土著蠻夷人與內地漢族

8　Lattimore, 前引書, pp. 340-349.

9　《史記》卷129；《漢書》卷28下。參見 Burton Watson, *Records of the Grand Historian of China*, 2: 487.

10　關於對朝鮮發現的「明刀」刀幣及其與貿易的關係的綜合性研究，參見藤田亮策，《朝鮮考古學研究》，頁196-292；也可參見王毓銓，《我國古代貨幣的起源和發展》，頁65-69。

11　《新中國的考古收穫》，頁72。

之間的文化和經濟聯繫也許可以追溯到殷周時期。但是，這種聯繫一直到春秋戰國時期，尤其是西元前316年秦國征服蜀地（四川北部）之後，才變得意義重大[12]。考古調查表明，在戰國時期，來自中原各國的輸入品被不斷地帶進四川，這些物品包括秦的青銅器皿，楚的青銅三足鼎和武器。在四川東部，不但發現了中原風格的產品、銘文和鐵器，而且發現了秦國的銅錢，這是土著蠻夷人與外部的漢族之間有貿易交換的可靠標誌[13]。

在這一點上，考古發現能夠結合文獻資料進行最富成效的研究。根據文獻記載，直到西元前3世紀末，只有極少數的中國人是通過與四川和雲南的土著蠻夷之間的貿易而致富的。譬如，著名的蜀地卓氏，靠鼓鑄冶鐵致富，最終壟斷了與中國西南邊境上的蠻夷之間的貿易。大約與此同時，另一位著名的四川商人程鄭，也經營冶鐵業，通常與一群在歷史中被描繪為「椎髻之民」的蠻夷之間進行貿易[14]。在漢代，這些蠻夷人顯然與那些被總稱為西南夷的部落是相同的[15]。很可能正是通過這些中國商人中介如卓氏、程鄭，中國的物品尤其是金屬製品得以首次到達西南邊境，最近考古學家們發現了這些器物。

在西北邊境上，也可以看到類似的中國商人的活動。據載，一位名叫烏氏　的商人（在今甘肅境內）通過與胡族首領之間的絲綢貿易而致富。每次他賣了牲畜之後，就買一些精美的絲織品或其他一

12　徐中舒，〈巴蜀文化初論〉，載《四川大學學報》（社會科學版），1959: 2，頁21-24。

13　《新中國的考古收穫》，頁73-74；《考古通訊》，1955:6，頁48-54。

14　Watson, 2: 495-496; Nancy Lee Swann, *Food and Money in Ancient China*, pp. 452-453.

15　因為在《史記》中也對西南夷作了相似的描述。參見Watson, 2: 290.

此珍奇的物品獻給戎王。戎王總是以十倍的價格回報他，而且賜給
他牛和馬以示答謝。就像故事中所講的那樣，通過這種方式，烏氏
倮得以積累起不計其數的牲畜[16]。再引證另外一個例子：西元3世
紀晚期，偉大的漢代歷史學家班固的祖先，作爲畜牧業的最主要的
家族出現在西北邊境地區。班氏的馬、牛、羊的數量達到數千群。
而且，根據班固的說法，其家族的成功激勵和鼓舞了邊境上的中國
人，他們中的許多人都追隨班氏，步其後塵[17]。

　　從總體上看，正如上文的事例所表明的那樣，不應該過分強調
戰國晚期中國與胡族之間的邊境貿易的歷史意義。首先，作爲一種
歷史現象，必須將其放置到整個戰國時期手工業和商業快速發展的
總體背景以及當時各個國家之間或地區之間貿易的特殊背景中進行
考察。第二，戰國時期所實行的那種個別中國人與胡族人之間的邊
境貿易，也許可以合乎邏輯地看作是漢代邊境上的許多中國商人所
採取的一種特殊貿易模式的原型，這一點將在下文中證明。

16　Watson, 2: 483; Swann, p.430.郭沫若曾經誤認爲這裡的戎王是指匈奴。
　　參見氏著《文史論集》，頁156。
17　《漢書》卷100上。毋庸置疑，成功的畜牧業也必定與邊境上的胡族人有
　　關。

第二章
政策背景和貿易基礎

　　如果不對其不斷變化的對外政策和經濟政策以及日益發展的商業條件做一番最起碼的簡要考察，就不可能完全理解漢代中國的貿易和擴張。首先，我們必須找出漢代政府對待在漢、胡的經濟交往中無疑起著首要作用的胡人和商人二者的總體態度是什麼。其次，我們必須弄清漢代中國能夠給非漢族人提供些什麼，以及這些供給是如何實現的。一方面，這自然會引發對漢代中國的農業和工業資源的討論，另一方面，則涉及到對其總的貿易設施，諸如交通系統的討論，這些因素一起構成了我們所謂的貿易基礎。本章將致力於回答這些基本問題。

一、對外政策

　　西漢時期(前206-8)的對外政策幾乎完全是以帝國與匈奴的關係為轉移的。因此，回顧其匈奴政策將有助於從總體上充分揭示西漢對胡族的基本態度。

　　當西元前202年漢朝最終統一中國的時候，它不僅繼承了秦帝國，而且也繼承了秦帝國的所有問題，其中最尖銳的問題之一，就是自西元前4世紀以來就一直困擾著中國人的匈奴對北部和西北部

邊境的威脅[1]。僅僅在一年之後，這一威脅的典型事例就發生了。發生在西元前201-前200年的漢匈之間第一次大規模的軍事衝突始於一名中國將軍投降匈奴，以漢朝的開國君主漢高祖在平城(今山西大同境內)被圍困七天之後死裡逃生而告終[2]。

就在平城失敗之後，漢高祖立即根據手下劉敬的建議，採取著名的和親政策，與匈奴達成和平協定[3]。第一次和親協定保證每年送給匈奴一定數量的帝國「禮物」，並嫁一位漢室「公主」給單于，單于相當於中國的天子。另一方面，匈奴保證停止對中國邊境地區的侵奪[4]。在惠帝(前194-前188)、呂后(前187-前180)、文帝(前179-前157)和景帝(前156-前141)統治時期，儘管並不是毫無困

1　Owen Lattimore, *Inner Asian Frontiers of China*, pp. 450-468.

2　《史記》卷8、卷93；《漢書》卷1下、卷33。參見Burton Watson, *Records of the Grand Historian of China*, 1: 110, 235-236; H. H. Dubs, *The History of the Former Han Dynasty*, 1: 115-116. 關於漢高祖遠征的今譯參見 Lattimore, 前引書, pp. 479-480.

3　《史記》卷99；Watson, 1: 289-290。我所說的和親代表了西漢初年中國與匈奴間關係的典型特徵，這種狀況一直持續到西元前135年左右。這一點在下一章中將會進行全面分析，和親也可以看作是漢廷以高昂的代價從匈奴手中買來的和平，而實際上除了他們極不牢靠的「不侵犯」的許諾外，漢廷沒有從匈奴那裡獲得任何回報。這也許可以視為中國歷史上的另一種「不平等條約」，在其後的時期內，當中華帝國的軍事力量衰弱而不能保持與強大的胡族之間貢納關係的平衡時，這種不平等條約以一種修正過的形式在不同程度上不時反覆出現。這在宋代(960-1279)與遼[契丹](907-1125)和金[女真](1115-1234)的關係上表現得尤為真切。必須指出的是，西元前135年之後，和親一詞也在非常寬泛的意義上運用於中國歷史之中，它只簡單地表示「和平友好的關係」。從這個意義上說，它也同樣適用於在貢納體制中作為宗主國的中國與作為附庸的胡族之間保持良好關係的情況。不過，本研究只在其最初的狹義範圍內使用和親一詞。

4　《史記》卷110；Watson, 2: 166-167.

難甚至有時是屈辱的，但大體上都採取了與此相似的對外政策。然而，當和親政策被一再地證明無法挽救胡族之患後，一個急劇的變化最終在武帝時期(前140-前87)發生了。決不能認爲這一變化是突然之間產生的。早在文帝統治時期，年輕的政治思想家賈誼在一份長長的奏疏中就嚴厲地批評過和親政策，他指出：

> 天下之勢方倒縣。凡天子者，天下之首，何也？上也。蠻夷者，天下之足，何也？下也。今匈奴嫚侮侵掠，至不敬也，爲天下患，至亡已也，而漢歲致金絮采繒以奉之。夷狄征令，是主上之操也；天子共貢，是臣下之禮也。足反居上，首顧居下，倒縣如此，莫之能解……臣竊料匈奴之眾不過漢一大縣，以天下之大困於一縣之眾，甚爲執事者羞之。陛下何不試以臣爲屬國之官以主匈奴？行臣之計，請必繫單于之頸而制其命，伏中行說[5]而笞其背，舉匈奴之眾唯上之令。[6]

賈誼在這裡對和親政策的批評可能反映了他的許多同僚們的心理。實際上在這份奏疏中所提出的建議不外乎：(1)從防禦性的對外政策轉向武力擴張；(2)用貢納體制取代和親體制。但是，他的建議直到大約三十年後才受到重視。

5　中行說是一名宦官，在文帝統治時期他極不情願地作爲一位公主的護衛被派遣到匈奴。因此，出於憤恨，他致力於維護匈奴的利益而與漢朝對抗。漢人極度痛恨他，將其視爲叛徒。他的活動可以在Lattimore, *Inner Asian Frontiers of China*, pp. 487-488找到，但沒有提及他的名字。在Watson, 2: 170-171，他的名字被誤讀成"Zhong Xing Shuo".

6　《漢書》卷48。

西元前135年，匈奴派遣使節到漢廷要求延長和親協定，皇帝為此召集了廷議。在廷議中形成了兩派意見，一派以宰相韓安國為代表，一派以精通胡族事務的邊境官員王恢為代表；前者極力捍衛傳統的和親政策，而後者則大肆鼓吹使用武力。由於韓安國的意見獲得了大多數人的支持，武帝極不情願地同意繼續採取和親的和平路線。與匈奴的徹底決裂發生在西元前133年，這是另一次廷議的結果。在廷議中，主戰派與主和派之間進行了長時間的激烈爭論，最終使武帝推翻了他先前的決定[7]。從這些爭論中可以清楚地看到為什麼轉向一種全新的對外政策方針被認為是必要的。從財政上看，在和親協定下，匈奴每年向漢朝索要的禮物不斷增加，這對於漢帝國已經是一個不小的負擔。從政治上看，不忠實的漢朝將領和其他不利勢力通常向匈奴尋求支持或者叛逃到匈奴去這一事實本身就構成了對漢帝國秩序的不斷威脅[8]。但是，即使付出了如此高昂的代價，仍然看不到能夠保證持久和平的希望。匈奴入侵的報告不時地從邊境緊急送往朝廷。因此，為了最終從帝國肉體中拔除匈奴這根刺，訴諸赤裸裸的武力被認為是唯一的選擇。

對匈奴政策的這一轉變在帝國的對外關係中產生了具有廣泛影響的後果。為了切斷匈奴人與受其控制的中亞人之間的聯繫，同時也為了給中國尋找同盟，帝國的使節被派往西域以建立漢帝國與西域的許多小國家之間的外交關係。這就開啟了中國向西部的擴張。應該注意的是，一直到西漢末年，在總體上都執行了這種擴張性的

7　《漢書》卷52。關於對漢代政策進行討論和作出決策的廷議的重要性，參見Yu-ch'uan Wang, "An Outline of the Central Government of the Former Han Dynasty," *HJAS*, pp. 173-178.

8　參見Lattimore, *Inner Asian Frontiers of China*, pp. 478-480.

對外政策，只有非常細微的變動。

　　東漢面臨著截然不同的胡族問題，因此必須按照不同的方針制定它的對外政策。當時，匈奴已經被永遠劃分成了兩部分，分別稱為南匈奴和北匈奴。南匈奴順服地將自己納入中國的貢納體制中，居住在帝國的邊境沿線。在內地或者邊境上也安置了其他一些胡族人，特別是羌、烏桓和鮮卑。總之，東漢必須應付大量的胡族人，而且其中一部分是位於中國領土之內的。帝國首先要考慮的不是進一步的擴張，而是如何在不擾亂內部秩序的情況下把這些胡族群體納入帝國的懷抱中。光武帝開國時期(25-27)的對外政策被描述為「閉玉門以謝西域之質，卑詞幣以禮匈奴之使」[9]，即使在其統治末期，他也斷然把將領們擬定的攻打北匈奴的大規模軍事征伐計畫放在一邊；他認為帝國已經有足夠多的麻煩需要擔心，擴張是絕對不可能的[10]。

　　在本質上比擴張主義更具防衛性和保守性的總體政策下，東漢廣泛利用了中國歷史上稱為「以夷制夷」或者「以夷伐夷」的著名策略，即「用蠻夷人控制蠻夷人」或者「用蠻夷人攻打蠻夷人」。這一方法並不是東漢的創新，它很可能首先是　錯向文帝(前165)提出的建議。在一份長長的奏疏中，　錯指出，鑑於帝國的形勢，最有利的辦法就是用蠻夷人去攻打蠻夷人；他尤其主張把投降的匈奴人武裝成騎兵納入中國的軍事力量中，以便他們能夠被有效地用來同他們自己的部族作戰[11]。這樣，從文帝時代起，蠻夷成分就開始被引入漢朝的軍事系統，比較凸出的是投降的匈奴屬國騎兵、胡

　9　《後漢書》卷18。詳見同書卷88和卷89。

　10　《後漢書》卷18。

　11　《漢書》卷49。

騎(也指匈奴)和越騎(南夷)[12]。

　　而在東漢時期,這一方法得到進一步的完善以適應當時出現的新的胡族形勢的需要。比如,「以夷制夷」的口號出現在東漢的大量奏疏中[13]。由於軍事系統尤其是邊防戍守的總體鬆懈和廢弛[14],不論在擴張戰爭中還是在胡族的叛亂戰爭中,投降的胡族人和內地的胡族人諸如南匈奴、烏桓和羌都受到了雇傭。終漢之世以及三國時期,他們在內戰中也充當了重要的角色[15]。在後文中我們將會看到,這一點也部分地解釋了為什麼東漢政府鼓勵胡族人在中國的版圖之內安置,以及為什麼內地的胡族人總是被要求向地方政府提供繁重的勞役。

　　東漢時期「以夷伐夷」的意思在範圍上更加寬泛,有時它等同於我們所謂的「分而治之」[16]。比如,西元137年,日南(在今越南境內)的蠻夷人武裝反叛中國地方政府。在第二年舉行的廷議上,一位名叫李固的官員建議不要派遣中國的武力去鎮壓叛亂,而要採用「分而治之」的辦法。他認為,最有效、最方便的辦法就是用金錢和爵賞分裂蠻夷人,以使他們轉而相互攻打。這一建議不僅贏得

12　孫毓棠,〈西漢的兵制〉,《中國社會經濟史集刊》,頁33-35。《漢書》卷94上也提到李廣利將軍曾經派遣2,000名匈奴屬國騎兵與入侵的匈奴作戰。關於漢朝軍隊中的蠻夷成分問題,Ch'un-shu Chang在近著 "Military Aspects of Han Wu-ti's Northern and Northwestern Campaigns," *HJAS*, 26(1966),特別是頁172進行了討論。

13　比如見《後漢書》卷16和卷89。

14　關於西漢時期的徭役和兵役,參見Lien-sheng Yang, *Studies in Chinese Institutional History*, pp. 108-116.

15　賀昌群,〈東漢更役戍役制度的廢止〉,《歷史研究》,頁96-115。

16　Lien-sheng Yang, *Topics in Chinese History*, p. 10.

了朝廷的普遍贊同，而且事實上也達到了預期的效果[17]。同樣的方法也被用來對付其他的胡族人。許多時候，中國邊境的官員發現用金錢做武器去粉碎羌人的聯盟陣線使他們忙於相互攻擊非常有效[18]。匈奴的分裂是一個廣為人知的事例，無須作更多的評論。正如西元88年一位上奏者所說：「今幸遭天授，北虜(即匈奴)分爭，以夷伐夷，國家之利。」[19]

　　而且，東漢政府也經常鼓動一個部族的人去攻打另一個部族的人——這一方法不但在西漢時期能夠找到它的起源，而且，非常有意思的是，在同時期的羅馬帝國也找到了它的西方副本[20]。例如，西元88年鮮卑打敗北匈奴的時候，一位朝廷官員讚頌和祝賀皇帝沒有損失一個士兵就贏得了戰爭。當然，他也充分意識到，這樣的事情之所以成為可能是因為鮮卑貪圖誘人的帝國獎賞[21]。有意思的是，同一年，張掖(在今甘肅境內)的月氏人也受到羌人的攻擊。當月氏轉而向漢廷請求幫助和保護時，幾乎所有的朝廷官員都認為這種狀況對中國更加有利，因此否定了任何中國應該干預此事的意見[22]。

　　顯然，東漢時期「以夷伐夷」政策能夠如此有力地維護中國的利益這一事實，必須放在當時出現的新的胡族現實背景中進行理解，當時的現實特徵是，中國不是面臨著來自一個聯合的、強有力的、富有侵略性的草原帝國的不斷威脅，而是與邊境內外的許多小

17　《後漢書》卷86。

18　《後漢書》卷87。

19　《後漢書》卷89。

20　參見Camila Trevor, *Excavations in Northern Mongolia*, pp. 16-17.

21　《後漢書》卷41。

22　《後漢書》卷16。

的、分裂的但不構成麻煩的胡族群體進行面對面的衝突。

二、經濟政策和商業政策

對外政策與經濟政策緊密相關，前者的變化通常對後者有深遠的影響。因此，武帝統治時期也因爲採取了新的經濟政策，特別是確立政府對鹽、鐵、酒等的專賣政策而聞名於中國歷史。著名的漢代著作《鹽鐵論》明確指出：

> 匈奴背叛不臣，數爲寇暴于邊鄙。備之，則勞中國之士；不備，則侵盜不止。先帝(武帝)哀邊人之久患，苦爲虜所繫獲也，故修障塞，飭烽燧，屯戍以備之。邊用度不足，故興鹽鐵，設酒榷，置均輸，蓄貨長財，以佐助邊費。[23]

二者之間的這種聯繫在《漢書》中也有所強調[24]：

> 及賂遺贈送，萬里相奉，師旅之費，不可勝計。至於用度不足，乃榷酒酤，筦鹽鐵，鑄白金[25]，造皮幣[26]，算至車船[27]，租及六畜[28]。

---

23 《鹽鐵論》，頁1。英文譯本見Esson M. Gale, *Discourses on Salt and Iron*, pp. 3-4.

24 《漢書》卷96下班固的評論。

25 這裡的「白金」是銀和錫的合金。參看Lien-sheng Yang, *Money and Credit in China*, p. 42.

26 「皮幣」指「白色的鹿皮錢」。參看Yang,同上, p. 51.

27 參看Nancy Lee Swann, *Food and Money in Ancient China*, pp. 279-280.

　　引人注目的是，西漢時期的經濟政策一方面強調以農業爲根本之業，另一方面，與之相應它漠視商業和工業追求，僅將其視爲次要之業。在非農業經濟活動領域中，尤其在武帝統治時期，基本的政策原則是政府應該控制所有重要的產品，並將貿易也置於管理之中[29]。乍一看似乎西漢的政策對商人極其不利，但這是非常表面的而不是眞實的情況。不僅總的經濟條件有助於貿易的發展，而且法律本身剛確立就被廢弛了。有證據表明，儘管有這樣的政策，但國內貿易和對外貿易在這一時期從來都沒有停止過增長[30]。

　　如果說西漢的政策對商人不是那麼不利的話，那麼東漢時期總的經濟政策甚至可以說是對貿易的發展非常有幫助。只要我們記住如下事實，即光武帝在其皇帝生涯的早期能夠成功地剪除其餘所有的權力競爭者，不僅應該極大地歸功於官僚地主階層的普遍支持，而且也應該歸功於一些富有而強大的商人家族的支持，那麼這一點當然就不那麼令人感到驚奇了[31]。這一背景也許可以解釋爲什麼在光武帝統治時期沒有對商人階層作明顯的限制[32]。如果東漢王朝有

（續）————————

28　參看Dubs, *The History of the Former Han Dynasty*, 2:167, n.7.1；李劍農，《先秦兩漢經濟史稿》，頁250-251。

29　參看李劍農，《先秦兩漢經濟史稿》，頁271-276。

30　一方面，法律對商人階層的限制在高祖皇帝死後就鬆弛了（Swann, p. 231），另一方面，法律的限制實際上受到漢初社會的公然蔑視（同上，p. 166）。關於漢代的政策如何影響商人和貿易的發展，參見顧頡剛，〈戰國秦漢間重農輕商之理論與實際〉，《中國社會經濟史集刊》，頁13-17。

31　余英時，〈東漢政權之建立與士族大姓之關係〉，《新亞學報》，頁240。

32　東漢時期有名的關於禁止一個人同時從事「二業」的法規可能出現在明帝(58-75)早期，而不是光武帝時期。桓譚的確在西元26-30年間給光武帝的奏疏中建議「禁人二業」，但是《後漢書》桓譚的傳記中說皇帝完

商業政策的話，給它貼上自由放任的標籤也是有道理的。開國皇帝斷然拒絕採取任何措施以限制當時積極進取的商人的活動[33]，其後的皇帝們總體上對他們也非常寬大。有時候皇帝甚至想讓官員們明白法規不應該執行得如此嚴格以至於阻礙了他們正常的經濟活動[34]。

東漢時期對商人限制的鬆弛進一步體現在政府專賣制度的變化中。王朝建立的時候沒有再採用先前中央對鹽鐵的專賣制度；相

(續)———

全把桓譚的話當作耳邊風（卷28上）（對整個桓譚傳的精彩註譯，見 Timoteus Pokora, "The Life of Huan T'an," *Archiv Orientalni*, pp. 16-35. 上文提及的那段奏疏也可以在頁23-29找到）。普遍認為這一法規的意圖是為了防止商人侵占窮人的土地，這很可能是事實。但應該指出的是，《後漢書》的注釋者李賢對「二業」一詞的理解似乎與此有些不同。他認為，「二業」的意思是「農者不得商賈也」（卷39）。當然，我們也可以設想，法律很可能也禁止從事商業的人從事農業，但即便如此，其強調的重點已經有所不同了。

而且，幾乎在此法規剛一實行就證明它是對貧窮的農民有害而不是對商人有害的東西。西元68年之後的某個時段，劉般上奏明帝報告說由於地方政府濫用法規，窮困的農民被禁止從事漁業，極大地增加了他們的困苦。因此，劉般建議廢除這一法令，得到明帝的贊同（《後漢書》卷39）。可能這一禁令的廢除或者至少有所鬆動的結果是，兼營貿易在富有地主當中幾乎成了一個普遍的做法。已經證明這些地主一年中有九個月都在積極從事商業活動（參見楊聯陞，〈東漢的豪族〉，《清華學報》11：4[1936]，頁1028-1029）。胡寄窗，《中國經濟思想史》第2卷，頁188-189，把「二業」一詞誤釋為任意兩種職業。這很可能是因為他錯誤地理解了桓譚奏疏中的一句話「先帝禁人二業，錮商賈不得宦為吏」（《後漢書》卷28上；Pokora, pp. 26-27）。胡氏似乎把禁止商人為官看作是禁止人們同時從事兩種職業的例證了，但實際上它們指的是兩個不同的法規。所謂「二業」的涵義是非常明確的，它指農業和商業。這就說明了為什麼劉般在奏疏中激烈地爭論漁業不應該被當成是與「二業」有關的事情。李劍農（頁288）對這一術語的理解是正確的，但他誤認為劉般的上奏是在章帝時期（76-88）。

33 《後漢書》卷28上。

34 比如見《後漢書》卷4，西元99年皇帝的詔書。

反，後者採用了一種地方化的制度。《後漢書》云：「郡國鹽官、鐵官本屬司農，中興皆屬郡縣。」[35]這一制度在別處有進一步的解釋：「凡郡縣出鹽多者置鹽官，主鹽稅；出鐵多者置鐵官，主鼓鑄。」[36]必須注意，即便這種地方性的制度也僅僅存在於幾個非常短暫的間隔時期而不是整個朝代。對於建立這一制度的討論開始於西元81年[37]，但是直到元和年間(84-86)才有所行動[38]。不過，應該補充一點，有意思的是章帝(76-88)一採納這個制度就後悔了。西元88年，他的繼任者和帝頒布一道詔令說：

> 先帝(章帝)……復收鹽鐵，欲以防備不虞，寧安邊境。而吏多不良，動失其便，以違上意。先帝恨之，故遺戒郡國罷鹽鐵之禁，縱民煮鑄，入稅縣官如故事。[39]

對我們的討論而言，這道詔書中至少有三個重要之點應該被強調：第一，「如故事」一詞表明在光武帝和明帝時期(58-75)，鹽鐵產品是向私人競爭開放的。第二，章帝時期在全國範圍確立的地方性專賣制度的持續時間總共不會超過八年(81-88)。當然，這一

---

35 《後漢書》志第26〈百官志〉三「大司農」條。

36 《後漢書》志第28〈百官志〉五「亭里」條。關於地方專營鹽鐵的地理分布的總體情況，參見嚴耕望《中國地方行政制度史》(上編)，1：195-202頁。

37 《後漢書》卷36。

38 《後漢書》卷43。馬端臨，《文獻通考》錯誤地推斷這一制度的確立早於明帝時期(圖書集成本，15:3b)。關於這一點，參見蘇誠鑑，《後漢食貨志長編》，頁86-87。但胡寄窗認爲這一制度是在西元81-83年的某個階段被採用的(頁226，註37)。

39 《後漢書》卷4。

制度在其後的時代也可能有過部分的復歸，但是，也許這種復歸簡直沒有產生任何重要的後果，這一點可以從歷史對這一事件保持完全沈默的情況判斷出來[40]。第三，「縱民煮鑄」中的「民」，即使不是全部，也大部分是由商人構成的。顯然，並不是任何一個普通人都能夠參與這種需要資金和技術知識的私人競爭。在這樣一個自由的鼓勵性的經濟政策之下，漢代中國的商人變得比以往任何時候都充滿欲望和進取，自然不足爲怪。

三、農業和工業資源

隨著漢朝統一中國，尤其是鐵器的廣泛使用，農業也進入了一個新的紀元。考古學已經證實，整個漢代都處在對新式的、更加有效的鐵農具的發明過程之中。能夠對土地進行深耕翻作的牛耕的廣泛使用也得到考古發掘的充分證明，其他一些漢代新發明的或者改進的工具也在不斷地出土[41]。而且，由於漢代有派遣專家教授人們如何使用新的農具和新的土地耕作方法的政策，使得新農具和新的土地耕作方法的推廣得到進一步加強[42]。漢代循吏的主要特點就是把這樣一些新的工具和方法介紹到落後的邊境地區，因而直接有助

40　參見嚴耕望，1：195-196；蘇誠鑑，頁87-88。也參見《東漢會要》，萬有文庫本，頁338。

41　《新中國的考古收穫》，頁75-76；王仲殊，〈漢代物質文化略說〉，《考古通訊》，頁57-58。

42　西漢時期兩個著名的農學家是趙過和范勝之。參見李劍農，頁155-158。關於趙過的貢獻，參見Swann, pp.184-191.關於范勝之，參見Lien-sheng Yang, *Studies in Chinese Institutional History*, p. 182.

於中國的經濟、文化擴張[43]。

尤其在東漢時期，灌溉系統也受到地方政府的高度重視。在許多地方都發現了當時的水利建設遺跡。近來發現的最重要的水利建設遺跡之一位於安徽壽縣，這項工程是西元1世紀晚期由廬江郡的地方官發起的；有人認為這項工程可能是在中國歷史上著名水利專家王景的指導下完成的，王景在章帝時期曾出任廬江郡太守[44]。鐵器的使用也推動了灌溉系統的改良。比如，中國北方的灌溉主要依靠水井，而鐵器的使用就使得挖掘大量的水井成為可能[45]。

特別是自武帝時代以來，這些技術的進步必定從總體上提高了中國農業的產量[46]。更多可耕荒地的開墾以及連續的豐收實際上被描述成了昭帝和宣帝兩朝(前86-前49)的主要特徵[47]。考古進一步證明漢代的農民培育出了大量的農作物，包括水稻、燕麥、小麥、小米和大豆[48]。記住這一點很重要，其中一些產品諸如小米和水稻，是匈奴非常需要的東西[49]。

作為出口物品，在漢代的所有手工業產品中，絲綢比其他任何產品都要著名得多。絲綢紡織業不僅是重要的官營產業，而且也是

43　關於東漢時期的少數例子，參見Hisayuki Miyakawa, "The Confucianization of South China," *The Confucian Persuasion*, pp. 30-31.

44　《新中國的考古收穫》，頁77；《文物》殷滌非的文章，頁61-62；關於王景，參見《後漢書》卷76。

45　王仲殊，《考古通訊》，頁58。

46　《新中國的考古收穫》，頁77。

47　Swann, p. 191.

48　參見黃士斌的文章，《考古通訊》，1958：1，頁36-41。

49　比如見《漢書》卷94上；A. Wylie, "History of Heung-noo in Their Relation with China," *The Journal of the Royal Anthropological Institute*, 3:3, p. 440.

有利可圖的私營行業。西漢時期，中央政府建立了兩個著名的絲織品紡織作坊，分別是東織室和西織室。然而，西元前25年，因為經費的問題東織室被關閉，西織室的名稱也相應地改為織室[50]。東漢時期保持了一個類似的作坊[51]。政府在養蠶業非常發達的郡建立大規模的地方作坊製造絲織品。最有名的郡級作坊是齊地(山東)的作坊。有記載說，元帝時期(前48-前31)齊地為皇室製造絲質衣物的一個官營作坊每個季節要雇傭幾千名工人，每年要花費官府好幾萬錢。另一方面，這一記載也揭示出都城裡的兩個織室每年要花費五千萬錢才能夠維持下來[52]。

除了山東之外，四川是另一個絲綢製造中心。後來，尤其是在三國時期，四川的織錦享譽全國[53]。還不清楚當時是否有地方政府的作坊[54]；不過，東漢初年，紡織業作為一種私營的家庭行業在四川非常發達[55]。可以推測，這一行業不但由布匹(麻或者亞麻)製造組成(西漢時期四川因布匹製造而特別有名)[56]，而且也由絲織品製造組成。

漆器是當時的另一種重要出口物品[57]。從考古學上看，它有著

50　《漢書》卷19上〈百官公卿表第七〉「少府條」。應該注意的是，西漢初年都城還在洛陽的時候，就已經有織室存在了。見《漢書》卷97和應劭，《風俗通義》，四部叢刊本，卷2。

51　《後漢書》志第26〈百官志〉三。

52　《漢書》卷72。

53　《後漢書》卷82下。

54　另一個以織錦著名的地方是陳留(河南境内)的襄邑，那裡曾有官營作坊存在(《漢書》卷28上〈地理志〉上「陳留」條)。也可參看陳直，《兩漢經濟史料論叢》，頁82。

55　《後漢書》卷13。

56　《鹽鐵論》，頁3；Gale, p. 11.

57　關於西方對中國古代漆器的描述，參見O. Manchen-Helfen, "Zur

廣泛的分布範圍，比如，從今朝鮮境內的樂浪[58]到今蒙古北部的諾顏烏拉[59]。就技術水平而言，考古學家甚至認為漢代的漆器製造達到了完美的階段[60]。四川和河南都是漆樹生長的地區，因而自然就會發展成為商業中心。僅四川就有三個官營作坊兼造漆器。在整個帝國，這樣的作坊總共多達十個[61]。到目前為止，許多出土漆器上有銘文，但沒有銘文的漆器數量更多。有人認為，那些沒有銘文的漆器可能不是來自官營作坊，而是由私營作坊製造的[62]。

在漢代的工業當中，鐵器製造是最重要的部分。它不僅間接地促進了農業的發展，而且直接加強了帝國的軍事力量。考古學已經充分證明，甚至在西漢初年鐵兵器就已經開始取代銅兵器，而且達到了相當驚人的程度[63]。也許更應該提及的是，中國軍隊的這種優勢已為當時的戰略家所清楚地認識到[64]，從而為帝國提供了強大的擴張基礎。

漢代中國擅長鐵器製造。武帝採取專賣制度後，在多達40個郡建起了官營的冶鐵作坊[65]。有實例表明漢代冶鐵作坊中的工人人數

（續）

      Geschichte der Lackkunst in China", *Wiener Beitrage Zur Kunst- und Kultur-Geschichte Asiens*, pp. 32-64.

58 原田淑人、田沢金吾，《樂浪》，頁36-49。

59 Trevor, pp. 47-48;梅原末治，《古代北方系文物の研究》，頁28-34。

60 王仲殊，《考古通訊》，頁60。

61 陳直，《兩漢經濟史料論叢》，頁97-98。

62 William Willetts, *Chinese Art*, 1:193.

63 《新中國的考古收穫》，頁78。

64 比如見《漢書》卷49。

65 陳直，前引書，頁116；李劍農，頁170-171。至於漢代中國鐵器作坊的總數，陳氏認為是50個，而李氏則認為是44個。實際上兩者都是不準確的。按照嚴耕望的統計，準確的數量應該是48個，1：198-202。

從幾百到一千不等[66]。與其他的公共建築工程一樣，官營作坊中的人力通常有兩個來源：應徵士兵和罪犯[67]。冶鐵工人的來源尤其如此。《鹽鐵論》云：「卒徒衣食縣官，作鑄鐵器，給用甚眾。」[68]

在過去十年裡，發現了相當數量的漢代冶鐵作坊遺址，其中一些非常大的作坊擁有20個爐子[69]。一個巨大的冶鐵作坊在河南南陽被發掘出來，南陽是漢代宛城舊址[70]，這一發現完全證實了漢代官府在那裡建有冶鐵作坊的歷史記載[71]。另一方面，私營的鐵工廠也偶有存在。在創立專賣制度之前，私營鐵器作坊甚至也要雇傭一千名以上的工人[72]。有記載表明，東漢初年，由於專賣政策的鬆弛，私營的鐵器製造至少在某些地區已經開始運轉了[73]。

正如中世紀晚期西歐的情況一樣，除了鐵，銅通常也被廣泛地派作相同的用途[74]。這一時期，雖然銅繼續在中國人的日常生活中

---

66 從下面的例子中可以獲知冶鐵工人的數量：西元前22年，潁川（河南境內）一個官營鐵器作坊，為數達180人的一群工人舉行了武裝起義（《漢書》卷10; Dubs, *The History of the Former Han Dynasty*, 2: 391）；西元前13年，另一群為數達228人的工人在山陽（山東境內）發動起義，這兩次起義的影響共波及到19個郡（《漢書》卷10; Dubs, 前引書, 2: 406-407）。然而，陳直（前引書，頁117-118）認為，大的漢代鐵器作坊可能需要一千名以上的人力負責生產。關於漢代中國官營鐵器作坊的工人及其反抗，參見張政烺，〈漢代的鐵官徒〉，《歷史教學》，頁17-22。

67 Lien-sheng Yang, *Les aspects economiques des travaux publics dans la Chine imperiale*, pp. 19-21.

68 《鹽鐵論》頁10。Gale的翻譯（p. 34）不準確，因為他不僅沒有把卒和徒區別開來，而且把「縣官」一詞錯誤地理解成地方官吏。

69 《新中國的考古收穫》，頁77-79。

70 〈南陽漢代鐵工廠發掘簡報〉，《文物》，1960：1。

71 《漢書》卷28上。

72 《鹽鐵論》頁11；Gale, p. 35.

73 比如見《後漢書》卷76。

74 M. M. Postan and H. J. Habakkuk, eds., *The Cambridge Economic History of*

被使用[75]，但它主要被用於製造大量的鏡子和錢幣[76]。對現存的漢代青銅器的研究表明，西漢時期今安徽和江蘇地區以盛產銅礦著稱，而東漢時期則是四川因銅礦開採而著名[77]。為了製造青銅器，尤其是鏡子，政府也在都城和各地方建起了作坊。在都城，這樣的作坊歸屬於少府的兩個部門即尚方和考工管轄。不過，正是尚方，即皇室的作坊，專門製造精美的青銅鏡，許多漢代鏡子上的銘文都是以「尚方」這一部門名稱開頭的[78]。至於地方的作坊，它們通常都是建立在那些發現有豐富銅礦的地方[79]。既然青銅業不是國家壟斷的，那麼官營作坊的名單就可能是極不完整的。例如，東漢時期武都(甘肅南部)的一個作坊，在《後漢書》中就沒有提及，而是在一個石刻中被提到的[80]。

關於在當時的國內外市場上都非常受歡迎的一種商品——漢代銅鏡，有兩點非常有意思，值得注意。第一，在裝飾圖案設計方面，漢鏡似乎表現出一種非常明顯的對先前時代即春秋戰國時期發展起來的風格的延續。但也有一個非常重要的創新，即帶有銘文[81]。第二，根據漢朝時期其銘文的變化，可以看出青銅鏡正在日益成為

(續)——————

Europe, 2: 434.

75　陳直，《兩漢經濟史料論叢》，頁134-169。

76　王仲殊，《考古通訊》，頁61-62、65-67。

77　陳直，《兩漢經濟史料論叢》，頁241-245。

78　比如見《全後漢文》卷97。

79　比如，據載丹陽(在安徽境內)有官營的製造青銅器的工廠(《漢書》卷28上)，這很可能是因為那裡的銅質量非常好。因此，一些西漢的鏡子上通常有「漢有嘉銅出丹陽」這樣的銘文(參見陳直，前引書，頁242)。

80　《全後漢文》卷102。

81　陳直，《兩漢經濟史料論叢》，頁156-157。

一種大眾化的商品。早期銘文似乎更具文雅風格，這可能表明它是貴族的一種奢侈品。但是後來，這類銘文逐漸被老套的通俗的表示祝福的話語所取代，這傾向於說明這樣一個事實，即銅鏡已經抵達平民階層。無論如何，在東漢時期，銅鏡似乎已經完全轉化成一種普通的交易物品[82]。

以上我們根據能夠獲得的歷史的和考古的證據分析了漢代中國農業和經濟發展的某些方面。當然分析必然是有選擇性的，因為重點是放在與當時的貿易和擴張直接相關的發展上的。即便從這種不完全的描繪中，也可以清楚地看到漢代中國的生產力已經獲得極大的釋放，相應地，總的農產品和工業品出口似乎也得到相當大的增長，以滿足中外消費者的大量需求。我們的分析也表明，除了控制鹽和鐵的專賣之外，漢朝政府實際上在推進所有重要工業的發展方面也充當了非常重要的角色。由此，它開創了一個使中國經濟結構特徵一直保持到帝制時代末期的傳統[83]。可以看到，非常有意思的是，漢代的地方作坊總是被建在那些生產原材料的地方。政府方面像這樣依靠特定資源的地理背景有意識地努力發展工業，我們可以將其視為所謂計畫經濟的雛形。就這點而言，漢帝國與其同時代西方的羅馬帝國形成有趣的對照。在羅馬帝國，各省之間存在著非常明顯的相區別的界限──它的東部是工業和製造業區，而它的西部則是巨大的原材料寶庫[84]。最後，必須要著重指出的是，正是大量

82 王仲殊，《考古通訊》，頁61。

83 對帝制時代中國政府的工業控制的全面研究，參見白壽彝、王毓銓，〈說秦漢到民國官手工業和封建制度的關係〉，《歷史研究》，頁63-98；也見白壽彝，《學步集》，頁35-73；唐長孺，《魏晉南北朝史論叢續編》，頁29-92。

84 M. P. Charlesworth, *Trade-Routes and Commerce of the Roman Empire*, p.

政府控制的作坊爲漢代皇帝提供了無數用於供給胡族的帝國禮物，而且，也正是這些作坊爲漢帝國提供了堅實的經濟基礎，通貢貿易因此得以在整個漢代施行下去。

四、運輸系統

　　貿易當然非常依賴交通設施。正如韋伯所指出的那樣，「商業要作爲獨立的職業而存在，某些特定的技術條件是先決條件。首先必須要有規範的、非常可靠的運輸機會」[85]。儘管在西元前221年統一之前，中國古代的交通系統就已經相當地發達了[86]，但是在秦漢時期仍然積極熱情地施行了大規模的道路修建計畫。其結果是，帝國出現了一個有效率的高速道路系統。在漢代，道路修建活動甚至更加廣泛。對相關事件的記載在當時的正史和石刻中都非常豐富[87]。道路的建設和維護成爲所有郡級和其他各級地方政府的職責，如果在其任期內沒有管理好道路，地方官員通常會因此而受到譴責[88]。

（續）————————————————

237.

85　Max Weber, *General Economic History*, p. 199.

86　參見曲守約，〈中國古代的道路〉，《清華學報》，頁143-151；郭寶鈞，《中國青銅器時代》，頁144-155；Cho-yun Hsu, *Ancient China in Transition*, pp. 117-118.

87　參見勞榦，〈漢代之陸運與水運〉提供的例子，《中研院史語所集刊》，頁71-74。

88　孫毓棠，〈漢代的交通〉，《中國社會經濟史集刊》，頁26。關於西元前221年以後中國帝制時代高速道路系統修建的總體討論，參見Karl A. Wittfogel, *Oriental Despotism, A Comparative Study of Total Power*, pp. 37-38.

　　除了陸路交通之外，水上運輸也得到極大的改善。帝國的許多
地區修建的運河不僅用於灌溉，而且也用於糧食運輸[89]。秦代修建
的著名的靈渠在整個漢代的海外貿易中發揮了極其重要的作用，它
溝通了廣西的灕江和湖南的湘江，從而使得抵達番禺(今廣州)的國
外貨物能夠完全通過水路運輸到長江流域[90]。事實上，爲了推進國
內外貿易，商人們對中國所有主要的河流諸如北方的黃河、南方的
長江和淮河，都進行了大量的勘探。比如，當時大多數商業繁榮和
工業活躍的城市，都是座落在這些河流上，或者位於這些河流附
近[91]。海上交通當然要危險得多，但在漢代中國它也獲得了相當程
度的發展，沿著海岸線的運輸決不是罕見的事。例如，在東漢時
期，直到西元83年，來自交阯(今越南北部)和其他鄰近郡縣的貢物
總是走不安全的海路，經福建海岸抵達長江下游，然後它們再從那
裡被轉運到洛陽[92]。不用說，漢代政府努力改善水路和陸路交通，
主要是受政治和軍事方面的考慮所驅動；但是追逐利潤的商人們從
來都不會忘記利用公共設施爲他們的私人目的服務。

　　運輸中使用的交通工具也應該考慮到。在陸地上，車輛是最常
用的。漢代有兩種不同的車輛：一種是由馬拉的車，一種是由牛或
者驢拉的車。前者多被官府用於公事[93]。但是，另一方面，當時的

89　Swann, pp. 260-261.

90　王毓瑚，〈秦漢帝國之經濟及交通地理〉，《文史雜誌》，頁34。

91　比如河南洛陽、山東臨淄、河北邯鄲、安徽壽春、湖北江陵、湖南長沙
　　及桂陽、廣東番禺。參見孫毓棠，〈漢代的交通〉，頁27-28。

92　《後漢書》卷33。

93　根據所用馬匹的數量和質量的不同，官府的車可以分爲四類。參見
　　Swann, pp. 207-208, n. 328. 濱口重國，〈漢代的傳〉，《和田博士古稀
　　紀念東洋史論叢》(後簡稱《和田紀念》)，頁741-751。

人們也有屬於他們自己的私人馬匹，有時其馬匹的數量甚至是非常
龐大的[94]；對於通常擁有大量馬匹的北部邊民來說，尤其如此[95]。
雖然在西漢的開國皇帝統治時期，法律禁止商人乘坐馬車，但是這
一禁令很難比開國皇帝本人存在得更長[96]。馬車主要用於載人，而
不是運貨。由於牛或驢更具有耐力，因此牛車或者驢車成了商人們
最重要的運輸工具[97]。西元135年，烏桓人在西北邊境的某個地方
攔劫了一支由一千輛牛車組成的商隊，這可以被視為漢代商人們在
邊境貿易中大量使用牛車的充分證據[98]。新近發現的漢簡資料表
明，牛車在邊境上被廣泛地應用於各種目的[99]。有時，牲畜包括
驢、牛和馬被直接用於托運貨物，而不是拖拉裝有貨物的車[100]。
但無論在任何時候，事實上驢總是最好的選擇。驢只是在晚近時期
才從匈奴引進到中國的，但它們很快就成了上自皇帝下至平民百姓
的中國人所喜愛的一種牲畜[101]。作為一種牲畜，驢主要因其低廉
的價格、托運重物的能力以及對艱難的長途跋涉的忍耐力而受到賞

94　比如，西元前119年，被派去攻打匈奴的士兵們就自帶了140,000匹私人
　　馬匹（《漢書》卷94上和顏師古的注解；也參見呂思勉，《秦漢史》2：
　　601）。私人馬匹在新發現的漢簡中也有記載（參見陳直，前引書，頁
　　38）。
95　參見《淮南子》中一則著名的故事，浙江書局本，卷18。
96　Swann, p. 231.
97　錢大昕，《廿二史考異》，1：409-411。也參見勞榦，《居延漢簡考
　　證》，頁20。
98　《後漢書》卷90。
99　參見勞榦，〈漢代之陸運與水運〉中收集的例子，《中研院史語所集
　　刊》頁79-80。
100　孫毓棠，《漢代的交通》，頁27。
101　相關的總體討論，參見顧炎武，《日知錄》，黃汝成集釋本，卷29。

識[102]。

　　當時水上的交通工具也可以分為兩大類：靠槳推動的船和竹木製造的筏。我們對當時的造船技術所知甚少[103]。但根據出於軍事目的而建造的、在海上航行的著名的樓船，可以推知技術一定非常先進[104]。就容量而言，普通運輸船隻也應該是非常巨大的。在個別的事例中，據說一艘船的容量是一輛車的數十倍[105]。不過，近來的考古發掘相當清楚地展示了漢代所使用的船隻的情況。在中國南部的幾個港口，特別是廣東的漢代墓葬的隨葬品中，發現了木製或者陶製的船隻模型。這些模型清楚地顯示，漢代的船隻前面有錨，後面有舵，並有16支槳[106]。這些發現與漢代通過水運進行的海內外貿易活動極其頻繁的歷史記載非常吻合[107]。應該談一下關於筏子的問題。足以讓人感到驚訝的是，甚至在非常早的階段，中國東南沿海的竹筏就已經發展到能夠進行遠洋航行的程度[108]。降至漢代，這種通常被稱為「枋箄」的原始的運輸工具仍然偶有相當

102　比如見《後漢書》卷16和卷22；袁宏，《後漢紀》，四部叢刊本，卷18。

103　不過，相關的簡要討論，可以參見章巽，《我國古代的海上交通》，頁14-16。

104　Swann, pp. 298-299.

105　《史記》卷118。Watson的翻譯說是「二十或者三十倍」，2:376.

106　這一簡要的總結是根據下列考古報告得出的：《新中國的考古收穫》，頁82；《考古通訊》，1957：4，頁26-27；中國科學院考古研究所，《長沙發掘報告》，頁154-160。關於漢代船隻模型的圖解，參見《新中國的考古收穫》插圖LXXIX和LXXX。

107　參見勞榦，〈漢代之陸運與水運〉所收集的部分數據，頁84-90。

108　凌純聲，〈臺灣的航海竹筏及其起源〉，《民族學研究所集刊》，1956：1，頁1-23。

大規模的使用[109]。

　　除了運輸系統，漢代中國也在高速道路沿線為行人提供了充足的住宿設施。讓我們首先看看公立方面的情況。眾所周知，秦漢兩朝保持了一個極其高效的傳舍和驛站系統[110]。這些公立設施最初是留作官員專用的。但是，隨著時間的推移，有證據表明，被稱為「亭」、「亭傳」和「傳舍」等各種名稱的官員客舍，也可以供非官方的民間行人所用[111]。從這個意義上講，亭實際上履行了私營旅館的作用。根據市場不時在其鄰近之處成長起來的事實，可以得知它們一定是商人經常出入的地方[112]。

109　比如見《後漢書》卷16和卷17。

110　Wittfogel, p. 38.

111　關於「亭」和「傳舍」的文獻記載非常豐富，而「亭」的問題尤其富有爭議。一般說來，漢代中國有三種不同的「亭」（參見嚴耕望，前引書，1:58-66）。不過，對我們來說，只有亭為行人提供住宿才是重要的。應該注意到，這種亭有時也等同於傳舍，舍的意思就是房屋。所有這類亭都設在高速道路沿線，而且大多數情況是在城市附近。非官方的行人偶爾也可以使用亭，但是要求向政府支付一定數量的錢作為租金（參見嚴耕望，1:63-64；孫毓棠，《漢代的交通》，頁33-35；勞榦，〈漢代的亭制〉，《中研院史語所集刊》，頁138）。關於亭和傳舍更詳細的情況，讀者可以參考下述研究：勞榦，〈漢代的亭制〉，《中研院史語所集刊》，頁129-138；王毓銓，〈漢代亭與鄉里不同性質不同行政系統說〉，《歷史研究》，頁127-135；濱口重國，〈漢代の傳舍〉，《東洋學報》，頁45-68；日比野丈夫，〈鄉亭裡についての研究〉，《東洋史研究》，頁23-42；曾我部靜雄，〈漢代における郵亭配置の間隔について〉，《文化》，頁20-26； R. A. Stein, "Remarques sur les mouvements du Taoisme politico-religieux au IIe siècle ap. J-C," *TP*, 特別是pp. 59-76.

112　有意思的是，一個例子說，為了人們購物方便，一位地方官員甚至參與幫助在亭附近設立一個規範的集市（《全後漢文》卷101）。亭置或者亭市一詞出現在東漢的石刻中（《全後漢文》卷101），這說明了亭和市場之間的密切關係。

私營旅館的情況完全不同。私營旅館的起源至少和公立的一樣早。在古代中國，它有著「逆旅」[113]、「客舍」[114]以及「館舍」[115]等多種名稱。有意思的是，降至我們所討論的時代，這種私營旅館在西漢的記載中很少被提及，而在東漢的記載中則可以找到大量相關內容。這似乎說明，西漢時期高度發達的公立傳舍系統可能只給私營旅館的成長留下極少的空間。更為有意思的是，東漢時期私營旅館生意的繁榮與當時由政府控制的亭傳系統的急劇衰落形成鮮明的對比[116]。下面的例子尤可揭示出，一方面是公立客舍極端缺少，另一方面是它被私營旅館所取代：西元95年，應順(慎)在給和帝的奏疏中抱怨說，各郡上計吏在到都城來做年度報告的路途中不得不不在「逆旅」和「私館」裡，其條件是如此的簡陋，以致於對他們所看管的貢物造成這樣那樣程度的損壞。因此，應氏建議設置公立客舍以接納這些官員[117]。

最後，從總體上看，東漢時期私營旅館生意的日益繁榮似乎與當時不斷發展的貿易有著密切的關係，指出這一點是很重要的。最

---

113 James Legge, tr., *The Ch'un Ts'ew with the Tso Chuen, in Chinese Classics*, 5, p. 136. 在一本認為是商鞅(前390?-前339)所著的書即《商君書》(萬有文庫本，頁3)中，逆旅被提到了兩次，J. J. L. Duyvendak, *The Book of Lord Shang*, p. 178將其譯為「接待旅行者的旅店」。

114 《史記》卷68。

115 曲守約，頁146-147；濱口重國，《漢代的傳舍》，頁55。

116 在東漢時期，由於財政方面的原因，政府的驛站只為公務人員提供馬匹，而不再提供車輛(《晉書》卷30所引《魏新律》序；也參見濱口重國，〈漢代の傳〉，《和田紀念》，頁746的討論)。有人認為，除了取消車輛供應之外，公立旅館的數量可能也有所減少(勞榦，〈漢代的亭制〉，頁138)。

117 《全後漢文》卷35。同樣的情形可以在《後漢書》志第25〈百官志〉二「大鴻臚」條的注釋中找到，其給出的年份是西元98年。

初這種生意可能並不是很賺錢，因此，只有貧窮的人才偶爾想依靠它來維持微薄的生計[118]。在2世紀中期，當帝國享有全面的貿易繁榮時，私營旅館生意也變得有利可圖，足以吸引那些富裕的和有權勢的人[119]。正如仲長統(180-?)所說，「豪人貨殖，館舍布於州郡」[120]。應該注意到，如果做一筆有趣的最後修飾，到東漢王朝末年，在當時人看來私營旅館已經變成了某種可以描述為「商有、商主、商享」的東西。在這一點上，下面兩句曹操(155-220)的詩也許最適合引用來總結本討論：

> 逆旅整設，以通賈商。[121]

---

118 比如見《後漢書》卷79上。

119 比如見《後漢書》卷36。

120 《全後漢文》卷88。Etienne Balazs, "La crise sociale et la philosophie politque a la fin des Han," *TP*, 34(1949-1950), pp. 81-131 對仲長統的政治思想和社會思想進行了討論。關於英文翻譯，參見氏著 *Chinese Civilization and Bureaucracy*, pp. 187-225.

121 《曹操集》，頁11。

第三章
貢納體系下的漢胡經濟關係概況

　　如同其他領域一樣，在對外關係領域，漢朝也標誌著一個新紀元的開始。正是在這一時期，貢納體系得以完全定型，直到19世紀末期，整個帝制時代中國的對外關係基本上都受到這一體系的節制[1]。一種具有如此長久的歷史價值的體系的建立決不是一件簡單的事情。下面的討論將表明，這一體系在完全成熟之前經歷了許多的困難。

　　胡族的歸順是儒家政治秩序中不可分割的一部分，至少在理論上，它也表明了所謂「中國統治下的和平」的特性。從這一點看來，和親制度和貢納體系在希望促成匈奴全面歸順的最終目標方面也許沒有什麼不同。因此，在西漢初年對於什麼應該是貢納體系的特定組成部分仍然沒有明確的概念的時候，朝廷中一些重要的儒家學者提出了幾個關於如何把匈奴控制在和親框架內的有趣構想。首先是由賈誼(前201-前169)提出的所謂「五餌」的著名建議：

　　賜之(匈奴)盛服車乘以壞其目；賜之盛食珍味以壞其口；

1　關於貢納體系最後階段的情況，參見J. K. Fairbank和S. Y. Teng, "On the Ch'ing Tributary System," *HJAS*, pp. 135-246.

> 賜之音樂婦人以壞其耳；賜之高堂邃宇府庫奴婢以壞其腹
> （泛指欲望或者嗜好）；於來降者，上以召幸之，相娛樂，
> 親酌而手食之，以壞其心：此五餌也。[2]

顯然，這裡所建議的不過是通過和親體系用漢代中國優越的物質文化和奢侈的生活方式去麻痺野蠻的匈奴人。而中國的叛逃者中行說提交給單于的下述反對和親體系的建議，完全證實了和親體系實際上帶有的這種惡意目的：

> 匈奴人眾不能當漢之一郡，然所以強者，以衣食異，無仰
> 於漢也。今單于變俗好漢物，漢物不過什二，則匈奴盡歸
> 於漢矣。其得漢繪絮，一馳草棘中，衣褲皆裂敝，以示不
> 如旃裘之完善也。得漢食物皆去之，以示不如湩酪之便美
> 也。[3]

如此看來，雙方都意識到了和親體系背後究竟是什麼。對於匈奴來說，它是特殊的果實——漢朝給予的絲綢和糧食等禮物，品嘗起來是甜的，然而卻是有毒的。不幸的是，當時的匈奴已經被漢朝的物品麻醉得太深而不能接受中行說的建議；乃至於中行說本人最終也認識到，他能夠給他的胡族主人提供的最好服務莫過於要求漢朝給

2　《漢書》卷48顏師古的注釋所引。一段更長但非常難懂的描述可以在賈誼《新書》卷4（四部備要本）中找到。

3　《史記》卷110；英譯見Burton Watson, *Records of the Grand Historian of China*, 2:170.

匈奴輸送保質保量的絲綢和穀物[4]。

　　另一方面，漢代中國對和親體系的不滿又是完全不同的情況。每年用於匈奴的開支數目不斷增長卻毫無效用，完全是白費功夫。儘管對此沒有別的衡量方式，但簡單說來，它沒能達到預期的效果，甚或有時候它只是起到了刺激單于欲望的作用。也許正是出於這種考慮，漢代大儒董仲舒（前179?-前104?）向武帝提出了他關於改善和親體系的構想。他認為，仁義可以打動君子，而像匈奴這種貪婪的人只有靠物質利益才能取悅他們；因此，董氏斷然鼓動朝廷按照匈奴的要求增加每年的開支。他還非常實際地補充說，中國在這樣做的同時還應該與匈奴一起在上天面前盟誓，並訂立條約。而且，為了確保匈奴遵守條約，漢朝必須要求單于送一個兒子到中國做人質。這樣，由於有經濟、宗教和人身三個方面的束縛，匈奴很可能會被迫在和親體系下臣服於漢朝的統治[5]。

　　上文所討論的賈誼和董仲舒二人的建議，肯定都沒有僅僅被當作儒生的空談。事實上，它們不僅或多或少地在和親體系中有所體現，而且為後來貢納體系的形成作出了特殊的貢獻。例如，把漢朝的物品當作經濟武器來使用就完全被納入貢納體系中，而獲取胡族方的人質也證明是納貢臣服的一個重要標誌。從動態的角度看，從和親體系到貢納體系的整個發展過程，可以看作是漢帝國方面不斷尋求能夠調節漢胡關係使之與帝國秩序保持一致的合理體制的過程。賈誼關於利用漢朝優越的物質文化來馴服匈奴的想法的確是巧妙的；然而，由於缺乏一個合理的體制，它很難在制度的真空中發

4　《史記》卷110；Watson, 2:172.

5　《漢書》卷94下。

揮作用。另一方面，董仲舒的想法則更加接近體制的問題；但宗教和人身的束縛仍然太脆弱，無法充當使漢朝的經濟武器能夠最大限度地發揮作用以促成貪婪的匈奴人臣服的制度基礎。從漢廷的角度看，貢納體系較之其前身即和親體系的優越性主要在於，前者，也只有前者，才能從政治上使各鄰近的胡族與中華帝國的秩序相一致。考慮到這一點，自然可以做出這樣的理解，即漢代適用於胡族的貢納體系不外乎是漢帝國體系在對外關係領域的一種邏輯延伸。必須著重指出的是，貢納體系這種主要的政治特徵對於我們理解漢朝與胡族的經濟關係是極其重要的。比如，它說明了為什麼在早期的和親體系下朝廷認為匈奴方面對中國禮物的索求不斷增加是無法忍受的，而在後來的貢納體系下，儘管討厭，卻是可以接受的。它也說明了為什麼漢朝的胡族人被劃分成了許多類別，並根據他們各自的政治地位而受到不同的對待。

在貢納體系下，漢胡的經濟往來採取了兩種主要的形式：「貢品」與「帝國的禮物」的交換，以及合法的和走私的常規貿易。儘管在廣義上兩種形式都可以視為貿易，但出於分析的需要仍然有必要把兩者區別開來。因此，在本章中我將把討論限定在「貢品─禮物」交換方面，而將後文中會討論到的常規貿易排除在外。

一、匈奴

幾乎在整個西漢時期，對中國人而言北部邊境上的匈奴都是一個不斷製造麻煩的根源所在。但是，中國人認為匈奴所具有的侵略性乃至貪得無厭的特點，不能簡單地理解成是他們非常野蠻的特性中所固有的，儘管這些特性深深地根植於匈奴的文化和經濟背景

中。下面這段《鹽鐵論》中的文字為我們提供了匈奴人生活的大體情況：「匈奴處沙漠之中，生不食之地，天所賤而棄之。無壇宇之居，男女之別，以廣野為閭里，以穹廬[6]為家室。衣皮蒙毛，食肉飲血[7]，會市、行牧。」[8]

經濟上的依賴性似乎一直是造成匈奴侵奪邊境和發動征服戰爭的主要原因。正如一位日本專家所指出的那樣，除了畜牧業，匈奴經濟還依賴於三個方面的因素：來自對被征服者的強制稅收，來自友好國家的禮物或者貢品，以及與國外的貿易[9]。可能除了最後一項之外，其餘都在或多或少的程度上明顯使用了武力。漢朝與匈奴

6　關於「穹廬」的詳細研究，參見江上波夫，《ユウラシア古代北方文化》，頁39-79; 近來在新的考古發現的基礎上對匈奴棚屋的精彩論述可以在Serg Ivanovich Rudenko, *Kul'tura khunnov i noinulinskie kurgany*, pp. 30-31中找到。

7　江上波夫，頁81-121。

8　《鹽鐵論》，頁70。Esson M, Gale, *Discourses on Salt and Iron*中沒有翻譯。對匈奴生活的這種描述大體上是真實可靠的，與同時代的其他材料包括《史記》和《漢書》是一致的。《鹽鐵論》在另一處進一步描述說，匈奴內無室宇之守，外無田疇之積（第91頁）。《史記》也說匈奴「逐水草遷徙，毋城郭常處耕田之業」（卷110）(Watson, 2:155)。缺乏城郭和糧倉可能是在其遊牧生活達到鼎盛時期的匈奴早期生活的特點。後來，可能是由於中國的影響，他們似乎也開始修建城市。Lattimore關於「當然後期匈奴可汗擁有的都城毫無疑問是一座城市」的說法是正確的(*Inner Asian Frontier of China*, p. 54)。實際上，《漢書》已經給我們講述了一個關於一名投降的中國人如何建議匈奴修建防禦性的城郭和儲藏穀物的堡壘的故事（卷94上）。另一位投降的中國人名叫趙信，他也為匈奴修建了一座城市（《史記》卷110）。現代考古發現已經確證，匈奴人有他們自己的城市。其中在外蒙古的幾座城市已為俄羅斯考古學家所發掘。匈奴的城市通常由城牆和四個城門組成，位於城牆內的建築物，有時包括宮殿，都模仿了漢代中國的風格，覆蓋著非常典型的漢代瓦當（中文譯註見《史學譯叢》，1957：6，頁81-82）。

9　江上波夫，頁28。

的早期經濟關係主要屬於第二類：為了換來邊境的和平，中國每年向匈奴輸送貢品(漢廷稱之為「禮物」)。西元前198年，在和親的名義下，中國和匈奴達成了第一個和平協定[10]。雖然直到西元前133年，漢廷一直將其作為一種基本政策方針來施行，但具體細節並不是一成不變的。隨著時間的流逝，匈奴要求中國做出越來越多的讓步，尤其是在經濟條款方面。最初的和平協定包括下列條款：

1) 一名中國公主與單于成婚。

2) 中國每年向匈奴奉送包括絲綢、酒、大米以及其他食物等物品，每種都有固定的數量。

3) 漢和匈奴是平等的國家(即「兄弟之國」)。[11]

4) 漢與匈奴之間以長城為分界線。[12]

食物和衣物構成每年奉送物品的主要內容，後來所有條約的情形也都如此，這充分揭示了匈奴經濟的匱乏[13]。但是，在文帝時期，「禮物」的總量有了相當大的增加，現金(金或錢幣)也成了「禮物」的組成部分[14]。也正是在文帝時期，中國與匈奴之間的邊境貿易第一次被正式納入和親協定，成為其不可分割的一部分[15]。直到武帝初年，奉送物品的額度一直定期增長，貿易也朝著對匈奴

---

10 據《資治通鑑》第1冊，古籍出版社，頁382-383。

11 《史記》卷110；《漢書》卷94上。

12 《史記》卷110；《漢書》卷94上。

13 對此，中行說作了一個有趣的說明，參見《史記》卷110和《漢書》卷94上。也參見Lattimore, *Inner Asian Frontier of China*, pp. 487-488.

14 「金」(黃金或者銅錢)一詞在文帝給匈奴單于的信中首次被提及，《史記》卷110；《漢書》卷94上。

15 只有當我們讀到班固在匈奴部分的結尾處所作的讚語時，這一點才是清晰可見的，《漢書》卷94下。

有利的方向進一步擴展[16]。匈奴不斷增加的經濟索求，連同其破壞邊境和平的能力，必定加速促成漢廷做出放棄和親政策而代之以懲戒性征伐的決定。無論如何，有一點似乎非常明顯，那就是發生在文帝和武帝時期所有與匈奴有關的重要朝廷討論都是由於匈奴要求更多的「禮物」或者貿易而引起的[17]。在和親政策下，漢廷和匈奴之間的經濟往來，確切地說是一種單向的交通。每年帝國的禮物與胡族的貢獻都是不相稱的。匈奴只是偶爾向中國皇帝贈送一兩匹駱駝或者馬[18]，僅僅作爲一種「友好」的象徵。事實上，和親政策已經顛倒了中國的貢納體系。正如第二章所引賈誼的奏疏所揭示的那樣，每年向匈奴奉送金錢和絲織品使漢帝國實際上充當著附庸國的角色。因此，漢廷所關注的最重要的事情就是如何結束和親關係，把匈奴納入由中國控制的貢納體系的框架內。然而，只有在匈奴的軍事力量非常衰弱、經濟上更加依賴於中國的援助之後，這一點才有可能實現。

　　從和親關係到貢納關係的演變，涉及到幾個急劇的變化：第一，中國要求一名匈奴王子充當人質，作爲他們臣服的保證；第二，單于或者代表單于的其他匈奴貴族應到中國表示效忠；第三，匈奴應向中國進獻貢品以報答帝國賜與禮物的優待。第一、二個條件，即人質和效忠，證明是雙方關係完全破裂之後幾次流產的和平談判中最難解決的困難。人質的問題尤其尖銳[19]。西元前107年，

16　《史記》卷110；《漢書》卷94上。

17　比如見《漢書》卷94上。

18　比如見《史記》卷110；《漢書》卷94上。

19　關於人質，見Lien-sheng Yang, "Hostages in Chinese History," 收入 *Studies in Chinese Institutional History*,特別是pp. 45-46.

在大敗匈奴之後，武帝派楊信與單于進行和平談判，條件是單于把他的繼承人送到漢廷做人質。談判沒有產生任何結果，因為單于仍然在大談已過時的和親條款，斷然拒絕派送人質的想法，理由是它與從前的任何一個協定都不相符[20]。對效忠的爭議也阻礙了達成富有成效的談判之路。大約西元前119年，匈奴在剛吃了敗仗且急需中國的援助的情況下，好辭甘言要求繼續從前的和親協定。皇帝召集廷議討論這一事件。在那次廷議中，一群官員傾向於恢復和親關係，而另一群官員，可以斷定是大多數人，則堅持主張中國應該抓住機會將匈奴納入貢納體系的規範中。匈奴即使不到中國朝廷也應該到中國邊境上對皇帝表示效忠，武帝的想法完全與後一群官員一致。單于勃然大怒，以致把中國的使節關進了監獄[21]。後來，由於仍然希望從中國得到錢和貨物，單于假裝許諾，稱他將前來中國並把他的繼承人送到中國充當人質。皇帝非常高興，並在長安建造了一座專門接待單于的屋宇。然而，不論父親還是兒子都沒來，因為他們根本就不打算來[22]。中國與匈奴之間這一階段的談判在許多方面都使我們想起19世紀中國與西方國家之間的那些談判。當漢朝在著重關注如何把匈奴納入貢納體系的時候，後者卻還在極力期望恢復從前的和親關係，正如當西方已經在用條約體系的尖利武器闖入中國的時候，清廷還在試圖把海上的胡族納入古老的貢納關係的軌道之中。可以看到，在這兩個事例中，雙方的關係都不友好。但是，有個重要的區別：在前一個例子中是中國戰勝了胡族。

將匈奴納入中國的貢納體系的行為最終發生在宣帝時期(前73-

---

20 《史記》卷110；《漢書》卷94上。
21 《史記》卷110；《漢書》卷94上；《資治通鑑》第2冊，頁645。
22 《史記》卷110；《漢書》卷94上。

前49）。西元前60年之後，匈奴分裂成五部分，相互之間展開了自殺性的戰爭。結果，不僅他們的軍事力量從總體上受到極大的削弱，而且在西元前54年，他們不可挽回地分成了兩大部分，一部分在北邊，另一部分在南邊。受外蒙古北匈奴緊逼且戰敗的內蒙古南匈奴於西元前53年向漢朝投誠效忠。做出使他們自己從中國的「兄弟」之國降級為中國的附庸國的決定的確是痛苦的，大部分匈奴貴族都反對投降中國的主張。在經過長時間的激烈爭論之後，呼韓邪單于才下定決心接受中國方面的條款[23]。南匈奴的歸順，部分是由於匈奴內部權力鬥爭的結果，而在一定程度上，如同我們即將會看到的那樣，也是由於經濟方面的考慮所促成的。

為履行納貢的合約，西元前53年，呼韓邪首先派一個兒子到長安做人質[24]，然後於西元前51年，他親自帶著貢物來到帝國的朝廷，向漢朝皇帝表示效忠。匈奴的投降是漢代對外關係史上最重要的大事。一方面，它使漢朝在西域的威望提高到了前所未有的程度，另一方面，它也標誌著漢朝與匈奴之間貢納關係的正式確立。這可以解釋為什麼南匈奴單于呼韓邪在漢朝都城期間受到了不同尋常的禮遇[25]。

在貢納體系下，中國和匈奴之間的經濟關係開始步入一個新的歷程。在長達80多年的中斷之後，中國的禮物又被重新大量給予匈奴。在呼韓邪到都城的這一年，就賞賜給他黃金20斤、錢20萬、衣

---

23 《漢書》卷94下。

24 據《漢書》卷8，西元前54年單于已經派了一個弟弟到中國做人質。由於當時有三個單于，因此很難確定此單于就是呼韓邪。也參見《資治通鑑》第2冊，頁876，特別是《考異》和胡三省的注。

25 對這一事件的最佳記述，見《資治通鑑》第2冊，頁885-888。

被77套、錦繡綺縠雜帛8,000匹、絮6,000斤,以及其他許多榮譽性的東西。在其返回故土之後,又轉運給呼韓邪穀米34,000斛。第二年,呼韓邪再次來到漢廷,得到額外加賜的衣服110套、錦帛9,000匹、絮8,000斤[26]。由於我們在這裡更多地是要考察漢胡之間的經濟往來結構而不是其細節內容,因此,無須羅列出所有這類數據。

而今,送給匈奴的「禮物」在許多方面都與西漢時期的和親政策有很大不同。有兩點非常明顯。第一,至少在理論上,中國的「禮物」是在互惠的基礎上賜與的。每次當他們的單于到中國來朝覲的時候,匈奴也向漢廷進獻貢品。不過,從漢廷的觀點來看,重要的是表示臣服的象徵價值而不是匈奴貢品的實際經濟價值。第二,與「和親」體系不同,中國的「禮物」不是每年按照雙方協定的固定數量送給匈奴[27],而是根據需要或者單于來朝覲時才進行賞賜。比如,西元前48年,呼韓邪上書元帝請求經濟援助,於是元帝命兩個邊境的郡轉運2,000斛穀物給匈奴[28]。單于入朝覲見的頻率和帝國的禮物之間也存在著某種相互關係[29]。單于寧願親自到漢廷來而不是派使者前來,這一點很容易解釋,因為這樣做可以從皇帝那裡得到更多的「禮物」。比如,西元前3年,單于上書漢廷表達了想於第二年前來朝覲效忠的願望,漢朝為此舉行廷議討論這件事

---

26 《漢書》卷94下。

27 不過,《晉書》卷97說,每年奉送給單于的物品包括絲綢、錢和穀物,但這一信息無法得到現存的漢代材料的證實。

28 《漢書》卷94下。

29 西元前33年,呼韓邪最後一次到長安(《漢書》卷9;卷94下)。他的兒子復株累若鞮於西元前31年繼任單于之位,於西元前25年入朝覲見。西元前12年,另一位於西元前20年取代了複株累若鞮的新單于,要求第二年入朝覲見;不幸的是,他沒能活到那麼長(《漢書》卷94下)。

情。大部分朝臣支持拒絕這一要求的主張，理由是單于的朝覲之旅會讓中國付出更多。皇帝最初贊成廷議的決定，但就在揚雄上書反對這種不友好的態度之後，他又改變了主意。在其長篇奏疏中，揚雄並不否認朝覲之旅消耗了許多國家財物，但他令人信服地指出，朝覲之旅的政治必要性遠遠大於它所造成的經濟損失[30]。這一事例似乎給我們提供了一個關於為什麼單于總是主動要求朝覲，而中國並不歡迎單于過於頻繁入朝的線索。

　　從其扈從人員的規模中可以進一步看到單于朝覲背後的經濟目的。漢廷限定的數量通常是200人；然而，在西元前1年，單于要求允許他這次帶500名隨從，皇帝最終同意了他的請求。結果，那一年的禮物有了驚人的增加[31]。正如宋代史學家司馬光所敏銳觀察到的那樣，從西元前49年起，每次前來朝覲的單于都獲得了額外增加的帝國禮物[32]。從中國給予納貢的匈奴的各種絲織品禮物的增長情況中，尤其可以探查到這一動向[33]：

30　《漢書》卷94下。

31　同上，卷94下。

32　《資治通鑑》第3冊，頁1123。

33　例如，據載，西元前33年賜給呼韓邪的禮物（包括衣服、錦帛、絮等）比他在西元前49年得到的禮物又增加了一倍（《漢書》卷94下）；西元前25年，額外加賜給匈奴錦繡繒帛20,000匹，絮20,000斤（《漢書》卷94下）；西元前1年，賞賜的衣服數量增至370襲，錦繡繒帛30,000匹，絮30,000斤（《漢書》卷94下）。

年代(西元前)	錦繡繒帛(匹)	絮(斤)
51	6,000	8,000
49	8,000	9,000
33	16,000	18,000
25	20,000	20,000
1	30,000	30,000

如表所示，其增長在西元前1年達到了頂峰，而且很可能在王莽統治初年也維持了同樣的水平[34]。必須指出的是，這些只是《漢書》中有清楚記錄的數據，而不能看成是當時賜給匈奴的絲織物的總數。因爲正史中不可能記錄下每一筆這樣的支付。

非常有意思的是，這些漢代的絲織物都或多或少地爲近代考古發現所證實。在蒙古北部著名的諾顏烏拉發現中，有大量原產於中國的絲織物，普遍認爲所發掘的墳墓屬於西元前1世紀晚期或者西元初的匈奴[35]。兩個漆杯上有日期爲西元前2年的銘文，一方面表明了這些墓葬的大致時期，另一方面揭示了埋葬在這裡的漢代物品很可能是來自漢廷的帝國禮物的事實[36]。一件寫有漢字「新神靈光長壽萬年」的絲織物在其發現之初就引起了學者們的注意，已經提

---

34 參見江上波夫，頁38的列表。但是，表中所給出的絲綢數量和單位並不完全可靠。

35 W. Perceval Yetts, "Discoveries of the Kozlov Expedition," *Burlington Magazine*, pp. 168-185; G. Borovka, "Die Funde der Expedition Koslow in der Mongolei, 1924/25," pp. 341-368.

36 Camila Trevor, *Excavations in Northern Mongolia*, pp. 19-21；梅原末治，《蒙古ノイン・ウ發見の遺物》，特別是頁99-100。

出了許多種解釋[37]。最近一些日本專家得出結論，認為就像同一時期許多青銅鏡的情況一樣，第一個字「新」極有可能是指王莽的新朝(9-23)[38]。如果是這樣，那麼就至少可以說，在諾顏烏拉發現的某些中國絲綢是在王莽統治時期賜給進貢的匈奴的。無論如何，這些考古發現與關於當時中國絲綢在新確立的貢納體系下按照不斷增長的數量被送往匈奴的記載極其吻合[39]。根據上文列表中所覆蓋的半個世紀裡相對的邊境和平來判斷，得出下述結論應該是比較可靠的：西漢王朝為了達到貢納體系的政治目的，必定將不定期的但不斷增長的禮物有效地轉化成一種經濟武器，從而把匈奴置於牢牢的控制之下。

而且，這些數據也揭示出漢廷是多麼看重貢納體系的政治必要性而不顧其造成的經濟損失。如果我們對維持和親體系和貢納體系各自所需付出的相應代價進行比較，這一點就會顯得非常清楚。儘管我們不知道在從前的和親政策下每年支付給匈奴的確切數量，但是，有一個非常重要的線索表明貢納體系可能更加昂貴。遲至西元前89年，單于僅向漢廷要求一份增加的歲供即酒10,000石、穀物5,000斛、絲綢10,000匹作為恢復和親關係的代價[40]。因此可以推斷此前的支付一定低於這些數據。

到王莽統治末期和東漢初年，剛剛重新統一的匈奴利用中國內部的混亂又開始了邊境侵奪。他們甚至企圖恢復與中國的「和親」

37　Yetts, p. 181.

38　江上波夫，頁295-306；梅原末治，《蒙古ノイン・ウ發見の遺物》，頁74-75。

39　梅原末治，《蒙古ノイン・ウ發見の遺物》，頁81-82。

40　《漢書》卷94上。

關係。幸而光武帝深謀遠慮的政策使中國免於陷入與匈奴的公開衝突中，並逐漸成功地將他們帶回到貢納體系之下[41]。西元47年，匈奴再次分裂成兩支，分別稱爲南匈奴和北匈奴，這次分裂是永久性的。西元50年，南匈奴仿效一個世紀以前他們祖先的做法，派一個王子做人質，加上代表單于的使節，帶著貢品到漢朝表示效忠，他們爲此所得到的作爲回報的禮物中有錦繡繒布10,000匹，絮10,000斤，穀米25,000斛，牛羊36,000頭[42]。從這一年起，中國和匈奴之間的貢納關係開始走向規範化。每年年底，單于派運送貢品的人連同一個充當人質的王子入朝，與此同時，中國歸還上一年充當人質的王子。我們被告知，新舊質子通常會在他們往返中國的途中相遇。給匈奴貴族的禮物也規範化了，每年進行賞賜。在每一個新年之後，帶著賜給使者本人以及匈奴貴族包括皇室的特定禮物的匈奴使者就會被送回[43]。可能部分是因爲匈奴經濟衰退的結果，看起來東漢時期的匈奴在日常必需品的供應方面似乎比以往任何時候都更加依賴於中國。最好的證據可以在這樣的事實中找到，即他們甚至從中國獲得大量本應該是他們自己的專業化經濟特產的牛羊。我們剛剛看到，在西元50年，中國送給匈奴36,000頭牛羊。僅僅3年之

41　關於光武帝對匈奴的政策以及東漢時期中國與匈奴的關係，參見內田吟風，〈後漢光武帝の對南匈奴政策につって〉，《史林》，17:4，頁59-90和18:1，頁97-139。也可參見Hans Bielenstein, *Emperor Kuang-wu and the Northern Barbarians*.

42　《後漢書》卷89。

43　《後漢書》卷89。賜給使者的錦繡繒布總共有1,000匹，給整個匈奴貴族的有10,000匹。然而，必須指出的是，這一數量決不能視爲每年支付給匈奴的總數。事實上，它甚至沒有包括給單于的禮物。對整個南匈奴的支付總數很快就會討論到。

後，又給了他們好幾萬隻綿羊[44]。到西元1世紀末，每年支付給南
匈奴的物品總數是驚人的。西元91年，袁安上報說，按照東漢成例
（故事），每年支付給南匈奴的物品就價值一億九十多萬[45]。這一數
據在西元88年一份單于的奏疏中得到進一步證實，在這份奏疏中我
們會讀到這樣的內容：「積四十年，臣等生長漢地，開口仰食，歲
時賞賜，動輒億萬。」[46]東漢時期給南匈奴禮物的驚人增加可能與
他們的人口增長有關。在呼韓邪時期，他們的人口只有大約五萬或
者六萬，但是到西元90年，南匈奴的人口總數，包括那些剛剛歸屬
於他們的人，增加到了二十三萬七千三百[47]。

　　應該進一步注意到，在東漢規範化的貢納體系下，匈奴每年定
期從中國得到供給，但也必須每年向漢廷進獻貢品。而且，他們還
背負著另外一種財政負擔：給不時與他們打交道的中國官員的賄
賂。西元2世紀的學者應劭上書說，每年來去時，負責護送匈奴質
子和使節的謁者（負責接待的官員），經常會收受賄賂，總數達一百
萬以上[48]。

二、其他胡族人──羌、烏桓和鮮卑

44　《後漢書》卷89。

45　《後漢書》卷45。這肯定是真實的數字，因為緊接著就是每年供給西域
　　的費用總數7480萬。

46　《後漢書》卷89，文中有「億萬」一詞。關於數字「億」以及「億萬」
　　連稱的討論，參見Nancy Lee Swann, *Food and Money in Ancient China*,
　　pp. 264-265, n. 482.

47　《後漢書》卷89。也參見呂思勉，《燕石劄記》（上海，1937），頁128-
　　131。

48　《全後漢文》卷35。

匈奴是漢代中國最可怕的敵人，其他的少數胡族包括羌、烏桓和鮮卑，實際上被夾在匈奴和漢代中國這兩股最大的東亞勢力之間。這三個胡族的人民最初不時遭受匈奴的經濟剝削。在漢朝時期，羌族廣泛地分布在中國的邊境線上——從西域到甘肅，乃至四川和雲南[49]。在西漢初年，甘肅地區的羌人特別麻煩。大約在西元前200年，當匈奴的軍事力量達到頂峰的時候，他們迫使羌人臣服，使其成為重要的聯盟。武帝征服和鞏固所謂河西地區的一個直接目標就是為了把羌人和匈奴隔開[50]。

由於羌人被分散到各處，從來沒有成為一個統一的民族，因此不可能把他們全部納入貢納體系之中。不過，西元98年，很可能是受到貢納體系中穀物的吸引，一支強大的羌人部落的確來到漢廷進獻貢品，並向皇帝表示效忠，而作為回報，他們從中國得到了大量的禮物[51]。從宣帝時期開始，羌人逐漸進入中國邊境[52]，開始與漢人進行直接交往。儘管直到東漢時期，羌人才成為大的邊境問題，但是，他們一開始與漢人的關係就似乎並不友好。中國過分的經濟剝削一直是漢羌衝突的主要原因。早在西元前88年，匈奴就以中國向羌人徵發了太多的勞動力為藉口鼓動羌人起義反抗中國[53]。而事實的真相在西元前31年侯應的話語中得到了很好的揭示：「近西羌保塞，與漢人交通，吏民貪利，侵盜其畜產、妻子，以此怨恨，起

---

49 在秦漢時期，羌人趨於從西北向東南遷移。參見李紹明，〈關於羌族古代史的幾個問題〉，《歷史研究》，頁165-169。

50 《後漢書》卷87；《鹽鐵論》，頁81。

51 《後漢書》卷4、卷87。

52 《漢書》卷69、卷79。

53 《漢書》卷69。

而背畔，世世不絕。」[54]

　　事實上，在東漢時期，完全相同的剝削和侵奪被不斷重複而且更加惡劣。西元33年，班彪指出了羌人與漢人雜處居住的危險性：

> 今涼州部皆有降羌，羌胡被髮左衽，而與漢人雜處，習俗
> 既異，言語不通。數爲小吏黠人所見侵奪，窮恚無聊，故
> 致反叛。夫蠻夷寇亂，皆爲此也。[55]

　　這一總體性的看法得到當時各種記載的充分證實。比如，在涼州的安定郡，到處都有羌人定居，他們都被迫給地方官員和有權勢的漢人提供勞役服務。他們的悲傷和仇恨與日俱增[56]。一位經驗豐富的邊防將軍馬防因爲強行向羌族人徵收賦稅而多次受到章帝(76-88)的譴責[57]。看來，當時的一位羌族事務專家皇甫規的看法是公正的，西元141年他總結說，所有羌人叛亂通常都是邊防官員無休止地侵占羌人財物所導致的結果[58]。

　　漢代初年，居住在東北南部的烏桓人戰敗，被匈奴人征服，此後他們被迫每年向匈奴進獻牲畜和皮毛等物品。而當武帝打敗匈奴之後，烏桓被置於中國貢納體系的保護之下，他們的首領每年到漢

54　《漢書》卷94下。
55　《後漢書》卷87。
56　《後漢書》卷87。
57　《後漢書》卷24。
58　《後漢書》卷65。也參見胡三省，《資治通鑑》第4冊，頁1690。羌人叛亂問題沒有得到充分研究。到東漢末年，羌人也參加了涼州叛亂，儘管其不是十分重要。參見G. Haloun, "The Liang-chou Rebellion, A.D. 184-221," *Asia Major*, pp. 119-130.

廷覲見效忠[59]。到西漢末年，當匈奴再次變得強大的時候，他們抓住中國政治混亂的機會，強行向烏桓人徵收一種「皮布稅」。後來，當烏桓在中國的煽動之下拒絕交納這些稅的時候，匈奴抓捕了大約一千名烏桓婦女和兒童，要求烏桓人支付一大筆贖金，包括牲畜、皮毛和布匹，烏桓人最終按照他們的要求去做了[60]。

在光武帝統治初年，烏桓人又成為匈奴軍隊的同盟者，不時侵犯中國邊境[61]。然而，在西元46年，當匈奴勢力因其內部爭鬥而進一步削弱的時候，光武帝成功地用一大筆現金和絲綢收買了烏桓人。所以在西元49年，一大群烏桓人到朝廷覲見效忠。他們進獻給皇帝奴隸、牲畜、弓箭以及各種動物皮毛作為貢品，這些物品也可以看作是他們經濟生活的很好的象徵。作為回報，他們獲得皇帝的禮物，他們中大量的人被安置在中國邊境沿線，並定期得到食物和衣物供給。而且，護烏桓校尉[62]在上谷寧城(今察哈爾)重新建立，以負責烏桓和鮮卑事務，這也是給他們的禮物的組成部分，為他們安排常規貿易，從他們那裡帶走人質[63]。從此以後，一直到2世紀中期，中國和烏桓的關系發展得更順利。中國和烏桓之間經濟交往

---

59 《後漢書》卷90。

60 《漢書》94下。也見內田吟風，〈烏桓族に關よる研究〉(後簡稱〈烏桓〉)，《滿蒙史論叢》，頁30-31。

61 關於這一點，參見內田吟風，〈烏桓〉，頁39-40，註14給出的例子。

62 第一次設立烏桓校尉是在武帝時期。類似的機構也被設立起來掌管其他胡族事務。比如，有一個校尉負責羌族的事務，另一個校尉負責西域事務。完整的機構名稱是護烏桓校尉。也可參見《後漢書》志第28〈百官志〉五。

63 關於上面的描述見《後漢書》卷九十；《三國志‧魏書》卷30引王沈《魏書》。也參見馬長壽，《烏桓與鮮卑》，頁133-134和頁135，註1。

的其他方面將在下文投降的胡族及其邊境貿易問題中考察。

　　與烏桓非常鄰近的也散居在滿洲的鮮卑人，直到東漢時期才在中國邊境採取行動。他們也像烏桓人一樣，在西漢初年曾經被匈奴征服並受其直接控制。即使晚至西元2世紀，一些鮮卑部落仍然不得不為匈奴服兵役[64]。就軍事而言，鮮卑比烏桓強得多，但就經濟而言，他們甚至不能自足。貿易和掠奪呈顯出他們在整個東漢時期的活動。在這一時期，他們可能比任何其他胡族人進行了更多的邊境侵犯，尤其是西元156-178年之間，在檀石槐的有力領導下，他們幾乎每年都要掠奪北部和東北部的邊郡[65]。不斷投降和叛亂成為他們與漢代中國關係的主要特徵。

　　西元54年，兩個鮮卑首領帶著他們的族人到漢廷覲見效忠，他們二者都得到了充分的榮譽和禮物獎賞。西元58年，仿效他們的例子，其他的鮮卑首領都向中國臣服。作為回報，他們每年總共從中國獲得了兩億七千萬錢的支付額度，這幾乎是支付給南匈奴的3倍，而南匈奴是一個在其他胡族中擁有權勢和地位優勢的無可辯駁的象徵。如此昂貴的和平僅僅持續了大約30年時間[66]。西元91年，當北匈奴受到中國的重創戰敗進一步向西逃亡時，鮮卑不僅遷入他們的土地而且吸納了一萬多匈奴人[67]。在領土和人力兩個方面如此突然的擴張使鮮卑強大得足以在邊境開始新的侵略。直到永初年間（107-113），他們獲得更加優厚的經濟條款時，才回到了中國的貢

64　比如，檀石槐的父親，偉大的鮮卑首領，曾在匈奴軍隊服役三年。《後漢書》卷90；《三國志·魏書》卷30引《魏書》。也參見馬長壽，《烏桓與鮮卑》，頁179。

65　馬長壽，《烏桓與鮮卑》，頁183-188。

66　《後漢書》卷90；《三國志·魏書》卷30引《魏書》。

67　內田吟風，《東洋史研究》，2:1，頁19-20。

納體系中。這一次，定期向他們開放貿易，在寧城修建了兩個「置館」供來自鮮卑的人質居住。結果，據說有一百二十個鮮卑部落主動送人質到中國，加入中國的貢納體系[68]。在接下來的一百年間，隨著漢朝的勢力日益衰落，鮮卑相應地變得更加具有侵略性而不是順從。當形勢不適宜公開進攻的時候，他們偶爾仍然向漢廷進獻貢品[69]；但是，大多數時候，北部和東北部的中國邊郡都受到他們的攻擊。

至此，為給中國和胡族之間的經濟關係下一個結論，我列出范曄的下述簡要評說：

> 四夷之暴，其勢互強矣。匈奴熾於隆漢，西羌猛于中興。而靈、獻之間，二虜迭盛。石槐驍猛，盡有單于之地；蹋頓凶桀，公據遼西之土。其陵跨中國，結患生人者，靡世而寧焉。然制禦之略，歷世無聞；周、漢之策，僅得中下。將天之冥數，以至於是乎？[70]

整個漢代不斷變動的胡族威脅充分表明中國貢納體系的不穩定性。根據上文對漢胡經濟關係的總體考察，也可以清楚地看到體系的穩定涉及到許多因素，比如一方面是中華帝國擁有優越的軍事和經濟力量，另一方面是胡族力量的削弱，這兩者都依賴於各種條件

---

68 《後漢書》卷90。但是根據《三國志·魏書》卷30所引《魏書》，只有20個鮮卑部落送人質到寧城。Lien-sheng Yang, "Hostages in Chinese History," p. 46也提到了這兩個「置館」。

69 比如，鮮卑分別在西元120年和127年向中國進獻過貢品(《後漢書》卷90)。

70 《後漢書》卷90。

的相互作用，而這些條件通常是帝國政府無法掌控的。有意思的是，武帝憑藉其達到頂盛的軍事、經濟力量企圖全力平定匈奴，但他沒能迫使匈奴進入貢納臣服體系。這一簡單的事實表明，中國僅有軍事和經濟的優勢不足以帶來與像匈奴這樣強大的胡族之間貢納關係的穩定。在武帝統治時期，儘管匈奴多次被打敗，但它仍然保持了一個統一的部落聯盟，其強大足以向中國的統治挑戰。在宣帝統治時期，呼韓邪單于領導下的南匈奴的加入也不能簡單地解釋為是因為其內部權力爭鬥導致部落分裂的結果。在這一態勢中，中國方面的情況也應該充分考慮到。在西漢歷史上，宣帝統治時期被視為政治穩定、經濟繁榮的中興時期。事實上，偉大的歷史學家班固在《漢書》中已經對這一事件進行了很好的解釋：

> 孝宣之治，信賞必罰，綜核名實，政事文學法理之士咸精
> 其能，至於技巧工匠器械，自元、成間鮮能及之，亦足以
> 知吏稱其職，民安其業也。
> 遭值匈奴乖亂，推亡固存，信威北夷，單于慕義，稽首稱
> 藩。[71]

　　在帝制時代的中國保持一個非常平衡的貢納體系，要求中國和胡族雙方都要具備大量特定的條件(政治、軍事、經濟等)；由於這些條件是變動的而不是恒定的，貢納體系在其本質上也就是不穩定的。在這個意義上，貢納體系可以被設想成一種微妙的平衡狀態，

---

71 《漢書》卷8「贊」。翻譯見Dubs, *History of the Former Han Dynasty*, 2:263.

通常對任何一方的條件變化都非常敏感。這種微妙性也可以解釋為什麼這一體系在傳統上被歷史學家視為判斷某個朝代繁榮和衰落的標準，從而與朝代循環問題有著重要聯繫。

即便是把較小的胡族納入貢納體系也不是一件容易的事。一般說來，他們深受當時其他胡族尤其是較大的胡族勢力盛衰的影響。但不可能存在任何普遍正確的東西。有時，正是另一個胡族群體的興盛使他們脫離漢帝國的勢力範圍，而又是同一個胡族群體的衰落迫使他們回到中國的貢納體系中；但有時，情況又正好相反。在我們的個案中，我們已經看到，不管願意或者不願意，當匈奴的軍事力量強大得足以在草原上建立和維持一個政治、經濟重心的時候，烏桓兩次成為匈奴的附庸，而當匈奴的勢力衰落時，他們又再次臣服於漢朝的統治。另一方面，在東漢時期，鮮卑利用北匈奴衰落的機會進行自我擴張，因而能夠擺脫中國的控制。也許從如此複雜的中國與胡族的關係中，我們可以得出的唯一可靠的結論就是陳寅恪針對唐朝的情況所說的「外族盛衰之連環性」[72]。換句話說，從嚴格意義上理解，漢帝國與鄰近的任何一個胡族群體之間的貢納關係都不是單邊的或者雙邊的關係，而是多邊的關係。不用說，這種連環性只有在貢納體系的穩定性進一步削弱的時候才起作用。

從經濟的觀點看，眾所周知，胡族總是把進貢當作貿易的外衣。由於後文中有一章會全面討論中國與胡族的貿易問題，這裡只需說明允許直接與中國人進行貿易是貢納體系對胡族人的主要吸引力之一即可。西元2世紀早期寧城胡市的開放非常成功地將大量烏

72　陳寅恪，《唐代政治史述論稿》，頁94。參見Lien-sheng Yang, *Studies in Chinese Institutional History*, p. 6.

桓和鮮卑部族納入貢納體系的事實充分證明了這一點。然而，必須著重指出的是，在漢代，通常以帝國禮物的名義對胡族進行的直接的中國經濟援助，在維持貢納體系中起了同樣重要的作用。不斷增加的送給匈奴的大量帝國禮物導致單于在西漢末年頻繁覲見效忠。這種禮物必定極大地消耗了帝國財富，西元前3年的廷議出於經濟原因斷然拒絕單于入朝覲見的要求充分證明了這一點。西元45年，光武帝通過削減對送人質和貢物到中國的西域18國的供給，堅決拒絕擴大貢納體系，也肯定部分地是出於經濟方面的考慮[73]。正如本書末尾要討論的那樣，不能夠完全排除下述可能性，即帝國的經濟利益偶爾也可以在貢納體系中體現出來。雖然如此，但從總體上看，就國家財政而言，貢納體系對漢代中國來說顯然是一種債務而不是資產。如果它有經濟價值的話，其經濟價值遠不如它的政治意義。這一點也許可以解釋，為什麼王莽毫不猶豫地在許多胡族身上浪費大量的黃金、財寶和絲綢以便在貢納關係的框架內獲得他們的臣服[74]。

最後，作為結論，讓我們比較漢帝國的收入對維持貢納體系所需的每年的支出總數做一個粗略的估計，來看看貢納體系在多大程度上影響了國家財政。不過這一點說起來容易，做起來難，因為關於這種估算的統計數字既缺乏又不完整。必須著重指出的是，在下面的討論當中，我們只能滿足於一個大體的數量而不是精確的統計數據。由於西漢時期給進貢胡族的帝國禮物非常不固定，我傾向於採用下表中所列東漢時期從大約西元50年到100年的數據，這一時

73　參見嚴耕望，1：195-196；蘇誠鑑，頁87-88。也參見《東漢會要》，萬有文庫本，頁338。

74　比如見《漢書》卷94下、卷99上。

期支付給各進貢胡族的數量通常是固定的：

胡族	年支付總數(錢)
鮮卑	270,000,000
匈奴	100,900,000
西域	74,800,000
合計	445,700,000

在我們進行討論之前，有幾點必須要澄清。第一，給出的數據決不是完整的，因爲支付給其他胡族比如羌和烏桓的數量就不知道。第二，上面的數據僅指常規的支付，而不包括我們在本章開頭所看到的那些偶爾的禮物如絲綢、穀物和牲畜等。第三，貢納體系的行政管理費用也必須要考慮進去。爲保證體系運轉，創設了大量的機構，包括屬國都尉、護羌校尉、護烏桓校尉、西域都護和置館。第四，軍隊開支也不應該被忽略。有時，爲了將叛亂的胡族納入貢納關係中，必須發動戰爭。這類開支也是非常龐大的。比如，西元107年至118年，對羌族的討伐花費了東漢政府240億錢，西元136至145年，又額外花費了80億錢。加起來，這20年間總共用了320億錢[75]。考慮到所有這些局限，我們只能說表中所列的總數僅僅是構成維持貢納體幸每年所支付總量的一小部分。

現在，讓我們轉向帝國的收入問題，這個問題實際上比貢納支出問題困難得多。東漢時期每年的收入在《後漢書》中沒有記載。

---

75 《後漢書》卷87。也參見Lien-sheng Yang, *Studies in Chinese Institutional History*, p. 155, n. 151; 蘇誠鑑，《後漢食貨志長編》，頁29。

值得慶幸的是，見識廣博的學者桓譚(前43-28)爲我們提供了一條
有望打破本來毫無希望的僵局的線索。他認爲，從宣帝時代(前73-
前49)起，漢政府每年徵收的賦錢總數超過40億錢，他進一步指
出，這些錢的一半用於支付整個帝國官員的薪俸。另一方面，關於
少府每年的總收入，桓譚給出的數量是83億，這些錢用於維修皇帝
的宮殿以及各種賞賜[76]。

　　但是，對於這裡的討論，桓譚的說明似乎提出了比它所能回答
的更多的問題。首先，有一個時代的問題。他顯然談論的是西漢而
不是東漢。那麼就東漢王朝來說，這些數據在多大程度上可以被看
作是眞實的？不過，由於既沒有關於東漢初年稅收限額大幅增加的
記載，也沒有關於同時期明顯的價格波動的記載[77]，我們就有充分
的理由相信在西元1世紀末之前東漢稅收的總數必定與這一數量不
相上下。其次，存在著所謂賦錢的包含內容問題。賦錢一詞似乎表
明它是指諸如算賦(人頭稅)和更賦(勞役的代償稅)等稅收，但不包
括土地稅，在漢代土地稅通常是用實物交納的[78]。這樣考慮的話，
賦錢總數仍然不能夠視爲帝國的總收入。因此，下一個問題就是，
東漢王朝統治時期土地稅的總收入是多少？由於缺乏記載，我們不
能給出這個問題的直接答案。但是，又有一個有趣的線索至少使我

76　《全後漢文》卷14；蘇誠鑑，《後漢食貨志長編》，頁22-23。對漢代帝
　　國收入和皇帝收入之間的區別的全面討論，參見加藤繁，《支那經濟史
　　考證》，1:35-156。

77　整個兩漢時期穀物價格在總體上一直相當平穩只有偶爾波動的事實很好
　　地證明了這一點。參見宇都宮清吉，《漢代社會經濟史研究》，頁227-
　　228；勞榦，《居延漢簡考證》，頁58-59。

78　李劍農，《先秦兩漢經濟史稿》，頁244-256。但漢代所使用的賦一詞
　　也指各種稅收，對這一點的簡要討論參見Lien-sheng Yang, *Studies in
　　Chinese Institutional History*, pp. 105-107.

們能夠做出合理的猜測。西元159年，當富裕的皇室姻親梁冀被處死後，他所有的財產都被政府沒收和出售，其價值總數超過30億錢。所有這些錢都被轉入國庫歸政府使用，而同時，當年帝國的土地稅削減了一半[79]。這個例子似乎表明土地稅的總數，如果折算成錢的話，應該是大約60億錢。這樣，我們就可以推算東漢政府一年的稅收總數大約是100億錢。必須即刻補充的是，這個總數包括賦錢和土地稅這兩項政府收入的主要來源，但不包括少府的收入，在理論上，少府的收入是皇帝個人的收入[80]。

現在，已知每年支付給三個進貢胡族(鮮卑、匈奴和西域)群體的通常數額是445,700,000錢，平均每個群體是大約150,000,000錢。但是，至少應該再增加兩個胡族群體(羌和烏桓)到這個列表中。讓我們假設支付給這兩個群體的額外數量是300,000,000錢，這一假設決不是毫無根據的，尤其是考慮到羌族是東漢時期最強大、最麻煩的胡族這一事實。加上這一額外的數量，每年支付給進貢的胡族的總數就增至750,000,000錢。因此，漢代中國維持貢納體系的費用大約是每年政府發放的工資額的1/3，或者是帝國總收入的7%，這一估算仍然沒有考慮維持貢納體系很好運轉所必需的軍事和行政管理開支。實際上，它肯定構成了政府開支的主要項目之一。

---

79 《後漢書》卷34。
80 關於少府收入的各種項目，參見加藤繁，1: 40-82。

第四章
歸降的胡族人及其待遇

　　漢朝統治下對歸降胡族人的待遇構成當時漢胡經濟交往中的一個重要部分，因此，值得進一步考察。由於歸降胡人問題本身就是非常多樣化的，因此這裡不可能有一個類似於綜合性論述的東西。我將嘗試就漢代對歸降胡人的總體政策及其把形形色色的歸降胡族群體置於控制之下的行政手段做一初步的分析。不過，重點會放在這一問題的經濟方面。

　　一般說來，歸降的胡人是自成一類的特殊人群，因此，他們在中華帝國秩序中占據著一個非常獨特的位置。一方面，儘管歸降了，他們仍然有著所有其他胡族人包括屬國的特徵，與之不同的是，他們被漢朝政府接納爲中國文明的完全成員的候選人。另一方面，他們現在也像漢族人一樣，是漢朝皇帝的臣民，但與漢族人不同的是，他們還要被轉化成漢族國家的正規成員。他們這種半胡半漢的狀態使得漢朝政府有必要創造新的行政管理方式，使他們得到很好的照顧而又不損害帝國原有的政治秩序。我們將會看到，其結果就是可以被視爲介於貢納體系和郡縣行政體系之間的一種折衷物。

一、內外之分

在邊境和胡族人方面，漢代中國存在著普遍的內外之分，這顯然是對古老的儒家關於邊境和對外政策領域的內外原則的一種運用。

拉提摩在很早以前就敏銳地覺察到了中國邊疆史上的內外之分。用他的話來說：「從總體上看，邊境的另一個特徵是它的『內部』區域和『外部』區域的劃分……簡言之，就這一內外結構來說，『內部』區域與中國的聯繫更緊密，它就像當中國強盛時在中國擁有權力的胡族駐防區域，或者在長城以外的中國政權的前哨地區。「外部」區域很少參與對中國的直接襲擊，因此在反應階段也很少受中國控制的影響。」[1]

在這裡，拉提摩教授很可能談論的是中國歷史的晚期階段，因為他在別處特地將這一原理運用到滿族統治下的蒙古個案中[2]。不過，邊境地區的這種總體性的內外劃分，可能也同樣適用於漢代中國。第一，按照古代的觀點，作為一個地理存在，中國是「內部地區」，因此是已知世界的中心；反之，中國邊境以外的所有陸地構成「外部地區」，各種胡族人在此居住，這一點在漢朝時期得到了進一步的強調。如同蔡邕在西元177年明確指出的那樣，秦朝修建的長城和漢朝建立的邊境障塞都是爲了把內部區域和外部區域區分開來。外部區域留給胡族人，而內部區域則委託給中國官員照

1　"Chinese Turkestan," 初版於 *The Open Court*, XLVII, no. 921(March, 1933),重印於 *Studies in Frontier History*, p. 183.

2　Owen Lattimore, *Inner Asian Frontier of China*, pp. 86-87.

料[3]。也比較有意思的是，這種內外之分有時甚至被漢代士人用來作爲反對擴張的理由。他們認爲，把中國與外部世界分開的自然地理邊界正是天地有意確立的區分內部區域與外部區域的界限。因此，對中國來說擴張到界限之外就是不自然的，也是不必要的[4]。

第二，漢代這種地理上的內外劃分被進一步運用到中國邊界的確立中，這一點清楚地體現在帝國的郡縣體系中。西元前73年，一道皇帝的詔書中提到「內郡（國）」一詞，表示「內部的郡」。西元3世紀的學者韋昭認爲，中國內地的郡稱爲內郡，而那些邊境沿線的有著防禦胡族的障塞的郡則通常叫做「外郡」，即「外部的郡」[5]。東漢時期也保持著同樣的區分。《後漢書》明確地將內郡與諸如安定、北地、上郡、隴西、金城等邊境地區區別開來，這些地區無疑是漢代中國的外郡[6]。

現在讓我們接著來看看同樣的二分是如何擴展至胡族的。在漢代中國持續存在的上述蔡邕對內部中國世界和外部胡族世界的明確區分，如同中國歷史上的其他時代一樣，始終是一個無法實現的天眞夢想。事實上，就像從前的周代一樣[7]，漢朝時期胡族實際上在中國邊境的兩邊都是很活躍的。因此，幾乎從最初開始，漢朝政府就發現對歸降的胡族進行內外區分是很有用的。比如，有記載說西元前177年匈奴入侵上郡（今綏遠和山西北部）並屠殺了那裡的「保

3　袁宏，《後漢紀》卷24；《蔡中郎文集》，四部叢刊縮本，頁37。

4　正如班固在《漢書》卷96下中所總結的那樣。

5　《漢書》卷8。這一注解的翻譯見 H. H. Dubs, *The History of the Former Han Dynasty*, 2:208，但將注釋者的名字誤做顏師古。

6　《後漢書》卷87。

7　錢穆，〈西周戎國考〉，《禹貢》，2: 4，頁2-5和2:12，頁27-32。進一步的討論參見 Lattimore, *Inner Asian Frontiers of China*, pp. 364-365.

塞蠻夷」[8]。此處的「保塞」名稱肯定是當時的一個專用術語，因為它不僅在漢代的典籍中頻繁出現，而且在新近發現的漢簡中也偶有出現[9]。就在同一年，文帝也發布了一道詔書，譴責匈奴違背和平協議入侵邊境，並將保塞蠻夷趕離家鄉。顏師古注對「保塞蠻夷」一詞的解釋如下：「謂本來屬漢而居邊塞自保守。」[10]這些蠻夷定居在上郡的事實充分證明他們是被漢朝當作內蠻夷來對待的。

當我們考慮到下述兩則個案的時候，這一點將變得更加清晰。(一)中國的冒險者衛滿在王朝之初逃到朝鮮，並在那裡自立爲王，惠帝和呂后時期，他被漢廷任命爲「外臣」。在《史記》和《漢書》中，都將他和「保塞外蠻夷」一詞相提並論，「保塞外蠻夷」也許可以解釋爲表示「外部的保衛邊境的蠻夷」的專門術語[11]。(二)在武帝時期，歸降的烏桓人被安置在北部和東北部五個邊郡以外的地區替中國防禦匈奴的入侵[12]。這兩個事例似乎表明了在內蠻夷存在的同時也有外蠻夷存在的事實。但應該看到，後者可能與通常的納貢蠻夷沒有太多的區別。因爲，在烏桓的例子中，據說他們的部落首領每年都到漢廷朝覲效忠。所謂的「保塞蠻夷」在大多數

8　《史記》卷110。Burton Watson, *Records of the Grand Historian of China*, 把「保塞蠻夷」翻譯成「漢朝派遣去保衛邊境的在上郡的忠實的胡人」，2:167。

9　勞榦，《居延漢簡釋文》no. 3479，頁69。非常有意思的是，某些情況下，「葆」字在這些簡中被冠在邊境地名的之上(見陳直，《兩漢經濟史料論叢》，頁44和Michael Loewe, " Some Notes on Han-time Documents from Chuyen," *TP*, p. 302.)。我認爲，在這些情況下，把「葆」理解爲「保塞」更好，它既表明這些地方不斷地受到胡族入侵的威脅，也表明這些地方有「保衛邊境」的胡人。

10　《漢書》卷94上。

11　《史記》卷115；《漢書》卷95。

12　《後漢書》卷90。也參見內田吟風，〈烏桓〉，頁26-27。

情況下是指內蠻夷，羌人的例子可以進一步證明這一點。在東漢時期，部分羌人被稱爲「保塞羌胡」，《後漢書》的注釋家解釋說之所以如此稱呼他們，是因爲他們已經歸降中國並居住在帝國的版圖之內保衛邊境[13]。在另一個例子中，可以發現，有意思的是東漢政府對「犯塞羌胡」和「保塞羌胡」作了非常明確的區分[14]。前一章所引侯應的敘述充分說明保塞羌胡位於帝國境內的事實，侯應說自從西羌開始保衛邊境以來，他們天天和漢人交往。

　　就漢朝政府給他們的待遇而言，內蠻夷和外蠻夷在許多方面都是不同的[15]。稍後我們會更詳細地處理這一問題，這裡只是提請注意一個重要的事實，即每當歸降的蠻夷被劃定爲內蠻夷的時候，從前設立的用以將他們與漢人隔離開來的邊境障塞就會撤除。比如，在武帝統治時期，一些西南夷部族[16]的首領和南越的國王[17]都請求成爲中國的內蠻夷(內屬)；結果，這兩個區域的邊境障塞都被撤除了。在這些事例中邊境障塞的撤除意味著保衛邊境的任務就委託給內蠻夷了。當我們考慮到下面的例子時，這一點立刻就變得很清晰。西元前33年，歸降的南匈奴主動表示願意保衛從上谷至敦煌的中國邊塞，並要求撤罷邊境障塞和中國的駐防吏卒。但是，經過深思熟慮，朝廷決定不接受這一慷慨的意願，顯然是因爲不能完全信任匈奴而將整個西北邊境置於他們的管理之中。因此，匈奴除了繼

13　《後漢書》卷24。

14　《後漢書》卷23。

15　栗原朋信近來在《古代學》中一篇有意思的文章(頁10-15)裡的詳細闡述有助於理解這一討論。

16　《史記》卷113；Watson, 2:245.

17　《史記》卷117；Watson, 2:325.

續充當中國的外蠻夷外別無選擇[18]。

二、對歸降蠻夷人的若干歸類

在我們討論針對不同來源的歸降蠻夷人所採取的各種相應的行政管理類型之前，很有必要弄清蠻夷人通常是如何通過歸降而變成內蠻夷的。作為開頭，我們必須介紹一個當時使用的關鍵術語。在許多事例中，蠻夷人的歸降在當時的正史中被描述為「內屬」，顧名思義，即是變成中國的「內臣」。儘管「內屬」偶爾也在不太嚴格的意義上被用來表示中國與邊境之外的諸如西域的胡族國家之間貢納關係的確立，但在大多數情況下，這一術語是指邊境沿線的歸降蠻夷人被納入中國版圖，由此，就對其作了更加嚴格的界定。看來每當蠻夷變成內部臣民的時候，他們不是作為個體向中國投降，而是連同土地作為部落群體向中國投降。一般說來，內屬的起源可以追溯到西漢時期，但是它在東漢時期發生得最為頻繁，這顯然應該歸因於後者包容性的蠻夷政策和邊境政策。

讓我們首先討論王莽統治時期一個典型的內屬事例。為了證明新朝已經獲得上天的授命，王莽派遣使節帶著大量的錢財出使各外蠻夷部族誘使他們臣服。西北邊境之外的一群羌人受價錢的誘惑，表示願意在下述條件下成為「內臣」：(1)他們以一個大約12,000人的部落向中國投降；(2)他們把自己所有肥沃的土地獻給中國；(3)他們自己居住在邊境沿線的險阻之處替中國保衛邊境，大概是

---

18 《漢書》卷94下。

從內部藩屏[19]。根據這個事例，我們不僅知道了「內屬」的兩個基本要素即人口和土地，而且知道了「保塞蠻夷」與「內臣」的一致性。由於人口和土地構成了蠻夷臣服類型「內屬」的最基本的要素，因此，東漢時期，「內屬」總是與「舉族內屬」[20]或者有時是「舉宗內附」[21]相結合出現在官方記載中。應該進一步注意到，在東漢王朝時期，似乎有一個既定的做法，即在成為內臣時，歸降部族的首領總是向中國政府報告其人口的準確數量。不過，這是非常容易理解的，如同我們後面將會看到的那樣，因為這些內屬的蠻夷人也要承擔賦稅和徭役徵發。因此，這些報告中給出的人口數據看來全部都是真實可靠的[22]。

現在該是討論更為複雜的對歸降蠻夷進行不同類型的劃分問題的時候了。在許多事例中，當大量的蠻夷人作為內臣歸降中國時，他們立即被組織成為一個「屬國」，即「附屬的國家」或者「獨立

19　《漢書》卷99上。

20　《後漢書》卷86、卷87。

21　《後漢書》卷86。但要補充一點，比較有意思的是，同樣的做法為其後的時代所效仿。比如，在蒙古人統治的元朝時期，我們發現了諸如「舉國來附」和「舉部來歸」的表述，可能分別是指「整個國家來歸附」和「整個部族來臣服」（也參見Fancis Woodman Cleaves, "The Sino-Mongolian Inscription of 1362," *HJAS*, 12:1-2[1949], n. 31 to Part 1 on pp. 43-44.但是在對這種表述的起源的追溯中，Cleaves教授似乎過多地偏重於「舉國」聯合體。實際上，在我們的例子中，「舉族內屬」和「舉宗內附」的表述可能是類似行為的最早形式，因此在類推的意義上更適合他的解釋）。

22　這類報告的例子很多。選取下面這兩則是因為它們尤其能夠表明這些數據是多麼的精確。西元51年，當雲南的一群西南夷歸附中國成為內臣時，報告的總人口是由2,770戶、17,659人組成的。西元69年，另一群投降者的人口數是51,890戶、553,711人。《後漢書》卷86。

的國家」。作為一種制度，屬國在秦朝時期就已經使用了[23]，但正是在漢代尤其是武帝統治時期，屬國才被廣泛地用於容納數量急劇增加的歸降蠻夷[24]。西元前121-前120年，在北部邊境建立了五個屬國供剛剛投降的40,000名匈奴人居住[25]。有「屬國都尉」頭銜的中國官員和大量行政屬吏被派去掌管各個屬國[26]。關於屬國特別有意思的是，它通常允許歸降的蠻夷人遵循他們自己的社會風俗並按照他們自己的方式生活[27]。

關於這五個匈奴屬國精確的地理位置是一個頗有爭議的問題[28]。但是在這裡，我們只需要考慮總體的制度性意義中一個具體之點，即屬國通常是設立在漢帝國之內還是漢帝國之外。就上述五個屬國而言，多數學者傾向於認為它們位於漢朝的邊境之外[29]。如果我們考慮到稍後的例子，這一猜測是非常合理的。西元前60年，在金城（今甘肅）設立了一個屬國以安置歸降的羌胡[30]。一位宋代的學者認

23　《漢書》卷19上。

24　關於西漢時期的例子，見《西漢會要》，中華書局本，頁599-600。

25　Dubs, *The History of the Former Han Dynasty*, 2:62. 應該指出的是屬國在武帝統治之前的西漢王朝即已存在，因為賈誼在他的《新書》中就已經對此有所提及。

26　詳見嚴耕望，《中國地方行政制度史》（上篇）2:172-175；鎌田重雄，《秦漢政治制度の研究》，第2部分，第7章，頁329-336。

27　《史記》卷111及其注釋(Watson, 2:205)；《漢書》卷55及其注釋。也參見鎌田重雄，《秦漢政治制度の研究》，頁329所引用的手塚隆義的看法。

28　關於對立觀點的歸納，參見鎌田重雄，《秦漢政治制度の研究》，頁330-331。

29　參見《資治通鑑》第2冊，頁634胡三省的注釋和Dubs, *The History of the Former Han Dynasty*, 2:62, n.154.

30　《漢書》卷8; Dubs, *The History of the Former Han Dynasty*, 2:243.

爲，這個屬國也是位於漢朝版圖之外的某個地方[31]。那麼，看來西漢時期的部分屬國是位於帝國之外的，按照這一邏輯的發展，這些屬國的人就應該被視爲外蠻夷。

但問題並不是如此簡單。事實上，在西元前33年侯應的上疏中可以找到不同的看法。這一文獻資料表明，中國邊境設立的障塞和駐軍不僅是用來防禦匈奴的入侵，而且也有防止投降的原本屬於匈奴的屬國人逃亡再次歸附匈奴的意圖[32]。如此，則侯應的話似乎暗示屬國是位於中國邊境之內的。但必須要著重指出的是，儘管其有同時代的證據，後一觀點並不必然會妨礙前一觀點的成立。

也許這兩個看似對立的觀點可以通過重新考察「邊境」的概念而得以調和。漢代中國的所謂「邊境」，也許跟其後的時代一樣，必須被設想成一個有時會延伸至幾百公里的廣大區域，而不是一道狹窄的防禦線。而且，很可能有這種情況，即就駐軍和障塞的意義而言，在如此廣大的邊境地區存在著不只一條防禦線[33]。如果事實的確如此，我們將會發現前述拉提摩所做的「內部」邊境和「外部」邊境的區分非常有用。十有八九屬國是位於內部邊境之外的某個地方，而且至少是在兩道中國的防禦線之間。在這個意義上，它們也可能幫助中國保衛邊境。近年來對漢代西北邊境沿線軍事組織的研究充分表明那裡長長的防禦線一直處於中國駐防軍隊的警戒之下[34]。無論如何，還沒有發現將這一警戒任務委託給保塞蠻夷的跡

---

31 《漢書》卷96末尾的考證部分所引王應麟的看法。

32 《漢書》卷94下。

33 勞榦，《居延漢簡考證》，頁28。

34 關於這一主題的文獻非常多。不過，可以參考下列研究：勞榦，〈從漢簡所見之邊郡士卒〉，《中研院史語所集刊》，頁159-180；勞榦，〈釋漢代之亭障與烽燧〉，《中研院史語所集刊》，頁501-522；賀昌

象。

按照對漢代邊境形勢的這種理解，邊境上的各屬國就可以被看作是拉提摩所說的「外部邊境」或者「境外邊境」的組成部分，因此，用拉提摩的話來說[35]，屬國的蠻夷受到中國政府的「控制而不是直接統治」，在這一特定的意義上，把他們看作「外蠻夷」也是合情合理的。當然，「內部」和「外部」畢竟是相對的語彙；只有相對於那些在中國內部的蠻夷來說，屬國蠻夷才是「外部的蠻夷」。例如，與西域的納貢國家相比，他們就很可能有充分的理由稱自己為漢帝國的「內臣」。

在東漢時期，屬國體系繼續發展，其地理範圍從西北邊境擴展至東北和西南邊境。而且，更值得注意的是，而今它們設立在那些無疑被視為中國的「內部邊境」的地區[36]。因此，基於同樣的允許

（續）————

　　群，〈烽燧考〉，《國學季刊》，頁77-102；米田賢次郎，〈漢代の邊境組織〉，《東洋史研究》，頁50-63；陳夢家，〈漢簡所見居延邊塞與防禦組織〉，《考古學報》，頁55-109；西方讀者可以參考A. F. P. Hulsewe的一篇綜述文章"Han-time Documents," *TP*, 特別是pp. 8-9，以獲得更多的參考文獻信息。

35　Lattimore, *Inner Asian Frontier of China*, p. 87.也可參看他的闡釋文章"Origins of the Great Wall of China: A Frontier Concept in Theory and Practice," 再版於*Studies in Frontier History*，特別是pp. 115-116 "The Frontier Reservoir"部分。

36　參見嚴耕望，1:164-165；鎌田重雄，《秦漢政治制度の研究》，頁333-334。但是，在某種意義上，屬國蠻夷尤其那些位於東漢西北邊境的屬國蠻夷仍然可以被看作「外蠻夷」。必須記住，東漢的都城不再是緊靠西北邊境的長安，而是位於內地的洛陽。因此，在西元107年，出於財政和軍事方面的考慮，甚至使得部分朝廷官員非常認真地對待把中國的西北邊境從涼州地區（今甘肅）撤離到長安附近的關中地區這一有欠嚴肅的想法。換句話說，他們打算一併放棄涼州地區的中國版圖而將其留給胡人族。為什麼涼州對於漢帝國不再具有多大的戰略意義以及為什麼關中地區的防禦作用反而應該得到強調？對此，他們給出了強勁的理由

他們各自保留自己的生活方式的原則，許多在涼州(甘肅)的內屬羌胡以及在今四川和雲南的西南夷被組織到屬國中。這一現象可以通過下述材料再次得到解釋，當時採取的一種內屬蠻夷政策，導致蠻夷人尤其是羌人和西南夷不斷進行武裝反抗，如同我們將會看到的那樣，其原因是由於他們受到地方政府的虐待以及各地豪強和富人的過度勒索[37]。據我們所知，至少在理論上，屬國的最初意圖是為了對那些顯然還不準備接受中國常規的郡縣行政體制管理的最具叛亂傾向的蠻夷保持一種鬆散的控制。

　　整個漢朝時期，也有一些將歸降的蠻夷直接置於中國的郡縣行政管理之下的例子。通常說來，只有柔順的或者或多或少被中國化了的蠻夷人才會獲准以這種方式進入帝國。而且，根據漢代的規定，在其管轄範圍之內有蠻夷人的縣要被稱為「道」[38]。這一規定本身就是表明在規範的郡縣體制下必定有相當數量的蠻夷人的無可

(續)──────────────

　　　(《後漢書》卷51)。另一方面，那些反對這一想法的人認為，邊境的撤離並不能解決胡族的威脅問題。因為如果涼州丟失了，那麼關中地區將立即變成中國的西北邊境，而且，舊都城附近的漢代皇室陵寢就將暴露在入侵的胡族人面前(《後漢書》卷58；參看王符，《潛夫論》，頁36類似的觀點)。當我們在討論東漢時期中國西北邊境形勢時，還有另外兩件事情應該牢記在心。第一，當時關中地區一再受到羌胡的入侵(《後漢書》卷87)。第二，與西漢時期相比，當時涼州和關中地區的人口銳減(錢穆，《國史大綱》上冊，頁142-143)。在某種程度上，造成後者的原因是，面對日益加劇的胡族威脅，這兩個地區的居民逐漸遷徙到了中國內地。因此，考慮到所有這些因素，看來可以肯定地下結論說，在東漢王朝時期，尤其是從2世紀初以來，即使在名義上並不如此，涼州和關中已經在事實上分別轉化成所謂中國的「外部」邊境和「內部」邊境了。正是在這個意義上，涼州的屬國蠻夷才被完全歸類為「外蠻夷」。

37　參見鎌田重雄，《秦漢政治制度の研究》，頁334-335。
38　《漢書》卷19上。

辯駁的標誌，儘管他們並不一定全部都是歸降的蠻夷人。當時正史中的〈地理志〉部分充分證實了這一規定，在〈地理志〉中可以找到許多這樣的「道」。下面這兩個分別爲西漢和東漢時期的例子，能夠證明我們的觀點。西元前128年，今北朝鮮境內的280000人要求成爲中國的「內臣」之後，在其地設立了蒼海郡[39]。西元69年，今雲南境內的哀牢夷歸順漢朝政府成爲「內屬」時，在其地設置了兩個縣[40]。因此，我們也可以看到，內屬，即伴隨著將新獲取的土地結合進郡縣行政體系的蠻夷歸降類型，在漢代中國是被當作一種擴張的通常手段來使用的。

在屬國與郡縣之間，還可以區分出第三種行政管理類型，那就是部。部最初是秦漢時期郡所屬的一個軍事分支機構，一個邊郡通常被分爲幾個部，各個部都由軍事長官都尉負責掌管[41]。但是也有證據表明，在某些情況下，尤其是在邊境或者「外部」的郡，部作爲一個行政管理單位獨立行使職責，漢族人和歸降的蠻夷人兩者都受其管轄。與屬國的蠻夷不同，部的蠻夷人受中國官員——都尉的直接控制，而且跟郡縣的蠻夷人也不同，他們受到區別對待，有時甚至將他們與漢族人隔離開來。比如，西元前103年，向蜀郡的西部都尉任命了兩個都尉而不是一個都尉，去分別管轄蠻夷人和漢族人[42]。部的軍事性質似乎表明這些蠻夷人可能還不夠順服，因而不能納入常規的郡縣體制之中。一般說來，漢朝政府的最終目的是想

39　《後漢書》卷85。

40　《後漢書》卷86。

41　關於部及其都尉，詳見強汝詢，〈漢州郡縣里制考〉，《中國學報》，頁11-14；嚴耕望，《中國地方行政制度史》，1:147-187；鎌田重雄，《秦漢政治制度の研究》，頁304-328.

42　《後漢書》卷86；《華陽國志》（四部叢刊本）卷3。

逐漸把帝國境內所有的蠻夷人納入中華文明的懷抱中，這樣，他們就可以被永久性地當作郡縣體制下的中國人來看待。正是通過這種方式許多屬國和部最後都被轉化成郡[43]。應該進一步注意到，這種具有中間性質的部有時也可以被轉化成屬國。在安帝統治時期（107-125），許多邊境上的部被重新組建成了屬國[44]。這種轉化的原因全然不清楚。可以猜想，它們是被作為簡化地方行政的一種手段而創設的。

三、歸降蠻夷人的經濟待遇

在分析了對歸降蠻夷劃分的各種類型之後，現在我們可以繼續考察漢朝政府是如何對待他們的，尤其是在經濟關係方面。一般說來，「外蠻夷」要比「內蠻夷」得到更加友善和慷慨的待遇。而從動態的層面上看，由於政策的不同以及歷史局勢的變化，大體上歸降蠻夷人在西漢時期獲得的待遇要比東漢時期好。

正如西元前28年谷永和杜欽所指出的那樣，西漢時期的總體政策是用金錢和爵賞去誘使蠻夷人尤其是匈奴人歸降[45]。不過王、侯之類的爵賞只是對蠻夷首領有吸引力[46]。至於普通的蠻夷人，他們主要關心的是他們能從中國得到什麼樣的穀物。賈誼曾經向朝廷建

43　關於這種轉化的例子，見《後漢書》卷86；《華陽國志》卷1、卷4。正如《宋書》卷40所說，自東漢末年到三國時期（221-265）大多數部都被組建成了郡。

44　見《後漢書》中對下列屬國的注解：廣漢、蜀郡、犍為、張掖、居延以及遼東（志第23〈郡國五〉）。

45　《漢書》卷94下。

46　相關論證見《漢書》卷8及蘇林的注解，卷55、卷94下。

議說，中國應該用財富和匈奴首領競爭，以此奪取他們的臣民。顏師古的注解闡述得非常清楚：這就意味著經濟政策的重點應該放在農業生產上而不是商業貿易上，以使中國能夠擁有充實的穀倉及多餘的布帛去誘使胡人歸降[47]。

早在西元前135年，唐蒙通過慷慨贈予帝國的禮物成功地獲取了夜郎人(在今貴州境內)的臣服[48]。這種方法證明是非常有效的。當四川的蠻夷人聽說了此事後，他們為了得到漢朝的禮物主動要求成為中國的內屬[49]。同樣的方式在更大的規模上被運用到匈奴人身上。根據記載，西元前121年，為數超過40,000的剛剛歸降的五個「屬國」的匈奴人，「皆得厚賞，衣食仰給縣官，縣官不給，天子乃損膳，解乘輿駟，出御府禁藏以澹之」[50]。皇帝甚至因為對歸降的匈奴人太好而受到朝廷官員們的批評[51]。根據這個事例我們也可以看到屬國的蠻夷人是多麼依賴於中國的供給。

但另一方面，對屬國的政治控制和軍事控制進一步鬆弛，這說明了為什麼有時整個屬國蠻夷部族能夠反抗中國。例如，在宣帝統治末期，西河屬國一群幾千人的歸降蠻夷叛亂逃亡[52]。西元前48

---

47 《漢書》卷24下；Nancy Lee Swann, *Food and Money in Ancient China*, p. 239. 關於賈誼建議的更加詳細的情況見他的《新書》，特別是卷4。

48 《史記》卷116；《漢書》卷95。參見Watson, 2:292.

49 《史記》卷117；《漢書》卷57下。參見Watson, 2:324.

50 《史記》卷30；《漢書》卷24下。英譯見Swann, p. 262；也可參見Watson, 2:86-87.

51 《史記》卷120；《漢書》卷50。

52 《漢書》卷79。應該注意，《漢書》中記載的是昭帝(前86—前74)，而不是宣帝。清代學者齊召南似乎是正確的，他指出「昭」一定是「宣」的訛誤，因為西河屬國是在宣帝統治時期設立的。遺憾的是，在進行這一修正的過程中，齊氏自己也犯了一個錯誤，他說西河屬國設立於西元前54年(見《漢書》卷79末尾的考證)，實際上，它與北地屬國一起建立

年，上郡的一萬多屬國蠻夷也逃亡歸附了匈奴[53]。這種大規模的蠻夷叛亂及其行動上的自由，充分表明了賦予歸降蠻夷人的獨立程度及其對「屬國」的自治程度。在對負責管理歸降蠻夷人的官員選擇方面，西漢政府也表現得相當謹慎，因為錯誤人選的委派經常會導致關係疏遠乃至公開叛亂[54]。

在理論上，被納入郡縣行政體制的歸降蠻夷人要像中國的臣民一樣，向中國政府交納賦稅。但在西漢王朝時期，郡縣的蠻夷人也受到優待，有時他們可以免除這種賦稅。例如，在武帝時期，「連兵三歲，誅羌，滅南越。番禺以西至蜀南者置初郡十七，且以其故俗治，毋賦稅」[55]。在下面的例子中可以進一步看到西漢政府對歸降蠻夷人的優待。西元前67年，當地夷人向朝廷抱怨，他們支撐一個獨立的郡的行政費用負擔太沉重，在他們的要求下，汶山郡（在今四川）被罷省了[56]。

在東漢的包容性蠻夷政策下，歸降的蠻夷得到的待遇有所不同。強大而富於侵略性的蠻夷如屬國蠻夷和弱小而順服的蠻夷如郡縣蠻夷之間在待遇上的懸殊，現在變得更加顯著。在前者繼續從中國政府那裡得到常規的經濟援助之時，後者則普遍備受中國地方官員的剝削和壓迫。為了說明前一種情況，我們可以引證富於侵略性的鮮卑人的例子。遼東屬國的鮮卑人歸降中國以後，為了防止他們

（續）─────────

於西元前55年（《漢書》卷八：Dubs, *The History of the Former Han Dynasty*, 2:253）。顯然是由於忽略了齊氏的考證，嚴耕望，1:163對其建立的時間感到相當迷惑，因為《漢書》中給出了兩個自相矛盾的時間。

53　《漢書》卷9; Dubs, *The History of the Former Han Dynasty*, 2:305.

54　《漢書》卷69。

55　《史記》卷30：英譯見Watson, 2:102.

56　《後漢書》卷86。

發生騷亂，每年東漢政府都要命青州和徐州給他們輸送鉅額費用。這種做法持續到整個明帝和章帝統治時期(58-88)[57]。類似的待遇似乎也被用於西南夷的某些部族。三首翻譯成漢語的由某些蠻夷詩人所作的長詩表明，他們的臣服很可能主要是因為漢朝廷送給他們大量的布帛、酒和食物[58]。

　　而在東漢時期，直接受中國行政管轄的「內蠻夷」的待遇非常重要，因此需要進一步考察。「內蠻夷」在當時普遍要承擔賦稅。在某些事例中，會將賦稅強加給那些從前在西漢時期被免除了正常賦役的蠻夷身上。例如，在武帝首次征服其地時，對歸降越人聚居的桂陽(在今湖南)的三個縣免征土地稅。但是在東漢初年，太守衛颯把這些人完全納入郡縣體制，從而將他們轉化成正規的納稅者[59]。在更多的事例中，東漢時期蠻夷人的賦稅負擔被加重了，而這種加重經常會導致他們反抗地方當局；特別是武陵蠻(在今湖南)的例子能夠很好地說明這一情形。在秦和西漢兩朝，他們被要求向政府交納一種特殊的稱為「賨布」的布匹作為賦稅，大人每人一匹，孩子每人二丈。西元115年，由於加諸他們的傜稅過重且有失公平，那裡的2,000多名蠻夷人攻占了城池，殺死了地方長官。而在西元136年，武陵太守上書朝廷，建議增加蠻夷人的賦稅，因為蠻夷已經歸順馴服如同漢人了。順帝不顧其他官員的強烈反對採納了這一建議，結果在這一年的年底爆發了大規模的蠻夷叛亂[60]。另一方面，

57　《後漢書》卷90。《三國志·魏書》卷30所引王沈《魏書》。
58　《後漢書》卷86。關於西南夷各部族的總數，見尤中，《漢晉時期的西南夷》，頁13-26，和鄭德坤，《四川古代文化史》，頁96-111。
59　《後漢書》卷76。
60　《後漢書》卷86。

輕的賦稅通常有著讓蠻夷人保持和平與順服的功效。在明帝時期出任永昌太守的鄭純治理下的雲南境內的哀牢夷的情況的確如此。鄭純與哀牢夷之間達成了一個協議，只需每個富裕強豪之家出兩件衣服和一斛鹽就構成了每年向後者徵收的常賦。蠻夷人對這種管理很滿意，他們在鄭純的整個任期內都沒有製造任何麻煩[61]。

　　對蠻夷人的賦稅徵收大體上有著部族與部族之間和地區與地區之間的差別。但與漢族臣民相比，由於其在經濟上仍然處於更加落後的狀態，他們的賦稅要輕得多[62]。不過另一方面，也必須要強調的是，就勞役而言，蠻夷人普遍受到漢族人的沈重剝削；正如范曄所指出的那樣，東漢時期內屬的蠻夷人在漢族豪強的迫使下要像奴隸一樣艱苦勞作[63]。比如，在靈帝統治時期(168-188)，有著世代臣服傳統的板楯蠻夷因為不堪忍受地方官員過度的勞役徵發而多次反抗中國政府[64]。如同先前在第二章中所討論過的那樣，東漢時期中國臣民被免除了某些勞役和兵役，現在這些勞役和兵役大部分由歸降的蠻夷承擔，諸如羌人等內屬蠻夷經常被地方官員徵調去從事艱苦的勞作。在邊境沿線他們有時也被當作監視外敵入侵的「耳目」，從而起著中國邊塞守衛的作用[65]。大量的實例證明歸降蠻夷人的反抗主要是由這種剝削所造成的。西元121年，過多的軍事役引起了北部邊境上剛剛歸降的匈奴人的深深的怨恨，從而發生了騷亂[66]。西元45年，安定的一群胡人(可能是羌人)發動武裝起義並歸

61　《後漢書》卷86。也參見尤中，頁28。

62　李劍農，《先秦兩漢經濟史稿》，頁256-258。

63　《後漢書》卷87。

64　《後漢書》卷86。

65　比如見《後漢書》卷87、卷89、卷90。

66　《後漢書》卷89。參見馬長壽，《北狄與匈奴》，頁89。

附匈奴也是由於過度的兵役徵發所導致的結果[67]。在當時「以夷伐夷」的政策下，歸降的蠻夷人被用於同那些仍然對帝國懷有敵意的他們自己的部族作戰[68]。而在國內外戰爭中役使的蠻夷士兵甚至得不到充足的食物供應。比如，在西元184年涼州叛亂期間，3,000名烏桓騎兵被從幽州徵集去平叛；然而，由於缺乏食物供應，使得他們最終逃回了家鄉[69]。正如當時一位中國官員所正確指出的那樣，烏桓人的逃還及其隨後的暴動，更多的是由於兵役負擔太沈重，使得他們再也無法忍受[70]。

在西元3世紀早期，烏桓騎兵被進一步完全合併到中國軍隊之中，而且在曹操將他們從邊郡遷到中國內地進行軍事編制後贏得了更大的聲譽[71]。為了確保蠻夷士兵的忠誠，漢朝政府發現要求他們將妻小置於中國官員的監控下作為人質是很有必要的。這一做法的起源較早。在王莽時期，烏桓和其他蠻夷士兵就必須將他們的家屬送到中國的郡縣作為人質。後來，在烏桓逃跑之後，地方政府處死

67　《後漢書》卷12。

68　比如，在西南地區，地方政府經常成功地用一群蠻夷人鎮壓另一群蠻夷人的叛亂。《後漢書》卷86；參見尤中，頁29。

69　《後漢書》卷73；參見馬長壽，《烏桓與鮮卑》，頁142，註3。在 "The Liang-chou Rebellion" 中，G. Haloun提到這支由烏桓人和其他蠻夷人組成的部隊，但沒有提及烏桓人後來的逃還(p. 121, n. 15)。而內田吟風的〈烏桓〉，頁78誤將這些烏桓騎兵當作「一種外國雇傭兵」，從而將他們的逃還誤釋為是因為中國沒有兌現許諾的報酬所造成的後果。實際上，這些烏桓人是屬國蠻夷，而作為屬國蠻夷，在需要的時候他們有義務為中國服兵役。

70　袁宏，《後漢紀》卷25。

71　《三國志‧魏書》卷30。應該指出的是，東漢政府對烏桓騎兵很看重，讓736名烏桓及其他蠻夷騎兵在長水校尉的指揮下作為常規軍守衛京師（《後漢書》卷7）。

了所有這些人質[72]。可以看到在曹操統治下的西元217年，仍然在採用同樣的方式。例如，當太原烏桓王魯昔與他的部族正在陝西執行守衛西北邊境的軍務時，他的愛妻被留在山西晉陽城作爲人質[73]。可以非常合理地想見，即使不是全部，人質也可能是對大多數正在軍隊中任職的烏桓士兵的要求[74]。

到東漢末年及三國時期(221-265)，中國對歸降蠻夷人的控制趨於更加嚴密，相應地，他們在賦稅和徭役方面向中國承擔的義務也或多或少地變得常規化了。例如，隨著其單于勢力的衰落，南匈奴在西元216年被曹操劃分成了幾個更小的部。在表面上，每一個部仍然由從他們自己的貴族中選拔出來的匈奴部帥統治；但事實上，正是有著司馬頭銜的中國監督官員在控制著他們的生活[75]。正如匈奴叛亂首領劉宣後來所抱怨的那樣，單于已經變成了一個沒有方寸之地的虛銜，匈奴貴族雖然還擁有王侯的頭銜，但實際上已經降格到與普通編戶相似的境地[76]。可能除了鮮卑這個例外，其他所有的胡人包括烏桓、氐、羌都處在中國同樣嚴密的控制之下[77]。

看來，當時中國政府對待歸降蠻夷人的政策也傾向於盡可能與正式的中國臣民相同。根據《晉書》，除了不要求他們交納賦稅之外，漢朝時期歸降的蠻夷人在總體上是被當作「編戶」來對待

72 《後漢書》卷90。

73 《三國志·魏書》卷15所引《魏略》。

74 馬長壽，《烏桓與鮮卑》，頁156-158。

75 《晉書》卷97；《資治通鑑》第5冊，頁2146-2147。今人的研究見馬長壽，《北狄與匈奴》，頁85-87；內田吟風，《史林》，19.2，特別是頁275-277。

76 《晉書》卷101。

77 唐長孺，《魏晉南北朝史論稿》，頁134-137。

的[78]。例如，據載在西元213年之前的某個時候，并州（在今山西）
的匈奴實際上就像普通的中國臣民一樣為中國服勞役[79]。就中國政
府方面來說，免除他們的賦稅並不是出於優待，而是基於他們極端
貧困且沒有發展到相當程度的農業這一事實[80]。關於對待其他歸降
蠻夷人的方式，我們也有理由相信，在一些事例中，匈奴人也承擔
了某種賦稅。無論如何，當我們回想起東漢初期的歸降蠻夷每年定
期從漢廷得到食物和衣物供應而不是向中國交納賦稅和服兵役，這
種懸殊就變得極其明顯[81]。

對雁門郡（也在山西）的烏桓人，人頭稅和土地稅兩項都要徵
收。例如，太守牽招請求魏文帝（220-227）免除500餘家烏桓人的土
地稅和人頭稅（租調），以便使他們能夠自備鞍馬充當邊境護衛[82]。
後來在西晉時期（265-316），蠻夷人作為正規的納稅者正式被納入
「戶調」制，不過稅額較低。即使那些根本不耕種土地的邊遠地區
的蠻夷人也被要求交納一定數量的「義米」[83]。在西元204年曹操
首次確立戶調制之前，大約從東漢末期開始，這種賦稅就已經被強
加到許多歸降蠻夷身上[84]。西元3世紀由此見證了歸降蠻夷向中國
臣民轉化的飛速發展。

為了將歸降蠻夷完全納入中華文明的懷抱，東漢政府的政策也

---

78 《晉書》卷97。這種情形可能在3世紀而並非2世紀是很典型的。參見唐
　　長孺，《魏晉南北朝史論稿》，頁137。

79 《三國志·魏志書》卷15。

80 馬長壽，《北狄與匈奴》，頁88-89。

81 內田吟風，《史林》，19: 2，頁290-294.

82 《三國志·魏書》卷26。參見馬長壽，《烏桓與鮮卑》，頁160-161。

83 Lien-sheng Yang, "Notes on the Economic History of the Chin Dynasty," in
　　Studies in Chinese Institutional History, pp. 179-180.

84 參見唐長孺，《魏晉南北朝史論稿》，頁137-139。

鼓勵他們發展定居的經濟生活。這一點清楚地體現在這樣的事實當中：出於教化內蠻夷的特殊目的，儒家型的「循吏」經常被派去治理欠發達的邊郡。有意思的是，循吏總是把教導蠻夷人耕地和紡織當作他們的緊迫急務[85]。另一方面，漢化也導致一些蠻夷人開始發展農業。

早在西元前1世紀初，匈奴就已經開始種植一些他們自己的穀物[86]。西元10年，據載有2,000多名中國人被匈奴扣留在他們的版圖之內為他們耕種土地[87]。極有可能是在匈奴變得越來越沈溺於穀物之類飲食習慣後，他們發現，不論是由他們自己還是在漢人的幫助下從事農業生產都是必要的[88]。在東漢時期，通過逐步發展他們自己的定居農業生活，中國境內的南匈奴經歷了一個比較平穩的經濟漢化過程[89]。西元3世紀初，在中國地方官員的努力下，匈奴的農業轉化步伐得到極大推進；例如，并州刺史梁習極力鼓動在其管轄範圍內的匈奴發展農業和養蠶業[90]。到曹魏時期，歸降的匈奴人已經通曉農業耕作，以至漢族地主發現用他們來耕種土地是有利可圖的。僅在太原地區，某些強豪之家就擁有幾千名這類匈奴及其他蠻夷農奴[91]。

85　對此的簡要討論見鎌田重雄，〈漢代の循吏と酷吏〉，《史學雜誌》，特別是頁330-334; Hisayuki Miyakawa, "The Confucianization of South China," *The Confucian Persuasion*, pp. 29-31.

86　《漢書》卷94上以及顏師古的注解。

87　《漢書》卷94下。

88　江上波夫，《ユウラシア古代北方文化》，頁105-112。

89　同上，頁33。

90　《三國志‧魏書》卷15。

91　《晉書》卷93。參見唐長孺，《魏晉南北朝史論稿》，頁139；馬長壽，《北狄與匈奴》，頁90。

在我們所討論的時代中，羌胡使他們自己早於其他胡族人適應了定居的經濟生活。西海郡(可能在今寧夏)的一支羌人在軍事方面要比其他羌人部落強大得多，因爲那裡的羌人恰好占據著榆谷的肥沃土地，這一地區不僅非常適合於畜牧業，而且也非常適合於農業[92]。在北地郡，幾千名歸降的羌胡被安置在一個叫做青山的地方，過著農耕和畜牧的生活[93]。因此，在西元231年當西北邊境上的曹魏軍隊的食物供給用完之時，將軍郭淮能夠要求那裡的每個羌人家庭向政府交納穀物以代替勞役[94]。這個例子充分表明那時的羌胡肯定已經轉化成了農民。

烏桓也將農業發展到了一定的程度，但更多的是將其當作一種副業[95]。至少在漢朝末年，他們中的一些人肯定已經變成了土地耕種者，他們被要求向中國政府交納土地稅的事實清楚地說明了這一點[96]。與此相反，當時的鮮卑人則很少致力於農業發展。確切地說，他們的經濟是一種農業、牧業及狩獵的混合經濟，在西元2世紀後半期，由於經濟匱乏，又增加了漁業[97]。即便遲至西元3世紀初，畜牧業仍然在鮮卑的經濟中起著最主要的作用。考察起來，造成這種滯後的農業發展的原因，主要是在整個漢朝時期鮮卑始終保持著位於中國邊境之外的外蠻夷的狀態，而其他的蠻夷人包括烏桓

---

92 《水經注》，永樂大典影印本，卷1。關於這一時期羌人農業化的總體討論，見胡昭曦，〈論漢晉的氐羌和隋唐以後的羌族〉，〈歷史研究〉，頁168-169。

93 《後漢書》志第23〈郡國〉五所引謝承書。

94 《三國志・魏書》卷26。

95 內田吟風，〈烏桓〉，頁46-47。

96 參見唐長孺，《魏晉南北朝史論稿》，頁137。

97 《後漢書》卷90；《三國志・魏書》卷30所引王沈《魏書》。

則逐漸轉化成了幾乎與漢朝版圖之內的漢人雜居生活的內蠻夷[98]。

附錄

評德效騫（H. H. Dubs）《古代中國的羅馬城》（*A Roman City in Ancient China*, London, 1957）

　　德效騫教授在其大作《古代中國的羅馬城》中試圖證明，在西元前36年之後的某個時候，大約145名羅馬軍人被中國的將軍陳湯從中亞帶回了中國。從他的書中我們得知，這些羅馬人獲准在今甘肅的一個邊郡建立一座自己的城市和一個自己的縣，並用羅馬—亞歷山大的中文稱謂命名，即張掖郡的驪靬[99]。鑑於這個問題與我們對漢代中國歸降蠻夷人的待遇的討論直接相關，因此有必要仔細地閱讀他的著作。關於這些「羅馬人」和他們建立的「城市」，德效騫教授在概要中寫到，「它極有可能是按照羅馬的模式組建起來。它的人民沒有向中國投降，而是自由人，因此無論在哪個方面都不會期盼他們遵循中國的做法。只要他們保持和平、交納賦稅、履行兵役職責，中國政府通常都盡可能不去理會他們。幾乎毫無疑問，中國也給這些羅馬人派遣了一個由中央任命的長官（長）來監督城市和縣。鑑於這個城市持續存在了幾個世紀，我們可以設想他們會與中國婦女結婚」（頁22-23）。我對本研究所反映出來的德效騫教授

98　參見馬長壽，《烏桓與鮮卑》，頁177-178。

99　《漢書》卷28下；《後漢書》志第23〈郡國〉五。

堅實的學養和令人敬畏的勤奮表示欽佩，但我得說，上文中的陳述只是一個沒有足夠歷史依據的猜想。當然，這裡不宜對德效騫教授的著作進行廣泛評論。不過，我很樂意借此機會指出在他的理論中所涉及到的大量難點。

根據我們在第四章中的分析，德效騫教授所描述的145個羅馬人在中國的定居，似乎與漢朝政府通常用來處置歸降蠻夷人的整套制度方式背道而馳。

第一，145名羅馬人為數太少而不會被允許建立一座城市和組建一個縣。正如我們所知，在大多數情況下，只有當他們連同土地一起向中國投降時，蠻夷人才會被納入中國的郡縣行政體制之中。

第二，數量較少的歸降蠻夷人，尤其如果他們是優秀的戰士，通常都會被編入一個特殊的作戰單位中，受一名負責邊境蠻夷事務的中國官員的管轄。例如，因為月氏人尤以其戰鬥能力著稱，在大約西元89年的時候，一群月氏人便被護羌校尉鄧尋編進了「義從胡」中[100]。如果這145名羅馬人像德效騫所描述的那樣是「勇敢的戰士」和「職業軍人」（頁15），就更難理解為什麼他們像普通臣民一樣被置於郡縣體制的管理中，而沒有被納入中國軍隊，從邏輯上講這無疑是他們最應該去的地方。

第三，如果允許他們按照自己的風俗習慣生活的話，漢朝政府既定的做法是將這些歸降的胡人組織成一個「屬國」或者一個「部」，而轉化成正規的郡或縣通常需要很長的時間。如果歸降胡人的數量很少，可以設立一個小規模的屬國來容納他們。例如，在

---

100 《後漢書》卷15、卷87。也可參見G. Haloun, *The Liang-chou Rebellion*, p. 119和n. 3.

上郡(在今陝西北部和鄂爾多斯)有一個屬國叫做龜茲屬國,之所以在兩漢時期稱它爲龜茲屬國是因爲歸降的龜茲人被安置在那裡。雖然所有其他屬國的大小都與郡相同,但這個特殊的屬國只相當於一個縣[101]。顯然,這個非常規的現象只能理解成是歸降龜茲人的數量太少,無法保證一個常規大小的屬國。現在,就驪軒的情況而言,它只是一個常規的縣,沒有任何跡象表明它曾經歷過從屬國或者部轉化而來的過程,因此它不可能是歸降的羅馬人按照羅馬的模式組建起來的。

第四,驪軒究竟是否有過外國移民甚至也是值得懷疑的。在秦漢時期,如果其管轄對象是蠻夷人的話,縣的名稱總是改爲道。例如,在安定(在甘肅)有月氏道[102],這肯定是月氏人居住的地方;因爲就我們所知,他們在漢朝時期偶爾前來歸順中國。有記載說,在靈帝統治時期(168-188),有好幾百月氏人歸降漢朝政府[103]。如果驪軒是一個外國移民所在的地方,它也應該叫做道而不是縣,更不必說它是羅馬人建立的了。

最後,但並非不重要,西漢時期張掖郡10個縣所登記的人口總數是24,382戶,88,731口。遺憾的是,我們不知道這些人口在10個縣中實際是如何分布的。但假設每個縣至少有好幾千人決不是毫無道理的。這必然意味著145名羅馬人即使被安置在驪軒,他們也會被完全淹沒在數千當地中國人的汪洋大海之中。因爲即使用最肆意的想像,我們也無法相信僅僅會爲了管理一小撮歸降的胡人而建立

101　《漢書》卷28下;《後漢書》志第23〈郡國〉五。也可參看嚴耕望,
　　《中國地方行政制度史》(上編,1:164)。

102　《漢書》卷28下。

103　見姚薇元,《北朝胡姓考》,頁378和頁379註釋4。

一個獨立的縣政府,尤其是考慮到在漢朝時期建立和維持一個縣所涉及的行政費用相當高昂的情況。基於這樣的考慮,就不可能接受德效騫教授關於「此地的確形成了一個羅馬人的拓居地,在這個意義上可以稱之為羅馬殖民地」的結論(頁22-23)。因此,我非常贊同肯曼(Schuyler Cammann)教授的看法,在對該書的評論中,他說「它在任何意義上從來都不是一座羅馬人的城市,更不用說殖民地了」[104]。

　　最終應該注意到,整個事件似乎是因德效騫教授受王先謙注釋(第24頁註釋3)的誤導而起,而王先謙的注又是採自清代學者吳卓信在其《漢書地理志補注》[105]中所做的注。按照吳氏的注解,漢朝時期驪靬有歸降的羅馬人,而這可能就是我們所能說出的關於此事的全部內容。如果驪靬真有德效騫教授所說的145人的羅馬軍團的話,也仍然需要能夠確認他們就是羅馬人的證據。

104　*Journal of Asian Studies*, 21: 3 (May, 1962), p. 382.
105　二十五史補編本,頁392。

第五章
邊境貿易

　　與中國歷史上的其他時期一樣，貿易自然也是漢代中外經濟交往的主要方式。由於受到材料極端分散、零碎等特點的限制，考察的重點將放在貿易進行的各種方式上，而不是貿易中實際所涉及的貿易量，很遺憾這是無法重構的。漢代存在三種類型的對外貿易，即邊境貿易、與西方國家的陸路貿易、海上貿易。由於邊境上的胡族人經常充當漢代中國對外貿易的中間人，因此，自然首先從邊境貿易著手，之後再接著討論其他兩種類型的貿易。

一、邊境貿易與擴張

　　如同前面已經指出的那樣，漢朝時期的商人非常活躍。他們在邊境沿線的活動尤其引人注目，而且極大地促進了漢帝國的擴張[1]。在許多事例當中，追逐利潤的個體商人們為政府採取將更多的邊境地區兼併到郡縣行政體制下的方式來擴大中國版圖的做法鋪平了道路。例如，一位清代學者認為，一個名叫彭吳的中國商人在朝鮮的

1　關於這一問題的全面討論，見錢穆，《秦漢史》，頁129-136。

貿易活動最終使中國得以在那裡建立了一個郡[2]。無論如何，文獻資料和考古證據都傾向於表明：從戰國時期以來，貿易和擴張的相互作用逐漸把中國的東北邊境推進到了遠至北朝鮮的地方[3]。後來在漢武帝時期，中國的郡級行政管理機構在朝鮮確立之後，更多的商人從中國內地到達那裡，而且他們追求利益的欲望是如此的強烈以至沈湎於盜竊行為，由此逐漸破壞了那裡的社會風氣[4]。

在漢帝國向西南擴張的過程中，中國商人起了相似的作用。四川的商人經常非法越過邊境去和夜郎進行貿易，他們的貿易行動最終使漢朝政府注意到夜郎地區的軍事、政治重要性。結果是，整個西南(今四川之一部以及雲南和貴州)重新向中國開放，好幾個蠻夷國家轉化成了中國的郡[5]。

在北部和西北部邊境上，趙地和秦地的商人也非常活躍[6]。而且，由於這些地區與羌、戎、氐及匈奴的土地接壤，中國商人自然與這些邊境上的胡族人之間有著經常的、廣泛的商業往來，這使得前者獲取了大量的利潤。比如，早在秦朝統治時期，烏氏 就已經從其與戎人國王的貿易中獲取了鉅額財富[7]。

不但中國內地的商人長途跋涉到邊境上去尋求新的致富之路，

2　錢大昕，《廿二史考異》，1:49。又見錢穆，《秦漢史》，頁130和 Nancy Lee Swan, *Food and Money in Ancient China*, p. 243, n. 424；而另一個不同的解釋，見王念孫，《讀書雜志》，2:47。

3　佟柱臣，〈考古學上漢代及漢代以前的東北邊境〉，《考古學報》，頁29-42；王毓銓，《我國古代貨幣的起源和發展》，頁69。

4　《漢書》卷28下。

5　《史記》卷116；Burton Watson, *Records of the Grand Historian of China*, 2:291-296.

6　《史記》卷129；Watson, 2:485-486.

7　《史記》卷129；Watson, 2:483.

而且一個邊境地區與另一個邊境地區之間的貿易也非常發達。枸醬在廣東的出現就最能說明這種情形[8]。枸醬是四川的一種土特產，當地的商人將其大量出口到夜郎。但夜郎人又不能將其全部消費掉，而且發現把剩餘部分經牂柯江輸送到越人的市場是有利可圖的。由此，這兩個重要的邊境地區——後來分別稱作西南和南越，就通過水路在經濟上取得了聯繫。這種情形就使得南越王有可能通過經濟方式來控制夜郎地區[9]。

中國商人在邊境沿線的探索活動經常引起漢帝國的政治、軍事擴張這一事實，已經被當時敏銳的觀察者司馬遷注意到，他在對西南夷的評論中這樣說道：「然南夷之端，見枸醬番禺，大夏杖邛竹。西夷後揃，剽分二方，卒為七郡。」[10]

除了商人之外，駐防的軍隊也促進了邊境貿易的發展。自戰國時期以來，在軍隊駐紮的地方尤其是邊境地區就已經有了「軍市」。例如，西元前3世紀，著名的趙國將軍李牧受命在雁門地區(今山西)防範匈奴入侵，他在軍營中設立了集市，來自集市的稅收全部用於保障士兵的給養[11]。偶爾可以看到，漢代的大部分時期仍然在使用類似的軍市。文帝統治時期，雲中(今綏遠)太守魏尚仿效李牧的做法，在邊境上建立了軍市[12]。武帝時期，一位軍事官員甚至走得更遠，他把京師的北軍軍營守衛處變成了一個與士兵們進行

8　關於枸醬，見藤田豐八，〈東西交涉史の研究——南海篇〉，頁647。于景讓認為，枸可能是一種辣椒，見《大陸雜誌》，頁20-24。

9　《史記》卷116；Watson, 2:291-292.

10　《史記》卷116；英譯見Watson, 2:296；又見藤田豐八，頁645-648。

11　《史記》卷81、卷102；Watson, 1:540.

12　《史記》卷102；《漢書》卷50；Watson, 1:541.

貿易的集市區[13]。後來軍市不但擴展到了內地，而且在漢代的軍事系統內趨於制度化。每個軍市通常任命一名軍事官員爲「軍市令」，負責管理[14]。到三國時期，同樣的機構仍然非常活躍；爲了方便駐防士兵，魏和吳都設立了軍市[15]。遺憾的是，由於缺乏詳細的資料，我們無法知道軍市這種機構有多麼正規，以及在那裡會賣些什麼樣的貨物。

不過，正是駐防在邊境地區的士兵在邊境貿易的發展中起了特別積極的作用。一般說來，我們可以把漢代駐防士兵參與邊境貿易的場所區分爲三種類型。第一是上面討論過的軍市。第二是邊境集市，稱爲關市或互市，本章稍後會對此做進一步的討論。現在只需記住這一點就夠了，即當邊境和平的時候，駐防的中國士兵就像中國商人一樣，也在這類地方與胡族人進行貿易[16]。第三是各邊境城市中的普通集市。根據新近發現的漢簡資料可以再現當時邊境士兵商業活動的場景。在著名的居延漢簡中，我們經常會碰到「私市」或者「爲家私市」一詞，這是因爲許多士兵將其家庭成員一起帶到了邊塞。他們不僅到附近的居延地區的城市去，而且有時也跋涉到遠至張掖郡治所在的城市，或者到相鄰的邊郡九原郡治所在的城市[17]。

13　《漢書》卷67。

14　《漢書》卷74；《後漢書》卷20。又見孫毓棠，〈西漢的兵制〉，《中國社會經濟史集刊》，頁55。

15　陶元珍，《三國食貨志》，頁113-114。

16　孫毓棠，《中國社會經濟史集刊》，頁55。

17　比如見勞榦，《居延漢簡釋文》，no. 691，頁15；no. 1281，頁26；no. 2080，頁42；no. 2294，頁46；no. 2301，頁47；no. 5534，頁115；no. 6828，頁141。又見勞榦，〈漢簡中的河西經濟生活〉，《中研院史語所集刊》11，頁72-73。

　　這些漢簡資料也揭示出大量其他有關邊境上漢朝軍隊貿易活動的有趣事實。第一，儘管在這些漢簡中沒有關於軍市存在的明確的、直接的資料，但我們確實在這些漢簡中找到了好幾個關於士兵們自己相互之間進行貿易交換的例子。在一個例子中，一名障塞的士兵在集市上將一匹價值1,000錢的絲綢以600錢的價格賣給了一名烽燧長官[18]。在另一個例子中，一名烽燧的士兵把從政府那裡領到的一套衣服賣給了另一個烽燧的一名士兵[19]。為數甚多的材料表明，有時士兵們被捲入相互的債務中大多都是因為這種交易而引起的[20]。

　　第二，邊境士兵與他們駐防地附近的普通老百姓之間也有著直接的商業關係。例如，一條簡文記載，戍卒和田卒都將他們從政府那裡領到的衣服及其他物品以高價賣給邊境地區的百姓以賺取利潤[21]。另一個例子中，一名士兵賣了3匹布給一位當地的居民得了1,000錢[22]。看來，跟內郡不同，政府允許邊郡的官員和士兵從事貿易活動[23]，很可能是考慮到他們微薄的收入遠遠不夠養活他們的家人的緣故。因此，看到一名官員向其上級彙報他與市井之人的交易事務就不足為怪了[24]。

18　勞榦，《居延漢簡釋文》，no. 3909，頁78。

19　同上，no. 6211，頁129。

20　同上，no. 3742，頁75；no. 4475，頁92；no. 4916，頁101；no. 5703，頁119。又見勞榦在考證中的按語，頁6。

21　同上，no. 5995，頁126。

22　同上，no. 4587，頁94。

23　見陳直，《兩漢經濟史料論叢》，頁32；Michael Loewe, "Some Notes on Han-time Documents from Chuyen," *TP*, p. 301.

24　勞榦，《居延漢簡釋文》，no. 7394，頁152。一則敦煌漢簡也記載說一名普通百姓，可能是來自中國內地的一名行商，賣了一套衣服給一名烽

第三，邊境上的駐防軍隊與胡族人之間的交往痕跡也清楚地體現在這些漢簡資料中。一枚殘斷的居延漢簡記載了一些來自小月氏的人[25]，這與敦煌漢簡中的類似材料極其吻合[26]。可以看到，所謂的小月氏胡長期歸降漢朝並居住在中國版圖之內；而且，由於他們是優秀的戰士，許多人在「以夷伐夷」的政策下被組編進漢朝軍隊之中[27]。那麼，看來討論中的蠻夷人就很可能是一名這樣的士兵。另一條證據提到了三個奇怪的名字，其中兩個都有胡字，這有力地證明了他們是胡人。這三個名字中，第一個似乎曾是一名騎兵，而第二個是名女性僕人[28]。一枚敦煌漢簡也記載了一名來自西域小國烏孫的歸降胡族婦女[29]。最有意義的信息是由一枚居延漢簡提供的，其重要性在於，這枚簡記載了關於邊境上漢朝軍隊和歸降蠻夷部隊之間的經濟關係。簡文稱在征和三年(前90)八月己未這一天，一名中國軍官送了43石2斗穀物給一個蠻夷屬國的兩名指揮官[30]。這個例子中的屬國可能就是前一章所論及的建立於西元前121年或者120年用來安置歸降匈奴的五屬國之一。儘管屬國蠻夷是否經常通過這種方式從漢朝政府那裡獲得他們的食物供應還不完全清楚，但體現在這則簡文中的交往看起來像是官方的，而不是私人的。

　　根據上文所討論的這些新發現的漢簡資料，看來至少邊境上的

(續)——
　　　燧長官，得了1,300錢。見羅振玉、王國維，《流沙墜簡》，2:47a。
25　勞榦，《居延漢簡釋文》，no. 866，頁18。
26　羅振玉、王國維，《流沙墜簡‧補遺》，7a。
27　見姚薇元，《北朝胡姓考》，頁366-368。關於月氏人，見Gustav Haloun, "Zur ve-tsi-Frage," *zeitschrift der Deutschen Morgeuländischen Gesellschaft*, pp. 243-318.
28　勞榦，《居延漢簡釋文》，no. 2361，頁48。
29　羅振玉、王國維，《流沙墜簡》，2:50b.
30　勞榦，《居延漢簡釋文》，no. 7293，頁150。

漢朝軍隊和蠻夷人之間有著一些總體上帶有經濟性質的交往。根據這一歷史背景，對《史記》[31]和《漢書》[32]中「外市」一詞作出不同的解釋也許就是合情合理的了。整個句子相當模糊地說到將吏們相疑而「外市」的後果。傳統的理解認爲其意味著將吏們與外敵之間有交易，這當然也有道理[33]。不過，近來有人認爲，這個例子中的「外市」可以按照字面意思理解爲是指漢朝邊境士兵將一些違禁物品尤其是鐵兵器賣給匈奴之事[34]。看來今人的這一解釋與我們前面的分析更爲相符，我們的分析顯示，漢朝邊境士兵的確有機會與蠻夷人做買賣。

由此我們看到，邊境上的漢朝商人和駐防軍隊兩者的經濟活動都適於用來證明中國與胡族經濟交往中緊密交織的兩個方面，即貿易和擴張。一方面，正是商人通過貿易的方式推進了漢帝國的擴張，而另一方面，正是士兵們通過擴張拓展了貿易的範圍。

二、與匈奴的貿易

如同已經提及的那樣，經濟上的匱乏使得匈奴很有必要與其他人進行貿易以增加他們的收入。匈奴已經對貿易產生了很濃厚的興趣，有記載說他們的婦女也偶爾積極參與其中。《漢書》云：「匈奴以故事遣使者責烏桓稅，匈奴人民婦女欲賈販者皆隨往焉。」[35]

31　《史記》卷112。
32　《漢書》卷64上。
33　Watson, 2:228.
34　有關討論見江上波夫，《ユウラシア古代北方文化》，頁309-310。
35　《漢書》卷94下。英文翻譯見A. Wylie, "History of Heung-noo in Their Relation with China," *The Journal of the Royal Anthropological Institute*, 5:1,

讓人驚奇的是，匈奴已經如此習慣於商業交易，以至於在給呂后的
侮辱性的信函中，冒頓單于在談到交易一詞時仍然體現了一種幽默
感。信的最後部分說，既然他是一個鰥夫，而呂后是一個寡婦，兩
個人必定同樣不快樂，所以他在信的末尾不懷好意地建議「願以所
有，易其所無」[36]。

在第三章中我們已經看到，中國與匈奴之間的官方貿易開始於
文帝時期邊境市場(關市)的設立。類似的允許匈奴在邊境上貿易的
政策爲景帝所效仿，而這一政策證明能夠非常有效地使他們保持安
寧。正如司馬遷所說：「孝景帝復與匈奴和親，通關市，給遺匈
奴……終孝景時，時小入盜邊，無大寇。」[37]這似乎說明匈奴入侵
主要是出於貪圖中國的物品，而如果這些物品能夠通過和平渠道即
貿易獲得的話，戰爭就有可能避免。同樣的情形持續到武帝初年，
邊境貿易爲中國贏得了與匈奴之間極其穩固的關係，以至自單于以
下所有的匈奴人都與漢朝友好，經常往來於長城沿線[38]。

即使在漢匈戰爭爆發之後，交戰雙方百姓之間的貿易仍然在邊
境市場上繼續進行。這可能是因爲匈奴極其需要漢朝的物資，而中
國政府發現邊境貿易作爲一種消耗匈奴部分精力的方法很有用處，
同時作爲一種滿足他們部分貪欲的方法也是很有用的，否則，其貪
欲就有可能變成軍事侵略之源。邊境市場也成爲匈奴人經常光顧的
地方，以至漢朝軍隊有時可以在那裡對他們進行突然襲擊[39]。晚至

(續)————————————
　　　p. 66.
36　《漢書》卷94上。
37　《史記》卷110：英譯見Watson, 2:176.
38　《史記》卷110：Watson, 2:176.亦見《鹽鐵論》，頁48。
39　《史記》卷110： Watson, 2:177-178.

西元前98年，匈奴在一份和平提議中提出許多條款，其中一項就是仍然要求開放大規模的邊境市場[40]。此時此刻，任何人都想問，爲什麼境市場對匈奴有這麼大的吸引力？不論《史記》還是《漢書》都沒有對此做出描述。不過，在賈誼的著作中，我們發現一段文字對這一問題有比較多的闡述。他認爲，邊境市場是匈奴所需要的東西。後來邊境市場被稱爲關市，因爲在大多數情況下，市場都設立在守衛嚴密的障塞附近，而這些障塞通常位於對邊境防禦有著重要戰略意義的地方。而且，邊境市場上之所以經常擠滿匈奴人，不僅因爲它是商品交換的場所，而且因爲它始終是可以獲得精美的中國食物和酒的地方[41]。這也許可以解釋爲什麼漢朝軍隊能夠在那裡出其不意地攻擊他們。

　　如同先前已經注意到的那樣，在東漢時期，匈奴永久性地分裂成了兩部分。我們已經把南匈奴與中國之間的經濟關係納入到了歸降蠻夷這一大類之中。但北匈奴發生了什麼呢？一般說來，在不斷的漢化使南匈奴逐漸轉向定居生活時，北匈奴仍然保持著遊牧生活，並一步一步向西遷徙，直至他們最終抵達歐洲[42]。與其南部同胞們不同，由於北匈奴不接受漢廷的定期援助，所以他們至少遭受了與在西漢時期同樣多的經濟匱乏，貿易和掠奪由此成爲他們增加收入的兩個主要來源。在西元48年南匈奴和北匈奴分裂之後的最初幾年，北匈奴不斷派遣使者到中國進行和平談判[43]。但是，在「分

40　《漢書》卷94上。

41　賈誼，《新書》卷4。

42　全面的描述見內田吟風，《東洋史研究》，2:1，頁15-35。亦見江上波夫，《ユウラシア古代北方文化》，頁33-35，319-402。

43　比如西元51年、52年(《後漢書》卷83)和55年(《後漢書》卷89)，北匈奴派使者帶著貢品到邊郡或者朝廷要求重建和平。

而治之」的蠻夷政策之下，爲了保證其南部同胞們的忠誠，東漢政府拒絕了所有這類來自北匈奴的提議。比如，西元51年，漢廷舉行了一次朝廷會議討論是否同意北匈奴恢復和平關係的請求，直到太子最終指出，與北匈奴達成和平協議會不可避免地疏遠剛剛歸降的南匈奴，會議才做出了決定[44]。這一看法實際上也得到了許多東漢官員的贊同[45]。另一方面，在許多例子中，南匈奴也有意識地試圖阻止其北部同胞們與中國締結任何長期的和平協定，大概是因爲他們想獨占帝國的恩寵[46]。

然而，即使在如此不利的環境之下，北匈奴仍然尋求每一個可能的機會與中國進行貿易或者從朝廷獲得「禮物」。根據西元52年班彪的一份奏疏，北匈奴好幾次把牛羊等牲畜帶到中國市場上[47]。西元63年，他們仍然非常強大，不時侵犯邊境。明帝同意了他們關於貿易的請求，以期他們可以由此得到或多或少的安撫[48]。關於北匈奴與中國貿易的最後一次記錄是在西元84年。這次他們通知武威

44　《後漢書》卷89。根據袁宏，《後漢紀》卷8(四部叢刊本)，這次會議早在四年之前即西元47年就召開了。補充一點，有意思的是，太子(即後來的明帝)的擔心後來證明是很有道理的。見《後漢書》卷89。

45　例如，在明帝統治時期，陳寵就反對與北匈奴重建外交關係的主張，他甚至拒絕作爲使者出使匈奴的任命(《後漢書》卷36；袁宏，《後漢紀》卷10)。章帝時期(76-88)，當北匈奴再次派使者帶著貢品到漢廷請求和平時，大多數官員都表示反對，理由是這可能會引起南匈奴的不滿(《後漢書》卷40下)。西元91年，袁安在他的奏疏中指出，東漢的基本政策從一開始就是如此，即中國應該一方面培養與南匈奴的友好關係，而另一方面壓制北匈奴。在這一政策之下，章帝與和帝時期(76-105)拒絕將歸降的10餘萬北匈奴人安置在邊境沿線，因爲擔心這樣做會使南匈奴失去對中國的信任(《後漢書》卷45)。

46　比如見《後漢書》卷45和卷89。

47　《後漢書》卷89。

48　《後漢書》卷89。

太守，說他們想與中國政府和人民兩方都進行貿易。太守報告了朝廷，作爲答覆，朝廷頒發了一道皇帝的詔書，允許太守派遣使者去歡迎他們。於是，北匈奴單于派了好幾個王子，帶著1萬多頭牛羊與中國商人進行貿易。許多其他匈奴貴族也加入了這一旅程。不論停留在哪里，他們都受到了中國政府的很好接待，而且得到慷慨的禮物賞賜[49]。除了貿易，北匈奴偶爾也從漢廷得到禮物，雖然他們從來沒有被正式納入中國的貢納體系之中。例如，西元52年，北匈奴以納貢的名義送給皇帝馬和毛皮；爲了回報這一好意，皇帝賞賜給他們的單于及貴族大量的絲織物品。根據班彪的看法，由於皇帝的禮物在價值上與匈奴的貢品幾乎相等，所以這種交換也可以理解成一種貿易形式[50]。東漢政府在處理北匈奴的問題上，似乎更多地將其視爲一種事實上的經濟和軍事力量，而不是一種法律上的政治實體。因此，前者能夠用禮物與後者的貢品交換，但卻極不願意派使者去回訪他們[51]。西元105年，北匈奴的經濟狀況極端惡化，以至他們甚至拿不出送給中國朝廷的貢品。雖然如此，他們也表示願意送質子到中國，只要中國派一位皇帝的使者以示對他們的寵愛。但即使如此卑微的請求也沒有獲准。不過，他們卻獲得了極其豐厚的皇帝的禮物賞賜[52]。

匈奴與漢代中國之間進行貿易的跡象也可以在考古發現中找到。著名的諾顏烏拉發現物不僅包括絲綢和漆器——如同先前已經證明過的那樣，它們最初很可能是來自漢廷的皇帝的禮物，而且包

49　《後漢書》卷89。
50　《後漢書》卷89。參見Frederick J. Teggart, *Rome and China*, pp. 214-215.
51　這一點體現在西元55年和104年的例子當中（《後漢書》卷89）。
52　《後漢書》卷89。

括漢朝時期的其他中國物品,諸如翡翠飾品、銅鏡和青銅器皿。後一組物品屬於通過民間渠道尤其是貿易獲得的匈奴所有物[53]。其他地區也有類似的發現,特別是著名的阿爾泰地區,俄羅斯考古學家在那裡發現了許多匈奴墓葬,以及與匈奴有密切聯繫的其他遊牧民族的墓葬[54]。從錫伯(Schibe)發現了幾件典型的漢代漆器以及其他帶有漢代設計風格的裝飾品[55]。從巴澤雷克(Pazīrīk)發現了中國的絲綢刺繡,卡特爾認為這是墓主人通過貿易或者外交上的交換方式而獲得的東西[56]。在塔拉思(Talas)地區發掘了肯科爾(Kenkol)大墓。據報導,在這裡連同匈奴的弓箭出土了大量進口而來的中國物品。一些考古學家甚至認為,這些遺物是西元前43-前36年間北匈奴在西進過程中遺留下來的印記。無論如何,似乎毋庸置疑,至少坎科是某個來自東方並建立了對歐洲某個部落的統治的東方人的紀念物[57]。不過,最有意思的關於貿易的考古證據是從米努辛斯克(Minussinsk)地區的匈奴墓葬中發現的兩枚漢代五銖錢。雖然不能

---

53 梅原末治,《蒙古ノイン・ウラ發見の遺物》,頁34-42; Perceval Yetts, "Dicoveries of the Kozlov Expedition," *Burlington Magazine*, pp. 168-173; S. I. Rudenko, *Kul'tura khunnov i noinulinskie kurgany*, pp. 38-48.

54 對阿爾泰地區的總體描述見Karl Jettmar, "The Altai before the Turcs," *BMFEA*, pp. 135-223;關於中國與阿爾泰地區之間在古代的聯繫見魯金科(Rudenko)〈論中國與阿爾泰部落的古代關係〉,《考古學報》,頁37-48。

55 梅原末治,《古代北方系文物の研究》,頁178;H. Kuhn, "Zur Chronologie der Sino-Sibirischen Bronzen," *Ipek*, pp. 165-168.

56 Dagny Carter, *The Symbol of the Beast*, pp. 72, 75; Edith Dottrich, "Das Motiv des Tierkampfes in der Altchinesischen Kunst," *Asiatische Forschungen*, 13(1963), p. 24.

57 K. Jettmar, "Hunnen und Hiung-nu-ein archälolgisches Problem," *Archiv fur Volkerkunde*, pp. 166-180.

僅靠錢幣來確定發現物的時代[58]，但在這個例子中，根據整個米努辛斯克地區和其他環貝加爾湖地區的考古發現，我們有充分的理由相信這些錢幣來源於漢代中國[59]。

三、與其他邊境胡人的貿易

在西北邊境，中國人可能很早就開始與羌人進行貿易了。在我們所討論的時代之初，中國人就已經知道在羌胡中間有利可圖[60]。據《漢書》，在稱爲涼州或者河西的整個邊境地區，到處都散居著羌人，這一地區尤以出產上好的家畜而著稱[61]。這一地區的經濟繁榮在別處得到進一步證明；例如，到王莽統治末期，河西地區是如此的富庶而安定，以至竇融力求謀得屬國都尉的任命，屬國都尉是監管那裡的羌人和其他胡族人的中國官員[62]。而且，河西的大部分財富來自國際貿易，對於各國商人來說，至少一直到唐朝時期它仍然保持著中心地位[63]。

不過，由於羌人作爲「內蠻夷」幾乎與漢人雜居在一起，正史中很少提及他們的貿易活動[64]。值得慶倖的是，《後漢書》中保存

58　Yetts, p. 182.

59　H. Kuhn; Jettmar, "Hunnen and Hiung-nu"; Ellis H. Minns, "The Art of the Northern Nomads," *Proceedings of the British Academy*, p. 74.

60　《史記》卷129；Watson, 2:485.

61　《漢書》卷28下。

62　《後漢書》卷23。

63　全面的描述見松田壽男，《東亞論叢》，頁55-90。關於新發現的居延漢簡所揭示的本地區經濟生活的各個方面，見勞榦，〈漢簡中的河西經濟生活〉，《中研院史語所集刊》，11:12，頁61-75。

64　比如，《後漢書》（卷87）中專門記載羌人的章節絲毫沒有提及於此。

的下面這則故事清楚地展示了羌人與漢人之間的貿易繁榮景象。在光武帝統治初年，孔奮被任命爲河西武威郡治姑臧的長官。作爲河西最富庶的城市，姑臧的財富幾乎全部來自與羌人及其他胡族人的貿易。那裡的胡市每天要開放四次。據載，這座城市很繁榮，孔奮的許多前任能夠在數月之內致富，他們很可能是靠向漢族商人和羌族商人非法勒索起家的。由於孔奮是一位清廉正直的官員，在他任職四年之後離開姑臧的時候，他沒有聚斂任何個人的財產。爲了對孔奮爲他們所做的一切表示感謝，姑臧的吏民，包括漢人和羌人，主動送給孔奮價值好幾百萬錢的禮物，孔奮都謝絕了[65]。這個簡單明瞭的故事的重要性在於，它充分揭示了漢朝時期河西地區漢人與羌人之間貿易的繁榮程度。如同注釋家所準確指出的那樣，在古代中國，人們每天至多三次聚集到市場上進行貿易。而既然姑臧的胡市每天要開放四次，這只能意味著那裡的商業交易在人員和貨物兩個方面有著更大的需求[66]。

與羌人形成對照，烏桓和鮮卑這兩個東胡部族的人[67]，似乎已經與漢人之間建立起了更加規範的貿易關係。早在武帝時期，就在幽州（今北京附近）某地設置了護烏桓校尉這一負責管理烏桓人的機

---

65 《後漢書》卷31。
66 有關討論參見松田壽男，《東亞論叢》，頁88-89。
67 東漢學者服虔認爲，東胡的名稱源自他們位於匈奴（胡）的東部。《史記》卷110《索隱》所引。他們是否像一些西方漢學家所認爲的那樣應該被確認爲東胡（Tungus），仍然是一個有爭議的問題。參見馬長壽，《烏桓與鮮卑》，頁113，特別是註2和註3。英文中對烏桓人和鮮卑人的總體描述，見Edward Harper Parker, "The History of the Wu-wan or Wu-huan Tunguses of the First Century, Followed by That of Their Kinsmen the Sien-pi," *China Review*, pp. 71-100.

構[68]。東漢時期在上谷寧城(疑在今察哈爾的卡爾艮Kalgan)重新設置了一個類似的機構。機構的部分功能是管理漢人與烏桓和鮮卑之間的貿易。胡市證明是令烏桓人滿意的,他們在邊境上保持了大約半個世紀(58-103)的安寧[69]。由於與中國的密切聯繫,跟其他蠻夷人相比,他們的經濟生活在東漢時期達到了相對先進的階段;除了畜牧業,他們也發展了有限的農業,以及冶鐵、羊毛和絲織手工業。不過,在某些方面他們仍然需要中國的技術援助,例如,在釀酒方面,他們還不知道如何生產酵母(麴糵),因而總是仰仗中國得到某種發酵的大米[70]。可以合理地推斷,這種需求肯定在很大程度上是他們與中國進行貿易的原因。到東漢末年,烏桓和鮮卑人前往貿易的上谷胡市證明是極其繁榮的,這主要是因為劉虞的鼓勵所致,他在西元188年被任命為幽州刺史。後來當黃巾起義使中原地區陷入混亂之中時,據載有超過一百萬的人曾向北逃亡到幽州尋求避難,而來自胡市的財富證明在接納如此多的流民方面是非常有幫助的[71]。如果烏桓的經濟需求不能通過貿易等正當方式獲得滿足,他們也會像其他胡族人一樣訴諸武力。例如,西元135年冬,他們入侵雲中郡(在今綏遠),並搶劫了一支由一千多輛牛車組成的中國商隊[72]。不過,這個例子也表明了中國商人是懷著多麼大的熱情參

---

68 孫星衍,《漢官七種》所收應劭,《漢官儀》。

69 《後漢書》卷90。亦參見應劭,《漢官儀》;《三國志‧魏書》卷三十所引《魏書》。

70 《三國志‧魏書》卷30所引《魏書》。參見內田吟風,〈烏桓〉,頁46-47。

71 《後漢書》卷73。可以進一步看到,劉虞尤以其對胡人的寬厚政策而著稱,他經常捐贈資費和其他有用的物品給他們。《後漢書》卷73以及《三國志‧魏書》卷8所引《魏氏春秋》。

72 《後漢書》卷90。

與邊境貿易,以及參與到了什麼程度。

在漢朝時期所有的胡族人中,鮮卑可能是對貿易最感興趣的。西元185年,應劭用下述語言來描繪他們的特徵:

> 鮮卑隔在漠北,犬羊爲群,無君長之帥,廬落之居,而天性貪暴,不拘信義,故數犯障塞,且無寧歲。唯至互市,乃來靡服。苟欲中國珍貨,非爲畏威懷德。計獲事足,旋踵爲害。是以朝家外而不內,蓋爲此也。[73]

這一陳述不僅說明貿易對鮮卑的幫助極大[74],而且也與我們先前關於漢代中國對蠻夷的內外之分的討論有關。應劭接著告訴我們鮮卑怎麼能夠在邊境製造如此多的麻煩。他認爲,主要是中國邊境上的將軍們經常雇傭他們充當外國雇傭軍去鎮壓羌人叛亂,反過來,羌人叛亂也是東漢「以夷攻夷」政策所導致的後果。然而,作爲外國雇傭軍,一方面嚴格的軍事紀律會引起他們的反抗,另一方面控制的鬆弛又會助長他們從事掠奪活動。他們劫掠居民,搶劫商隊,吃光人們的牲畜,還俘獲中國的士兵和馬匹。比如,有一個事例說,他們在替中國服完兵役得到鉅額酬勞之後拒絕離開,除非他們獲准有權用這些酬勞換取鐵。當邊境的將軍們根據政府的規定拒絕了他們的要求後,他們便威脅要向那裡的中國絲綢倉庫放火。由於非常害怕這些蠻夷雇傭軍的公開反抗,邊境的將軍們最終屈服了[75]。事實上,如同在其與中國的交往中所體現出來的那樣,把貿

---

73 《後漢書》卷48。
74 參見馬長壽,《烏桓與鮮卑》,頁183-184。
75 《後漢書》卷48。

易強加給別人是十分典型的鮮卑的經濟行為。下面所引的例子可以進一步證明這一點。東漢末年，梁習出任并州刺史時，有一個強大的鮮卑部落的首領名叫育延，當地的人都十分畏懼他。一天，育延帶著他的五千名騎兵來見梁習，要求互市。經過仔細考慮之後，梁習最終答應了他的要求；但是，為了防止鮮卑在交易完成之後接著搶劫邊境居民，梁習將交易安排到一座空城中進行[76]。這一記載充分證實了應劭的話，即一旦不能從邊境市場上獲得他們所需要的東西，鮮卑人就會開始劫掠。

中國即使不與全部也是大多數的鮮卑部落之間存在著官方的貿易活動。例如，在建安時期(196-220)，遠居東北邊境之外的滿洲的一個部落到朝廷進獻貢品，請求貿易[77]。不過，有時對貿易的要求也來自中國方面的政府層，馬匹貿易就是一個非常恰當的例子。整個漢朝時期，中國政府都極其需要馬匹[78]，這種需求在王朝末年尤其是在戰爭具有政治意義的三國時期變得更加強烈。貿易由此發展到巨大的規模，西元222年，鮮卑人在3,000名騎兵的護送下，帶著70,000多頭牲畜在北部邊境上與魏國政府進行貿易[79]。非常有意思的是，鮮卑人甚至知道如何用貿易作為武器來瓦解中國對胡族人的控制。例如，在東漢末年，所有的鮮卑部落曾經結成一個牢固的反對中國的聯盟，他們共同發誓停止與中國的馬匹貿易。一位能幹的中國邊境官員做了許多努力，通過引誘其中的一個部落賣給中國

76 《三國志・魏書》卷15所引《魏略》。
77 《三國志・魏書》卷30。
78 關於西漢武帝尋求馬匹的努力，見余嘉錫，《余嘉錫論學雜著》，1:175-180。亦參見H. G. Greel近來的研究，見氏著"The Role of the Horse in Chinese History," *The American Historical Review*，特別是pp. 657-664.
79 《三國志・魏書》卷31。

政府大量馬匹的方式才打破了他們的統一陣線[80]。

1959年和1960年，在內蒙古發掘了300多座屬於遊牧民族的墓葬[81]，有人認為其墓主人可能是東漢時期的鮮卑人[82]。隨葬的器物中有典型的東漢鏡子、漆器、陶器和寫有漢字的織錦[83]。考慮到鮮卑人非常熱衷於貿易的事實，這些漢朝的物品看來極有可能是他們從邊境市場上獲得的。

本章早先提到過中國與西南夷之間的貿易是如何最終將西南地區納入漢帝國的行政控制之下的。不過，從總體上看，與西南夷之間的貿易也構成了漢朝時期整個中國與胡族經濟交往中的重要一環，因此我們有必要繼續對此稍作進一步的討論。

中國與西南夷之間的經濟關係在武帝試圖開通西南通道之前很久就通過四川的商人而建立起來了。可能早在秦朝時期，四川的商人就把筰馬、犛牛以及僰僮等著名的活商品從西南帶到了中國內地。如同我們被進一步告知的那樣，正是這種貿易的繁榮使整個四川地區變得特別富庶[84]。漢人與西南夷之間的奴隸貿易也是一個非常有意思的題目，不過，對此的詳細討論不在本書的範圍之內。這裡只須說明，至少早在秦漢時期，奴隸貿易就有了開端並很好地延

---

80 《三國志·魏書》卷26六。

81 鄭隆，〈內蒙古紮賚諾爾古墓群調查記〉，《文物》頁16-18；《考古》，1961:12，頁673-680；曾庸，〈遼寧西豐西岔溝古墓群為烏桓文化史跡論〉，《考古》，1961:6，頁335。不同的觀點見安志敏，〈關於內蒙古紮賚諾爾古墓群的族屬問題〉，《文物》，頁41-45。

82 曾庸，頁135；《考古》，1961:12，頁679。

83 鄭隆，頁18；安志敏，頁42。

84 《史記》卷116、卷129；《漢書》卷95。亦參見Watson, 2:291和Swann, pp. 438-439.

續至東漢時期。例如，僰僮在秦朝時代就已經很有名了[85]。而東漢時期，以僰人婦女爲奴甚至在中國人中變得很盛行；正如一位東漢的學者所注意到的那樣，「舊京師(洛陽)有僰婢」。這最後一條本身比較簡單的資料清楚地表明了東漢時期僰人遭受奴役的程度[86]。

　　在中國與西方國家如印度、大夏之間的貿易發展過程中，西南夷也發揮了相當重要的作用。根據西元前122年張騫的著名報告，四川的商人遠去印度(身毒)出售邛杖(邛地出產的竹手杖)、蜀布(蜀地出產的布匹)以及其他日用品。其中一些物品從印度進一步傳入了大夏，這是張騫作爲中國使者被派往那裡時親眼所見的[87]。應該注意到，這一報告也證實了漢朝時期著名的印度—緬甸—雲南陸上貿易通道的存在[88]。關於這種貿易，現在剩下要討論的是西南夷在其間的作用。張騫的報告似乎給我們一個總體印象，即四川商人在帶頭做生意，把中國的日用品輸出到了印度，因爲竹杖和布匹據說都是產於四川的。實際上，在這個報告中即使有西南夷的話，也很少提及。近來，張騫關於竹杖和布匹原產於中國的報告的可靠性已經受到合理的質疑。有人已經指出，在印度西北部有各種各樣的野生竹子，而如果布是棉製的話，也可能是印度製造的，因爲印度在中國之前很久就有棉了[89]。不過，無論如何，由於現有的原始材

85　《華陽國志》卷3。
86　《史記》卷116《索隱》所引服虔之語。關於僰人，見鄭德坤〈僰人考〉，《說文月刊》，頁297-320。芮逸夫〈僰人考〉，《中研院史語所集刊》，頁245-278。
87　《史記》卷116、卷123。參見Watson, 2:269; 293-294.
88　尤中，《漢晉之際的西南夷》，頁25；Berthold Laufer, *Sino-Iranica*, p. 535.關於印度—緬甸—雲南通道，見L. Carrington Goodrich最近所寫的一篇文章"Trade Routes to China," *Highways in Our National Life*.
89　見Schuyler Cammann對P. C. Bagchi, "India and China: A Thousand Years

料太少而無法得出任何可靠的最終結論；同樣，漢朝時期印度——
緬甸——雲南貿易通道存在的可能性也不能完全排除在外[90]。以蜀
布爲例，「布」一詞肯定不是指絲綢材料[91]，也不能等同於普通的
棉材料。最近一位中國學者提出了新的解釋，認爲蜀布是用木棉而
不是普通的棉製成的，而且它盛產於受西南夷部族控制的雲南哀牢
(後稱永昌)而不是四川[92]。《後漢書》說，哀牢夷用木棉織布[93]，
西元4世紀的《華陽國志》進一步證實了這一點[94]。如果撇開其原
產地的涵義，蜀布這一稱謂就很可能是因其來自於蜀地的商人而得
名的。通過蜀地商人，這些布最終輸入到國外消費者手中。如果事
實的確如此，那麼西南夷肯定也對貿易有直接的興趣。由於沒有相
關記載，我們不知道西南夷是否爲了商業目的而去過印度。不過，
似乎可以肯定的是，他們中的一些人至少對印度—緬甸—雲南貿易

(續)————————————
　　　　of Cultural Relations"的評論，*The Far Eastern Quarterly*, p. 58.
　90　Cammann教授進一步寫道：「如果印度和中國之間通過南方的道路有著
　　　　任何早期的聯繫，那麼張騫的推斷肯定是不可靠的，因而不能作爲這些
　　　　聯繫存在於西元前2世紀的證據，也應該是人們停止如此引用它們的時
　　　　候了。」(p. 58)這實際上等於完全否定了這條通道的存在，因爲張騫的
　　　　報告是我們所擁有的與西漢時期這條通道的作用有關的唯一的文獻證
　　　　據。不過，我們很快會看到，中國大陸最近的考古發現似乎表明這條通
　　　　道可能曾經爲商人所用。
　91　見Cammann, "Archaeological Evidence for Chinese Contacts with India
　　　　During the Han Dynasty," *Sinologica*, p. 6 and n. 24.也見Laufer, *Sino-
　　　　Iranica*, p. 535, and n. 2.
　92　尤中，頁25和註1。Laufer在對中國棉花史的討論中也說到這樣的意
　　　　思，即原產於西南夷的木棉在非常古老的時期就爲中國所知曉，在棉花
　　　　作物或者Gossypium herbaceum傳入之前，它的產品就被用於布匹製造了
　　　　(*Sino-Iranica*, p. 491, n. 4)。
　93　《後漢書》卷86。
　94　《華陽國志》卷4。

通道有所了解。儘管在《史記》中著重記述了武帝開通西南通道嘗
試的失敗，但細心的讀者會發現，並不能簡單地認爲這一失敗就意
味著根本不存在這樣的通道[95]。事實上，太史公已經非常清楚地告
訴了我們爲什麼武帝的嘗試以失敗而告終：

> 天子欣然，以騫言爲然，乃令騫因蜀犍爲發間使，四道並
> 出：出駹，出冉，出徙，出邛、僰，皆各行一二千里。其
> 北方閉氐、筰，南方閉巂、昆明。昆明之屬無君長，善寇
> 盜，輒殺略漢使，終莫得通。然聞其西可千餘里有乘象
> 國，名曰滇越，而蜀賈奸出物者或至焉。[96]

在這段有意思的文字中，有兩點與我們的討論有關，應該強
調。第一，漢朝的使者不能抵達他們的目的地，不是因爲道路不存
在，而是因爲他們受到四面八方眾多西南夷的封鎖[97]。第二，儘管
他們無法完成使命，但漢朝使者也發現了一些關於印度—緬甸—雲
南貿易通道的情況[98]。遺憾的是，不知道爲什麼阻止漢朝使者使用
這條通道對於蠻夷人來說如此重要。根據其有效性和普遍性二者判
斷，這種封鎖看起來像是有預謀、有組織的行爲，而不能理解成僅

---

95 這似乎和 S. Cammann 的看法完全一致，見氏著"Archaeological Evidence
for Chinese Contacts with India," p. 6.

96 《史記》卷123；《漢書》卷61。英譯見 Watson, 2:270.

97 在另一個地方太史公講述了同一個故事，只是在細節方面略有差異，在
那裡我們被告知，漢朝使者被滇王扣留了大約一年，因爲前者的原故，
後者派人尋找通往印度的道路，派出去的人回來只報告說所有向西的道
路都被昆明的蠻夷封鎖了（《史記》卷116；Watson, 2:294）。

98 尤中認爲，所謂的乘象國滇越可能是指雲南——緬甸交界附近的地區，
頁25。

僅是蠻夷人原始的殘暴性所導致的偶然行爲。不過，根據前面的討論，我忍不住想冒昧做出這樣的猜測，即西南夷有意識地封鎖漢朝使者，可能是因爲他們擔心漢朝政府對貿易通道的干預和控制會不可避免地剝奪他們在有利可圖的對外貿易中所享有的特權地位。如此一來，這種封鎖就很好理解了。出於同樣的心理原因，安息商人採用欺騙的手段阻止漢朝使者與羅馬帝國建立直接的聯繫，在下一章中我們還會回到這個故事上來。

下面兩個例子能夠進一步證明漢朝時期印度－緬甸－雲南貿易通道的存在：第一，蠻夷人和在今緬甸的撣國國王分別於西元94年、97年和120年經雲南送貢品到漢廷[99]。第二，晚至西元3世紀和4世紀，甚至有記載說印度人（身毒人）移民到位於雲南和緬甸交界處中國的永昌郡並在那裡定居下來[100]。綜合所有這些事實，看來毋庸置疑，西南夷必定與緬甸和印度的某些當地人之間發展起了日益緊密的經濟關係，通過他們，漢代中國也逐漸平穩地沿著這一著名的貿易通道開始與緬甸和印度進行經濟交往。

近來的考古發現也清楚地展現了中國與西南夷之間的貿易關係。1955年至1958年間，對雲南晉寧石寨山墓葬群進行了三次大規模的發掘，所公布的重要材料揭示了許多關於漢朝時期西南夷的生活情況。大多數墓葬的年代屬於西漢時期[101]。報告說這34座墓葬

---

99 《後漢書》卷4和卷5；亦見《史記》卷116。以中文材料爲基礎對撣國所做的簡要英文描述，見E. H. Parker, "The Old Thai or Shan Empire of Western Yunnan," *China Review*, pp. 337-346.

100 《華陽國志》卷4。亦參見季羨林，《中印文化關係史論叢》，頁176-177。

101 在其中一座墓葬中發現的滇王金印爲我們提供了充分的證據，表明即使不是全部也是大多數墓葬的年代可以確定屬於西漢時期。見雲南博物館

可以區分為三種類型，每一種代表一個不同的發展階段。相應地，
這些墓葬中出土的隨葬遺物也存在著一種類型與另一種類型或者一
個階段與另一個階段之間的差異。在最晚的階段即從西漢末年到東
漢初年，純粹漢代中國風格的器物在隨葬品中似乎已經占據了主導
地位。比如，銅印、銅鏡、銅燈、銅扣以及漆器，都被認為是漢朝
時期中原的產品，而且，其中的一些炊具和飲酒器與在湖南長沙發
掘的西漢晚期墓葬中出土的器物相似。因此可以推想，至少這些漢
朝風格的遺留物有很大一部分肯定是通過貿易的方式從中原帶到西
南夷的[102]。

　　緬甸—雲南通道沿線的貿易痕跡也反映在漢朝的隨葬遺物中。
在這裡，我們可以琥珀貿易為證。琥珀珍珠在中國內地的許多墓葬
中都有發現，比如湖南長沙[103]和廣西桂縣[104]等；考古學家們傾向
於認為，琥珀供應的來源之一可能是緬甸、雲南地區[105]。《後漢
書》和《華陽國志》都說琥珀產於永昌郡[106]，由於永昌郡與緬甸
交界，也有可能漢代的琥珀最初是從緬甸北部輸入雲南，然後從那
裡散布到中國其他地區的。半個多世紀以前，拉夫爾以中國古代的
原始材料和現代礦物學研究為基礎，寫成了一篇非常有意思的關於
琥珀的文章，他在文章中強調指出：

（續）─────────────────

　　　《雲南晉寧石寨山古墓群發掘報告》，頁113。又見頁132-134對這些墓
　　　葬年代的簡要討論。用英文對石寨山文化的簡要總結可以在Kwang-chih
　　　Chang, *The Archaeology of Ancient China*, pp. 290-292中找到。

102《新中國的考古收穫》，頁89-90。

103 中國科學院考古研究所編，《長沙發掘報告》，頁129。

104《考古學報》，1957:1，頁161。報告說在西漢墓中共發現琥珀珍珠57
　　　顆，在東漢墓中發現141顆。

105《新中國的考古收穫》，頁82。

106《後漢書》卷86；《華陽國志》卷4。

> 中國人初次了解琥珀的年代可以追溯至西元1世紀,當時
> 他們與雲南及其各部落之間的關係變得更加親密。在接下
> 來的世紀裡,中國文獻中提到這一地區的琥珀的次數越來
> 越頻繁,而我們知道中國所用的琥珀實際上是由鄰近緬甸
> 邊境的哀牢地區沿著從緬甸進入中國西南部的古代貿易通
> 道供給的。[107]

從總體上看,這一概括性的敘述為近年漢代歷史考古學方面的進展
所證實,而不是否定。

四、走私貿易

如果擁有像中國那樣漫長的邊境線,那麼無論法律上的限制多
麼嚴厲,幾乎每一個朝代邊境上的走私活動都非常活躍的現象就毫
不令人感到驚奇了。走私貿易的意思就是把違禁物品偷偷運進或者
運出中國。整個兩漢時期,走私貿易在好幾個邊境地區都非常繁
榮,那些地區的外蠻夷對中國的物品有著強烈的需求。不過,由於
受原始材料的缺乏及極端零碎的特點所限,無法進行富有成效的詳
細研究的嘗試。下面所給出的也只不過是對總體情況的粗略概括而
已。

西漢初年,相對大規模的走私貿易似乎是在北部邊境尤其是中
國和匈奴之間進行的。聶翁壹[108]與匈奴秘密交易的例子可以充分

---

107 Berthold Laufer, "Historical Jottings on Amber in Asia," p. 234.
108 聶翁壹的名字在《漢書》卷52作聶壹,顏師古注(《漢書》卷94上)認
為,這個男子姓聶名壹,而翁是老人之稱,只是用來表示他是個「老

證實這種情況。聶翁壹是馬邑(在今山西)的一個富人,他通過合法
的和非法的貿易贏得了胡族人的信任。西元前134年,聶翁壹轉而
爲漢朝政府效力,同意把匈奴人引誘進中國的伏擊圈。因此,武帝
命他扮成走私犯,攜帶走私物品秘密越過邊境抵達匈奴。聶翁壹不
僅受到匈奴人的友好接待,而且成功地欺騙了單于,表示只要單于
能跟他的人馬一起來取貨,就把馬邑城的所有貨物都非法賣給他。
不用說,所有這些安排都只不過是企圖把匈奴引誘進埋伏區的陰
謀[109]。不過,這則故事至少揭示了兩件與走私貿易有關的重要事
情。首先,我們可以從中看到走私貿易對中國商人的盈利性。毋庸
置疑,聶翁壹的財富即使不是全部也是大部分來源於此,他進入匈
奴所採用的進一步加強匈奴人對他的信任的方式說明了他最初是如
何建立起與他們之間的友好關係的。其次,這則故事也說明了走私
貿易的發展程度。聶翁壹許諾把一城的財富和貨物移交給匈奴而沒
有引起他們的懷疑,這一事實似乎充分證明中國商人以前曾將同樣
規模的貨物賣給匈奴過。顯然,聶翁壹不是唯一通過走私貿易的利
潤而積累起大量個人財富的人[110]。

　　爲了找出漢代中國走私貿易的眞正特性,有必要了解中國貨物
的總體範圍以及法律所禁止的出口物。儘管與此有關的原始材料極
少,而且非常零碎,不過把它們拼合起來還是可以呈現出一個粗略
的輪廓。例如,在呂后統治時期,漢廷將南粵國視爲敵對國家時,
發布了一道皇帝的詔令,禁止中國與包括南粵在內的所有蠻夷之間

(續)————————————————
　　人」。
109　詳見《史記》卷108、卷110;Watson, 2:136-137, 176-177;《漢書》卷
　　52、卷94上。
110　關於這一點,見錢穆,《秦漢史》,頁132的討論。

進行金屬器具，尤其是鐵器和農業用具，還有馬、牛、羊等家畜方面的貿易。更有意思的是，這道詔令進一步規定，在確實必要的情況下，也只能將雄性牲畜而不是雌性牲畜提供給他們。一位注釋家認爲，做這樣的限制是爲了防止牲畜的生殖繁衍[111]。這種針對南粵的貿易禁令直到文帝即位時才取消[112]。類似的禁令在其他場合也有記錄。西元前146年，景帝批准了衛綰所上的奏議，他建議禁止十歲以下的馬出關[113]。不過，在西元前82年昭帝時期頒布了一道帝國法令，取消整個帝國中禁止馬匹和弓弩輸出的關卡[114]。我們無法確定禁令被取消了多長時間，我們也不知道它在什麼時候又被重新啓用的。不過，如同我們在下面將會得知的那樣，至少可以看到禁止性的規定在某種程度上已經運用到東漢時期中國與蠻夷的

---

111 《漢書》卷95。這道詔令在《史記》卷113中沒有完整錄寫；Watson, 2:240.

112 《漢書》卷95。呂后統治下的漢朝與趙佗統治下的南粵之間的不友好關係，按照後者的說法，最初是因爲長沙王的誹謗所導致的一些令人遺憾的誤解所引起的，又因前者的貿易禁令而惡化；參見Watson, 2:240-242。文帝時，漢廷對南粵采取了一種新的友好政策，正是這種政策上的改變最終導致了趙佗的屈服。被人視爲偉大的中國文學作品之一的（Dubs, *History of the Former Han Dynasty*, 1:273, n. 2）文帝給趙佗的書信（《漢書》卷95）也必須據此進行理解。一開始文帝寫道：「朕，高皇帝側室之子。」在傳統上，學者們都把這句話視爲文帝對趙佗以不同尋常的坦誠相待的證據，好像後者是他的老朋友一樣，認爲這一定可以深深地打動後者。我認爲，文帝這一無疑有著文學色彩的開篇之句，不過是爲了引出自己想法──他不是呂后的兒子因此不會繼續採取她對南粵的錯誤政策──的一種巧妙方式而已。

113 《漢書》卷5；Dubs, *History of the Former Han Dynasty*, 1:321。詔令原文說：「禁馬高五尺九寸以上，齒未平，不得出關。」根據服虔的注解，這是指十歲的馬。不過在另一個地方，另一個注釋家孟康（180-260）給出的馬的高度是「五尺六寸」（《漢書》卷7）。

114 《漢書》卷7；Dubs, *History of the Former Han Dynasty*, 2:159 and n. 4.1.

貿易之中。昭帝統治時期的鬆動可能是因爲匈奴的威脅不再像西漢初年那樣嚴重。

　　根據上面的例子，很清楚禁止落入外蠻夷手中的中國貨物主要由兩類構成：能夠直接加強蠻夷軍事力量的武器和弓弩、鐵等戰略物資；以及有助於增加他們的經濟來源的生產工具如農業用具、金屬製品和家畜等。換句話說，禁令的制定主要是出於政治和軍事方面的考慮，而不是因爲經濟方面的原因。如果我們考慮到漢代中國的走私貿易絕大部分是單向交易的事實，這一點會變得更加明顯。法律上的限制似乎主要是放在中國物品向蠻夷的輸出方面，而很少針對外國商品向中國的輸入方面。在一個場合，可能是唯一的場合，我們的確獲得了這樣的資料，即西元前150年，一位貴族因爲派一名使者到邊境之外向匈奴購買了某種違禁物品而被剝奪了世襲的封爵[115]。由於根本沒有披露針對進口的「違禁物品」的性質，我們甚至無法猜測爲什麼會制定這些禁令。而且，根據廣泛的原始材料我們只能說，帶有純粹消費性質的中國物品如絲綢的輸出在漢朝時期沒有遭到過這種禁止。

　　如果說限定中國與蠻夷之間貿易的法律，在昭帝時期因爲漢朝與匈奴之間的緊張關係的緩解而有所鬆動的話，那麼在武帝統治時期當中國人強烈地感受到匈奴的威脅時，這一法律的嚴酷性達到了它的頂峰。爲了證實這一點，我們在這裡可以引用500多名商人因爲走私貿易在首都長安被處死的著名事例[116]。西元前121年，匈奴渾邪王歸降中國，在隨後到長安朝覲效忠時，他攜帶了大量的隨

115《漢書》卷16。
116《史記》卷120；《漢書》卷50。參見Watson, 2:349-350.

從。自然，都城中的許多中國商人到市場上來與匈奴人進行貿易。
不過，完全出乎意料的是，其中的500多名商人很快就被發現犯有
將走私物品賣給匈奴人的罪行，並因此而被判處死刑。得知此事
後，一名正直的官員汲黯向武帝提出了強烈的反對意見。他說：
「愚民安知市買長安中物而文吏繩以為闌出財物於邊關乎？陛
下……又以微文殺無知者五百餘人。」[117]

應該注意的是，這一抗議沒有起到任何實質性的作用。文獻中
也沒有給出任何關於本案中所涉及到的是些什麼樣的走私物品方面
的資料。不過，在注釋中，應劭引用的一條漢律律文說：「胡市，
吏民不得持兵器及鐵出關。雖於京師市買，其法一也。」[118]由
此，我們可以推斷，走私物品可能大部分是鐵器，因為中國商人不
可能在都城公開賣兵器給胡族人。這個例子不僅充分證明了漢代有
關走私貿易的法律的嚴酷性，而且提出了這樣一個問題，即在當時
貿易是如何被嚴格地置於檢查之下的。

首先讓我們來了解和討論一下有關這種貿易的技術性的法律術
語。在漢律中，走私貿易被稱為「奸闌出物」[119]或者「闌出財
物」[120]。在第一個例子中，注釋者說「奸闌」的意思是「犯禁私

---

117 英譯見Watson, 2:350.
118 《漢書》卷50。《史記》（卷120）裴駰《集解》引用了同樣的律文，但省略了「鐵」字。可以進一步注意到，最後一句話「雖於京師市買，其法一也」並不是律文的一部分，可能是注釋者作出的解釋。也可參見Martin C. Wilbur, *Slavery in China During the Former Han Dynasty*, pp. 110-111.
119 《史記》卷110。裴駰認為「奸」應讀作「干」。
120 《史記》卷120；《漢書》卷50。參見程樹德，《九朝律考》，1:146-147。遺憾的是，我在A. F. Hulsewé的優秀著作"Remnants of Han Law"中沒有找到任何與此有關的討論。

出物也」；而在第二個例子中，另一位注釋者解釋說「闌」的意思
是「無符傳(即通行證)出入爲闌」。綜合所有這些討論，看來很明
顯，走私貿易由兩個不同的但實際上又是不可分割的部分構成：禁
止出口到外蠻夷的中國物品，以及沒有政府簽發的旅行證明而跨過
邊境或者到胡市與蠻夷人進行貿易的中國商人。我們在前面已經討
論過違禁物品的問題，現在讓我們借此機會簡要考察一下漢代中國
的旅行證明或者通行證的問題，因爲對走私貿易的更多了解不僅會
加深我們對貿易本身的理解，而且會從總體上展示當時商人們的旅
行生活。

　　爲了在國內外旅行而由政府簽發通行證的做法在中國制度史上
起源很早。在戰國時期(前450？-前221)，它就已經發展成了一種
極其複雜的制度，這主要是因爲相互競爭的各國之間的敵意所導致
的結果。大概成書於戰國晚期的作品《周禮》[121]，包含了許多與
這一制度相關的資料。根據《周禮》，有各種類型的通行證——後
來一般稱爲節。例如，對進行各種官方旅行的國家使者，要簽發不
同類型的金節，而商人運輸貨物需從政府那裡獲得竹節[122]。甚至
強調說明「凡通達於天下者，必有節以傳輔之。無節者，幾則不
達」。漢代的大注釋家鄭玄(127-200)認爲，節只不過是認定持有
者身分的一個憑證，而傳則詳細地說明持有者在旅途中攜帶了什麼
東西以及他要到那裡去(「節爲信耳，傳說所齎操及所適」)[123]。
應該注意到，在鄭玄的注釋中，如同我們下面會進一步看到的那

121　參見錢穆，〈周官著作時代考〉，《燕京學報》，頁2191-2300；收入
　　《兩漢經學今古文平議》，頁285-434。
122《周禮》，十三經注疏本，卷15。
123《周禮》，卷15。

樣，也或多或少地反映了漢朝時期這一制度的情況。通行證的使用
與邊境上的關的建立緊密相關。在最初的時候，關可能只是作為檢
查點，出於邊境防禦的緣故，對所有行人進行檢查，不過各國政府
很快發現在這些檢查點向商人徵收通行稅是有利可圖的。這樣，對
於行商來說，關就真正變成了障礙意義上的關卡[124]。例如，在戰
國末期，一位大臣向魏王建議，為了使國家富裕，魏國應該與韓國
聯合起來共同在邊境上設立關卡，以便向行人徵收賦稅[125]。因
此，在這種背景之下，要求所有的商人都必須有通行證明，以便在
他們攜帶貨物經過關卡時出示[126]。

　　《周禮》和當時其他作品中所描述的戰國時期的符傳制度為近
來的考古發現所證實。1957年，安徽壽縣出土了四枚帶有銘文的金
節（金屬節），它們都是著名的楚懷王在西元前323年分發給他的皇
室成員的。這些節有兩種不同的類型：一種用於水路旅行，而另一
種用於陸路旅行。根據銘文，水路節有效期為一年，允許其持有者
免稅通過今湖北和湖南各地所有的關卡。它進一步詳細說明，持有
者使用的船隻不能超過150艘，且不能攜帶牛、羊及馬等家畜。陸
路節的有效期也是一年，允許持有者免費通過今湖北、湖南、安徽
及河南等地的關卡；他的馬車被限定為50輛。在用牲畜或者苦力代
替馬車運送東西的情況下，10頭牲畜或20個苦力算作一輛馬車。不
過，攜帶武器是被嚴格禁止的[127]。

124　孟子就曾經批評說「古之為關也，將以禦暴；今之為關也，將以為
　　暴」；James Legge, tr., *The Chinese Classics*, 2:481. 參見呂思勉，《先秦
　　史》，頁369；郭寶鈞，《中國青銅器時代》，頁154-155。
125　《戰國策》，萬有文庫本，卷24(魏)。
126　《周禮》卷14、卷15。
127　見《文物參考資料》，1958:4，頁311；譚其驤的文章，《中華文史論

在這些楚節當中，可以觀察到幾個有意思之點。第一，有著如此多的陸路、水路沿線地名的清單似乎暗示，關卡不僅設立在邊境上，而且也設在楚國領土之內的許多地點。第二，這些關卡，尤其是設在國內的關卡，一定不能簡單地將其看作是帶有防衛性質的軍事防禦工事；似乎毋庸質疑，它們肯定也起著海關的作用；這一點可以得到充分印證，實際上兩種節都提到了徵稅之事[128]。第三，非常有意義的是，在這些節中提到的諸如家畜和兵器等走私貨物與漢朝政府所禁止的幾乎完全一致。根據這一事實，就有理由將漢代的津關制度以及貿易法規置於先前戰國時期的制度傳統中進行充分理解。在這兩個例子中，制定相似的禁令也都是出於相似的目的：為了防止外部的敵人加強其經濟和軍事力量，儘管敵人自然是絕對不相同的。還必須指出的是，這些節是發給楚國貴族的，因此與平民包括商人所使用的節大不相同。在後一種情況下，禁令肯定要嚴格得多。不論是針對商品的禁令，還是津關徵收的過路費，甚或兩者合併，都能刺激走私貿易的發展。因此，甚至在戰國時期走私貿易就已經成了一個嚴重的問題。有力的證據可以在《周禮》中找到，《周禮》說：「凡貨不出於關者，舉其貨，罰其人。」鄭玄認為其意思是：「從私道出辟稅者則沒其財而撻其人。」[129]這裡我

叢》，1962：2，頁169-190；譚其驤和黃盛璋的進一步討論，同上，1964：5，頁143-193，以及商承祚〈鄂君啟節考〉，《文物精華》，頁49-55。

128 不過，郭沫若認為，過路費不是由關卡直接徵收的。關卡的官員只是負責評定稅額，並將其上報中央政府的財政部門，實際的稅收工作正是由後者來做（《文物參考資料》1958:4，頁5）。在皇室宗族成員鄂君啟的例子中，的確如此，但它似乎不適用於普通的商人或者平民百姓。

129 《周禮》卷15。

們可以再次把鄭玄的注解看成是對他自己所處時代——漢代的貿易法規的反映。

漢朝時期，津關制度在某種程度上繼續存在，不過更加側重於東部和西北部邊境。但國內的津關數量可能有大幅度減少，雖然它們對於護衛中央政府非常重要，尤其是在西漢初年帝國內仍然有大量強有力的、半獨立的封國存在的形勢下。對於處在四關的嚴密護衛之內的關中京畿地區來說，情況尤其如此，人們過關時要求出示他們的傳。西元前168年，文帝一度取締了關及符傳制度[130]，但這可能只是影響到關中地區而不適用於邊境地帶。不過，在西元前153年，景帝又重建了整個制度，因為在他統治的時期發生了七國之亂這起重要的事件[131]。

漢朝時期關卡是否也用作海關仍然是一個懸而未決的問題。雖然與在關卡徵收過路費的相關記載非常少，但是完全終止這種做法是不太可能的。至少有記載說，在西元前101年，進出護衛都城四關之一的武關的人們都被徵收了賦稅[132]。還有另外一個與本問題相關的例子。西元前70年，由於京師糧食短缺，宣帝頒發了一道詔令，允許用車船運送穀物進關的平民可以不用傳[133]。一位清代學

130《漢書》卷4；Dubs, *History of the Former Han Dynasty*, 1:252，特別是他以王先謙《漢書補注》（虛受堂本4:14a）為基礎所做的一個長的注解，252-253。又見程樹德，《九朝律考》，1:147-148。

131《漢書》卷15；Dubs, *History of the Former Han Dynasty*, 1:315和注4、5。關於叛亂的描述，見Dubs, 1:292-297.

132《漢書》卷6；Dubs, *History of the Former Han Dynasty*, 2:103。李劍農不顧這一事實，仍然認為整個漢朝時期的關卡都沒有過路費（《先秦兩漢》，頁199）。應該注意的是，《漢書》中只有關，而《史記》（卷11）中既有關又有津；參見Watson, 1:369.

133《漢書》卷8；Dubs, *History of the Former Han Dynasty*, 2:213.

者認爲,這實際上意味著運送穀物是免稅的[134]。根據平民獲得傳的方式,可以進一步看到關卡或多或少跟通行稅的徵收有關。正如最近一份以漢簡爲基礎的研究所表明的那樣,當時的人們幾乎總是通過鄉官嗇夫申請傳,而在大多數情況下,批准或者否決的權力則取決於縣的副長官(縣丞)[135]。應該注意到,有意思的是,嗇夫的職責之一就是負責賦稅的徵收以及稅額的評定[136]。嗇夫也負責替人們申請傳的事實讓人感到迷惑:不知這是否是因爲他比其他任何人都更加知曉怎樣去評估和確定人們在旅途中所攜帶物品的稅額。

除了傳,可能在武帝統治時期又出現了另一種稱爲「過所」的通行證件形式。漢簡中就發現了許多過所[137]。過所是旅行者所攜帶的以便在通過關或者津的時候出示的通行證件[138],不論是因公事出行的官員還是因私事出行的平民百姓都要使用過所。通常,出

---

134 王先謙,《漢書補注》卷8。英譯見Dubs, *History of the Former Han Dynasty*, 2:213, n. 6.5.

135 陳直,〈漢晉過所通考〉,《歷史研究》,頁147。

136 《漢書》卷19上;《後漢書》志第28。關於嗇夫,見嚴耕望,《中國地方》,1:237-239;大庭脩,〈漢の嗇夫〉,《東洋史研究》,頁61-80。

137 比如見勞榦,《居延漢簡釋文》,no. 23,頁1;no. 460、461,頁10;no. 715,頁15;no. 985,頁20;no. 2063,頁42;no. 2240,頁45;no. 2991,頁60;no. 6658,頁138。關於其他的通行證形式如符與傳,見勞榦,《居延漢簡考證》,頁3-5中的集中收集與討論。

138 這是東漢時期的字典即劉熙編纂的《釋名》中對「過所」一詞所做的定義,四部叢刊本,頁46。英譯見Dubs, *History of the Former Han Dynasty*, 1:253. Nicholas Cleveland Bodman, *A Linguistic Study of the Shih Ming, Initials and Consonant Clusters*(Harvard, 1954), p. 35認爲,這本字典可能編纂於西元2世紀末。對漢代符傳制度的總體研究,見大庭脩,〈漢代の關所とパスポト〉,收入《關西大學東西學術研究論叢》。Michele Loewe教授正在準備以居延漢簡爲基礎對過所進行研究。見氏著"Some Military Despatches of the Han Period," *TP*, p. 350, n. 2.

行的意圖、目的地以及在某些情況下行人攜帶的物品全部都清楚地顯示在過所之中。我們不能完全確定過所和傳之間的區別與聯繫。有證據表明，在西漢時期過所剛剛被引入符傳制度的時候，它們是通過某種方式聯合使用的[139]。不過，從東漢王朝開始，過所似乎就單獨用作通行證件而不必用傳作輔助物了。這也許可以說明爲什麼鄭玄要用他當時的過所一詞來解釋傳了[140]。

現在我們必須回到走私貿易本身。在西漢王朝時期，反對走私貿易的法律看來在邊境沿線得到了嚴格執行。比如，在「奸闌出物」的例子中表示「非法穿越」之意的「闌」字，多次出現在居延所發現的漢簡中[141]。在一處簡文中我們甚至發現了「闌出塞」一詞，可能暗指某個人，也許是一個中國士兵，非法越過了邊境[142]。在另一個例子中，一枚殘簡說：「居延□關塞□何得出牛？」[143]這最後一個例子可能與我們的討論直接相關。不過，最有意思的一條證據來自敦煌漢簡，可以將其釋讀如下：「禁毋出兵穀馬牛羊。」[144]如前所示，除了穀物之外，其他所有的物品都與漢朝皇帝的詔令中好幾次提到的違禁物品完全一致。看來可以非常放心地把這條簡文當作邊境的地方政府實際執行有關走私貿易的法規的確鑿證據。所有個人的經濟活動都被置於謹慎的政府控制之下的事

139 陳直，〈漢晉過所〉，頁145-147。又見羅振玉、王國維，《流沙墜簡‧補遺》，5a-6a。
140 《周禮》卷15。
141 勞榦，《居延漢簡釋文》，no. 2691，頁54；no. 4067，頁82；no. 4144，頁84；no. 4382，頁90；no. 8293，頁171。關於這些簡文中所使用的闌的涵義，見《居延漢簡考證》，頁42-43。
142 同上，no. 6768，頁140。
143 同上，no. 7560和no. 7568，頁157。
144 羅振玉、王國維，《流沙墜簡》，2:49a。

實，也證明貿易法規在邊境地區得到了嚴格遵行。比如說，邊境的人包括戍守的士兵，不論他們是想去附近的貿易中心購物，還是到其他的烽燧去收債，都要求向他們所屬的地方當局彙報，在某些情況下，要向他們所屬的地方當局申請通行證件；如目的地、出行目的、要會見的人、要採用的交通工具、要賣或者買的物品等條目，可能全部都要列入他們向有關地方當局的彙報之中，以獲取官方的批准[145]。

　　儘管邊境上保持著不斷的警戒，但是走私活動似乎不會因此而完全終止，尤其是在那些邊境形勢不太緊張而不需要如此警惕防衛的地區。走私貿易的痕跡仍然可以在考古發現中找到。例如，1956年，一組漢墓在遼寧西豐縣西岔溝發現，這是漢朝時期遼東郡北部邊境外的一個地方。可以確信這些墓葬是屬於匈奴或者烏桓的，其年代大概是武帝統治時期[146]。在出土的遺物中有大量可以確定是來自漢朝的鐵兵器和鐵工具，包括劍、雙刃劍、斧、鏟、刀等等，其中一些甚至還刻有漢字銘文[147]。由於胡族人，不論他們是匈奴人還是烏桓人，都既不能通過漢朝政府賜予「禮物」的方式，也不能通過胡市上貨物交易的方式獲得兵器和鐵器，那麼這些東西能夠從遙遠的中國內地帶出邊境，最有可能的渠道也許就是走私貿易。

　　在內蒙古漢長城沿線的許多地點也出土了類似的漢朝物品，這可能也表明西漢後期那些地區有走私貿易存在[148]。如前所述，四川的商人尤以將中國的貨物走私到西南夷而著稱，這種走私行為在

---

145 勞榦，《中研院史語所集刊》，11:72-73。
146《新中國的考古收穫》，頁86。
147 孫守道，《文物》，特別是頁26-28。
148《新中國的考古收穫》，頁88；《文物參考資料》，1955:10。

歷史中被精確地描述爲「奸出物」。當然，這一描述應該理解成走私貿易的法律用語「奸闌出物」[149]。這個例子中，沒有提及兵器和鐵器是否也在他們的走私物品之列。不過，最近在雲南發現的各種漢代金屬（如鐵）製品包括兵器和農業用具[150]似乎表明，四川的走私者也插手了將這些違禁物品帶給他們的蠻夷鄰居之事。有人認爲，其中的一些金屬製品尤其是鐵器很可能是通過貿易來自中國的[151]。即便如此，這種貿易也只能是非法的。也應該注意到，有意思的是，3枚文帝時期的四銖半兩錢也在雲南連同好幾百枚時代稍晚的五銖錢一起發現了。由於四銖半兩錢只流通了很短的一段時間，而且肯定是在完全開通西南夷的武帝統治時期之前，因此，它們就很可能是由四川的走私者通過「奸闌出物」的方式帶到那裡去的[152]。

在東漢王朝時期，北部邊境的防衛似乎或多或少有所鬆弛，因爲匈奴不再像西漢時期他們的先輩那樣是危險的敵人了。其結果是，邊境上的走私貿易非常活躍，以至中國的兵器大量落入外蠻夷的手中。爲了結束對這一非法邊境貿易的漫長討論，我想首先提出可能的考古證據以支持我的總體看法，然後用東漢學者的論證作結。近來，從塔克西拉（Taxila，在今巴基斯坦境內）博物館所收藏的出土器物中，辨別出了一件中國弓弩裝置。它是1915年在西爾卡普（Sirkap）的第二帕提亞（Pathian）宮殿遺址中發現的，這個宮殿在

---

[149]《史記》卷123；《漢書》卷61。
[150]《雲南晉寧石寨山古墓群發掘報告》，頁133。
[151] 翦伯贊，《歷史問題論叢》，頁322。李家瑞，〈兩漢時代雲南的鐵器〉，《文物》，1962:3，頁33-34。
[152]《雲南晉寧石寨山古墓群發掘報告》，頁102-103。關於四銖半兩錢，見 Lien-sheng Yang, *Money and Credit in China*, pp. 21-22.

西元30年後被重建過。因此，從年代上看，這件中國弓弩就很可能是東漢初年的產品。它是怎樣抵達那裡的呢？有人對此進行了一些猜測。其中一個比較合理的猜想就是，它是從一名中國戍衛士兵的手中奪取的，然後帶到了塔克西拉。但是，也不能完全排除它是被賣給外蠻夷的走私商品的可能性[153]。

　　必須要著重指出的是，單憑這一條考古證據是決不能認定它與走私貿易直接有關的。不過，當我們讀到下面這些西元177年蔡邕給皇帝奏疏中的話的時候，如果說這件弓弩裝置證明是東漢時期中國邊境走私者所留下的痕跡就不那麼令人感到驚奇了：

> 自匈奴遁逃，鮮卑強盛，據其故地，稱兵十萬……加以關塞不嚴，禁網多漏，精金良鐵，皆為賊有……兵利馬疾，過於匈奴。[154]

　　在前面我們已經看到，鮮卑不僅非常渴望與中國進行貿易，而且對中國的鐵有著濃厚興趣。也許是因為法律的鬆動和鐵壟斷的地方化，鮮卑能夠通過合法的，以及各種非法的邊境貿易從東漢時期的中國獲得大量的金屬製品，尤其是鐵。而中國的弓弩和其他現成的兵器很可能就是屬於蔡邕奏疏中所指的「利兵」之類。

---

153 S. Cammann, "Archaeological Evidence," 特別是p. 815. Cammann教授認為
　　這件弩不是貿易物品，因為它是被禁止從中國領土輸出的(p. 14)。

154 這裡我採用的是《全後漢文》中整理過的本子(卷73)，它主要依據的是
　　《後漢書》卷90和《蔡中郎文集》(四部叢刊縮本)，頁37。

第六章
中國與西方國家之間的經濟關係

　　在上一章中我們已經相當詳細地考察過了漢代中國的邊境貿易。隨著漢帝國向西部的擴張，中國與許多「西方國家」之間也建立起了這樣那樣的經濟關係。我認為「西方國家」不僅是指所謂的西域「三十六國」[1]，而且也包括更加偏西的印度、安息以及羅馬等國家。眾所周知，漢朝的西部擴張是有著獨特重要性的歷史事件，它不僅對中國而且對中亞的政治、軍事、經濟方面都帶來了深

---

[1]　這裡的數字「36」也是頗有爭議的。問題的癥結在於我們無法全部找出許多漢代文獻中所記載的西域最早的36個國家。比如，36個國家中只有25個可以得到確認這一事實就使德國漢學家A. Hermann感到很迷惑。不過，總的說來，他認為這個數字是真實的（*Die alten Seidenstrassen zurischen China und Syria*[Berlin, 1910], S. 59, 伊瀨仙太郎，《西域經營史の研究》，頁30-31作了引用）。現在，一些日本學者提出了一個新的理論，認為在中國古代數字「36」並不是一個實數，而是表示「多」或者「無數」的一個籠統數字，因為它長期以來有著特殊的占卜意義（伊瀨仙太郎，頁30-37；松田壽男，《古代天山の歷史地理學的研究》，頁36-38.而且，後者認為數字「36」可能是「26」的誤寫，第36頁）。
考慮到《漢書》中清楚地記載說西域共有36個國家後來分裂成50多個這一事實（《漢書》卷96上），我實在不能確定在這種情況下數字「36」是否應該被看作虛數。中國學者已經指出「36」是中國古代文獻中的虛數之一。見Lien-sheng Yang, "Numbers and Units in Chinese Economic History," *HJAS*, 12:1/2(June, 1949)，特別是p. 218. 收入氏著*Studies in Chinese Institutional History*, p. 77.

遠的後果。因此對於我們來說，在本章中弄清貿易以及其他形式的漢胡經濟交往是怎樣在中國邊境之外逐步地發展起來的，就是既自然又必要的。

從上世紀後半葉到本世紀初，西域史和中亞史的研究取得了巨大的進展。更重要的是，這一時期在中亞和中國西北邊境沿線進行了許多大規模的考古發掘[2]；這些發掘使大量漢代及其後各朝代的遺物得以出土，在許多方面豐富了我們關於這一地區的漢胡關係的歷史知識。因此，在寫作本章的時候，我們面臨的關於原材料的問題就再不是像寫作走私貿易時那樣缺乏材料的問題，而是挑選和側重的問題。然而，必須指出的是，今人對漢代擴張的大多數研究，尤其是中國學者和日本學者的研究，要麼是從總體上強調文化交往的廣大範圍，要麼是特別側重於中國古代文獻中記載的各地方的地望。除了被專家們反覆考察過的絲綢貿易和絲綢之路以外，我們對漢朝時期中外關係中的經濟方面所知甚少。不用說，在我們的研究中不可能涵蓋漢代中國與西方國家之間經濟關係的所有領域。與之相反，我研究這一主題的目的是想找出這種關係背後的基本結構或者模式，這也是本書的中心意圖所在。

一、貢納體系下的西域

漢代中國向西域的擴張是對匈奴政策改變的一個直接後果。如同羌和烏桓一樣，西域的胡族國家也一度被匈奴所征服並遭受匈奴

2　對西方學者和日本學者進行的這些發掘的簡要描述，見賀昌群爲所譯《西域之佛教》（羽溪了諦著）所寫的序言。更加詳細的描述見Jack A. Dabbs, *History of the Discovery and Exploration of Chinese Turkestan.*

的剝削。匈奴對西域的剝削可能採取了兩種形式：勒索他們的財富和奴役他們的人民。爲了徵收賦稅和徵發勞役，匈奴甚至在那裡設置了一個叫做「僮僕都尉」的機構，這一名稱可能是根據最初的匈奴頭銜所做的中文翻譯[3]。由於「僮僕」一詞在漢代中國有「奴隸」的意思，因此有人認爲這一機構可能暗示著匈奴對西域人的奴役[4]。根據當時的記載，「自烏孫(塔里木盆地北部的伊犁河谷)以西至安息(即帕提亞)，以近匈奴，匈奴困月氏也，匈奴使持單于一信，則國國傳送食，不敢苦留[5]」。這一記載充分揭示了匈奴對西域各國的控制程度。

　　爲了斬斷匈奴在西域的軍事和經濟基地，漢廷發現非常有必要從那裡的匈奴的敵人中間尋求聯盟。正是出於這一急迫的需求，由張騫所率領的著名的外交使團於西元前139年被派往西域。根據投降的匈奴人所提供的信息，中亞的大月氏人最恨匈奴；因此，爲了從兩面夾擊匈奴，漢廷擬定了與月氏建立軍事聯盟的計畫。由於月氏人被從他們原來的居住地即位於祁連和敦煌(今甘肅)之間的地區趕到了遙遠的西部，因此必須要首先追查出他們的下落。然而，要跟他們取得聯繫，使者必須經過匈奴的領土。正當朝廷在尋找能夠承擔這一艱巨使命的人選時，張騫自願前往，隨後他以郎的身分被任命爲使者。遺憾的是，張騫沒有完成使命。他和屬下首先被匈奴逮捕，並在那裡被扣留了10多年。儘管如此，在逃脫之後，他和副使繼續向西尋找月氏人。在大宛國王的幫助下，他們最終抵達了月

3　《漢書》卷96上。

4　張維華，《論漢武帝》，頁166。

5　《史記》卷123。英譯見Burton Watson, *Records of the Grand Historian of China*, 2:279.

氏人所在的地方，即後來的大月氏國或者貴霜帝國(Kushan)，不過卻發現月氏人已經在那裡安居樂業而對發動報復匈奴的戰爭不感興趣。張騫於西元前126年回到長安。儘管就其出使的直接目的而言，他一事無成，但是他帶回的大量關於西域的第一手信息以及關於西域以外之地的第二手信息，引起了皇帝的極大興趣。西元前115年，張騫再次作爲漢朝使者被派往西域，這次是爲了探查與伊犁河谷的烏孫建立外交關係的可能性，烏孫曾經是匈奴的屬國之一。張騫又一次沒能完成使命，因爲烏孫對加入與漢朝的聯盟持猶豫態度。另一方面，張騫的第二次出使的確在與許多中亞國家如大宛、康居等建立聯繫方面取得了重大進展，從而爲隨後的擴張鋪平了道路[6]。

使張騫相信與西域的友好關係能夠最終建立起來的，其實只是這樣一個簡單的事實，即他在訪問西域的過程中發現那裡所有的人都貪求漢朝的財物。因此，中國就有可能用其巨大的經濟影響把他們爭取過來。張騫進一步向天子建議說，像烏孫等西域國家以及那些位於更西邊的國家如大夏等都應該被納入中國的貢納體系之中作爲「外臣」[7]。這樣，他爲漢廷確立了在整個王朝時期都實際奉行的對西域的基本政策方針。

從漢廷的觀點來看，很顯然，向西部的擴張主要是受政治和軍事方面的考慮所驅動的，不過，當我們在考察張騫之後派往西域的

---

6 關於張騫和他的外交使命，見桑原隲藏，《東西交通史論叢》(東京，1933)，頁1-117; Friedrich Hirth, "The Story of Chang K'ien, China's Pioneer in Western Asia," *JAOS*, 89-152.不過，G. Haloun認爲張騫最早在西元前133年才出發前往遠西之地(西域西部的地區)("Zur Ue-tsi-Frage," pp. 249-250 and notes)。

7 《漢書》卷61。

各個使者時，立刻就很清楚，經濟目的肯定也起了同樣重要的作用。正如《史記》所云：

> 自博望侯開外國道以尊貴，其後從吏卒皆爭上書言外國奇怪屬害，求使。……來還不能毋侵盜幣物，及使失指，……其使皆貧人子，私縣官齎物，欲賤市以私其利外國。8

　　這種情形在東漢時期不僅繼續存在而且進一步加劇。例如，西元94年，當將軍班超發兵征討西域小國焉耆的時候，就有好幾百名中國商人參加了戰鬥9。另一方面，應該注意到，有意思的是，來自西域各國的貢品運送者們也懷著同樣的獲利目的前來中國。正如成帝統治時期(前32-前7)杜欽所指出的那樣，罽賓等西域國家從來沒有派過貴族或者高級官員到漢廷來朝觀效忠。相反，他們的商人總是以進獻貢品的名義來到中國，明顯帶著尋求機會與中國人進行貿易的目的10。而且，在後面我們將會看到，從西域來訪問中國的外國商人的數量在東漢時期急劇增加。

　　現在，讓我們轉而看看西域國家是怎樣最終被納入漢代中國的貢納體系之下的。將這些國家納入貢納體系是一個漸進的過程。起初，漢廷採納張騫的建議，試圖用財物去爭取他們。例如，在張騫第二次出使中亞的外交旅途中，他的屬下攜帶「牛羊以萬數，齎金

8　《史記》卷123；英譯見Watson, 2:276-277.
9　《後漢書》卷47。
10　《漢書》卷96上；也可參見伊瀨仙太郎，頁84。

幣帛直數千巨萬」[11]。但是，隨著時間的流逝，證明要保持與這些
遙遠的國家的友誼僅僅用金錢是不夠的。而且，由於朝廷後來派遣
了太多的使者到西域，其中一些國家甚至變得對漢朝的財物感到厭
煩而不再尊重他們[12]。在漢代中國還沒有證實其軍事優勢的早期階
段，朝廷甚至認爲有必要將和親政策擴展到西域。由此，武帝同意
了烏孫國王娶一名漢朝公主爲妻的要求，並約爲兄弟，以期後者能
夠疏遠匈奴[13]。不過，直到中國在戰場上打敗匈奴並在西域成功地
發動了征服戰爭後，其他的國家才臣服於漢朝的統治。因此，西元
前101年對大宛的征服，尤其標誌著漢朝在中亞統治的開始。雖然
征討大宛的直接原因是後者拒絕把好馬獻給皇帝，但是對於皇帝來
說至少還有一個同樣重要的考慮，那就是如果不能使像大宛這樣的
小國屈服，則將不可避免地導致西域人輕視漢朝的力量[14]。應該注
意到，有意思的是，在漢朝取得了對大宛的勝利之後，這一地區的
許多國家立刻自願加入到中國的貢納體系之中。正如《史記》所
載，在漢朝軍隊凱旋班師的途中，「諸所過小國聞宛破，皆使其子
弟從軍入獻，見天子，因以爲質焉」[15]。班固也作了如下評論：
「自貳師將軍伐大宛之後，西域震懼，多遣使來貢獻。」[16]

　　另一個直接使中國的貢納體系在西域得到加強的重要事件，是
西元前53年呼韓邪單于率領部分匈奴人向中國投降。在此之前，正

11　Watson, 2:272.

12　同上，2:276.

13　《漢書》卷96下。關於烏孫的詳細情況見白鳥庫吉，《西域史研究》，
　　1:168。

14　《史記》卷123；Watson, 2:283.

15　《史記》卷123；Watson, 2:287.

16　《漢書》卷96上。

如我們所知，西域人還是更害怕匈奴，因此把匈奴的使者招待得很好。然而，如同《漢書》所云，「及至漢使，非出幣物不得食，不市畜不得騎，所以然者，以遠漢，而漢多財物，故必市乃得所欲。及呼韓邪單于朝漢，後咸尊漢矣」[17]。

如此，漢代中國與西域各國之間貢納關係的完全確立用了半個多世紀的時間。而且，由於貢納體系處於一種非常微妙的平衡狀態，中國與西域之間的這種關係絕對不可能在漢朝時期始終保持穩定。事實上，在帝國政治局面極端混亂的王莽時期，這一地區的所有國家都進行反抗並最終中斷了與中國的關係。直到大約65年後，在東漢明帝統治時期(58-75)，他們才回到中國的貢納體系之中。而且，僅在東漢王朝的頭一個世紀裡，即到大約西元125年，與西域的貢納關係就有過三次中斷。只有在西元1世紀末班超將軍征服了這一地區之後，貢納體系才出現過非常短暫的興盛狀態。西元94年，西域50多個國家全部都納貢並送人質到漢廷[18]。

在東漢王朝時期，尤其是在東漢初年，北匈奴仍然非常活躍。他們總是能夠成功地利用機會與漢朝爭奪在西域的控制權。每當中國與西域國家之間的貢納關係中斷的時候，匈奴就會推進到那裡並建立起他們對那裡政治和經濟的控制。如同在西漢時期一樣，匈奴對西域人進行沉重的經濟剝削，包括徵收賦稅和徵發勞役。在好幾個例子中，這種剝削對於那裡的一些小國家來說變得如此的難以忍

17 《漢書》卷96上。亦見《史記》卷123；Watson, 2:279.
18 《後漢書》卷88、卷47。關於班超在西域活動的詳情，見Edouard Chavannes, "Trois generaux chinois de la dynastie des Han Orientaux," *TP*, pp. 210-269以及更加晚近的井上靖、岩村忍，《西域》，頁24-38。

受，以至於他們甚至請求回到漢朝的貢納體系之中以獲得保護[19]。

現在讓我們來進一步考察中國和西域之間的貢納關係在正常的環境下是怎樣維持的。人質當然一直是貢納體系的特徵。從西元前108年到西元175年，西域所有貢納國的大量人質被送往漢廷[20]。那些少數胡族如烏桓、鮮卑等的人質通常被安置在邊境上，與之不同的是，來自西域的人質則居住在京師[21]。他們接受中國的教育，並遵守中國的刑律[22]。在許多場合，他們也被邀請參加皇帝召集的重要聚會；比如，西元172年，靈帝到京師之外去祭祀皇帝祖先的陵墓時，他的隨從人員中不僅有王侯貴族和高級官吏，而且有南匈奴單于和來自西域三十六國的質子[23]。

除了人質，漢朝也試圖通過慷慨地賜予貢納國首腦以中國的官爵來控制西域。根據《漢書》，到西漢王朝末年，從翻譯官到將軍和侯爵等為數不少於376個官爵，連同印綬被授予西域的50多個國家[24]，其中至少有237個可以得到確認[25]。東漢王朝在這方面採取了同樣的政策，而且很可能這些貢納國的官員甚至可以從中國政府那裡領取常規的俸祿[26]。

19　比如見《後漢書》卷47和卷88。

20　參見伊瀨仙太郎，頁57-58的列表。

21　在京師修建了接納來自各地的蠻夷人的居住區，稱為「蠻夷氏」。見《後漢書》卷88以及注釋。

22　伊瀨仙太郎，頁59-60; Lien-sheng Yang, *Studies in Chinese Institutional History*, p. 45.

23　袁宏，《後漢紀》卷23。不過，在這個例子中，數字36可能表示「多」或者「全部」（或是指「從前的36國」），因為西域在東漢時期已經分裂成了50多個國家。

24　《漢書》卷96下。

25　伊瀨仙太郎，頁75-77。

26　《後漢書》志第28〈百官〉五；伊瀨仙太郎，頁80。

　　當然，漢朝也採取直接的方式控制西域的貢納國。所謂直接的方式，我的意思是指建立諸如西域都護和戊己校尉等中國的職官。都護這一機構首創於西元前59年或者前60年宣帝統治時期[27]。儘管主要是軍事機構，都護也起著充當皇帝的政治代表的作用，不僅要保證將西域置於貢納體系的控制之下，而且還要調節所有貢納國之間的關係。從此以後，都護在西域成爲貢納體系不可分割的一部分。因此，在東漢時期，與西域各國之間的貢納關係的恢復和中斷總是以都護這一機構的重置和撤消爲標誌的[28]。

　　另一個重要的機構是戊己校尉，建立于西元前48年元帝統治時期[29]。不過，在東漢王朝時期，這一機構被一分爲二，分別由戊校尉和己校尉兩個官員負責管轄[30]。如同都護一樣，戊己校尉也不僅僅是一個純粹軍事性質的機構；例如，它不僅要掌管屯田，而且還要負責在西域的漢朝士兵的所有食物供給[31]。看來可以確定，都護和戊己校尉在總體上都被賦予了確保貢納體系在整個西域有效運行的任務。《後漢書》的作者范曄對它們的功能做了如下的確切描述：

27　《漢書》卷96上；也可參見應劭，《漢官儀（上）》。關於都護，也可參見E. Chavannes, "Les pays d'Occident d'apres le Heou Han Chou," *TP*, p. 154, n. 1; A. Stein, *Innermost Asia*, pp. 790-797；黃文弼，《羅布淖爾考古記》，頁180-183。

28　比如見《後漢書》卷88、卷47。

29　《漢書》卷19上。或者參見英譯H. H. Dubs, "Mou-and-chi Colonel," *The History of the Former Han Dynasty*, 2:331.

30　關於都護和戊己校尉，見勞榦，〈漢代的西域都護與戊己校尉〉，《中研院史語所集刊》，頁485-496。

31　《漢書》卷96上。參見伊瀨仙太郎，頁9-14。

西域風土之載，前古未聞也。漢世張騫⋯⋯班超⋯⋯終能
立功西遐，羈服外域。自兵威之所肅服，財賂之所懷誘，
莫不獻方奇，納愛質，露頂肘行，東向而朝天子。故設戊
己之官，分任其事；建都護之帥，總領其權。先馴則賞籝
金而賜龜綬，後服則繫頭顙而釁北闕。立屯田於膏腴之
野，列郵置於要害之路。馳命走驛，不絕於時月；商胡販
客，日款於塞下。[32]

　　以上描述清楚地表明，都護和戊己校尉的權力範圍非常寬泛，
甚至包括負責貢品—禮物的交易事務。在這種情況下，有必要進一
步考察中國與西域之間的貢納關係的經濟意義。

　　從經濟的觀點看，對於西域的大多數國家來說，都有許多理由
加入中國的貢納體系。首先，作為納貢國，至少在開始的時候，他
們通常能夠從漢廷那裡獲取豐厚的禮物。我們已經知道張騫如何用
金錢換取了烏孫的聯盟；在其後的時代，尤其是宣帝（前73-前49）
和成帝（前32-前7）統治時期，同樣的方式被反覆採用。而且，應該
注意到，有意思的是，這些由黃金和絲織物構成的禮物是由戊己校
尉或者都護分發給烏孫的親漢朝貴族的[33]。把皇帝賜給各國統治者
的幣帛等禮物運送到西域已經成了一種既定的做法，西元前77年，
著名的漢朝使者傅介子甚至以此作為誘使樓蘭國王落入圈套的藉
口，並將其殺死[34]。在東漢時期，也經常將幣帛連同官爵賜給那些

32　《後漢書》卷88。
33　《漢書》卷96下。
34　《漢書》卷70。這一著名的事件也得到新近出土的漢簡資料的印證。見
　　勞榦，《居延漢簡考證》，頁23。

表示願意成為貢納體系成員國的統治者，諸如莎車以及前、後兩車師國等[35]。

其次，對這些納貢的國家來說，貿易同樣具有吸引力。事實上，他們大多數都把進貢當作貿易的幌子來使用。例如，為了皇帝的禮物和貿易，罽賓不顧漢廷的冷遇，每隔幾年都要派使者到中國來[36]。康居也同樣如此。根據成帝統治時期西域都護郭舜的奏疏，康居送質子到中國來不是因為他們尊重漢朝的權威，而僅僅是因為通過參與貢納體系能夠獲得與中國人進行貿易的資格[37]。

另一方面，也必須指出，許多向漢帝國尋求保護的小國家的誠意不應該受到無端質疑。他們寧願臣屬於中國的統治，只是因為在中國的貢納體系之下他們遭受的經濟剝削最少。我們已經揭示過匈奴是如何奴役西域人的。除了匈奴之外，西域的小國有時也遭到強有力的大國的壓迫；例如，在東漢王朝的頭幾十年，中國還沒有在西域恢復貢納體系，強大的莎車國篡奪了漢朝都護的頭銜和權力，從而將沈重的賦稅以及常規的納貢強加到不少於18個小國家的頭上。不能交納或者拒絕交納款項的小國家如龜茲和大宛等，通常會招致被莎車征服的後果。正是這種剝削使得18個國家要求東漢朝廷恢復貢納體系。[38]

不過，在中國的貢納體系之下，除了常規的進貢之外，西域人還需要履行一些其他義務。儘管跟匈奴和其他強大的國家的勒索相

---

35 《後漢書》卷88。班超也成功地用皇帝的禮物吸引了好幾個國家的國王前來參加他所召集的會議，《後漢書》卷47。我贊成勞榦教授關於Sha-ch'a的讀法(通常都讀作Sha-chu)。

36 《漢書》卷96上。

37 同上。

38 《後漢書》卷88。

比，這些義務可能相對較輕，但對於某些小國家來說也構成了不小的經濟負擔。在這些義務當中，有兩項特別值得一提：爲中國士兵和使者提供食物和其他供給，以及貢獻肥沃的土地用於屯田。根據武帝的一道詔書，從前中國打算對車師進行軍事征伐的時候，包括尉犁、樓蘭在內的六個貢納國的質子全都被預先派回去爲中國軍隊準備牲畜和食物供給[39]。西元16年，當王莽派軍到西域去攻打叛亂的匈奴之時，許多國家不僅運送穀物而且派遣士兵幫助中國軍隊[40]。

他們爲漢朝使者提供食物以及其他必需品的事例就更是不計其數，看來這種供給長期以來已經變成了加諸所有貢納國的常規職責。比如說，西元10年，王莽決定派遣一個外交使團到西域去。知道這一消息之後，車師國王非常不安，甚至打算逃到匈奴去以躲避沈重的財政負擔。根據他的說法，貢納國爲漢朝使者提供牛、羊、穀物和草料以及爲漢朝使者充當嚮導和翻譯，已經成爲一種既定的做法（故事）；就他的情況而言，他甚至還沒有從不久之前爲一個使團提供給養的影響下恢復過來，再來一個這樣的使團將不可避免地使他的國家財政走向崩潰[41]。事實上，幾乎從漢朝向西部擴張之初起，西域的小國家就已經在抱怨他們不得不爲漢朝使者承擔大量的開支。在武帝統治初年，那些位於漢朝使者必經之地的國家如樓蘭和姑師（或車師）就因此而陷入非常窮困的境地[42]。而且，食物供應不僅要提供給派往西域的漢朝使者，而且還要提供給從各個國家前來向漢朝納貢的使團。如同一名漢朝官員給成帝的奏疏中所說的那

---

39 《漢書》卷96下。

40 同上。

41 同上。

42 《漢書》卷96上。

樣，兩個邊郡以及南路的8個西域國家陷入了極端的困苦之中，因為他們必須爲往返的外國使團的人員、馬匹、驢和駱駝提供食物[43]。而就漢朝的外交使團而言，可能正是其規模和頻率使納貢國家感到尤其困苦。在武帝統治時期，前往西域的漢朝使團規模最大的有好幾百人，而較小的使團所包括的人數也超過一百人。在一年之中，漢廷通常會派遣五六個到十多個這樣的使團到西方去。至於那些遙遠的地方，甚至要花費八年或者九年的時間才能完成旅程[44]。

最後，應該說幾句關於屯田土地的話。整個屯田制度過於複雜而無法在這裡進行充分討論[45]；下面將要論及的只是一個很小的點，即西域的貢納國向漢朝的屯田制度所貢獻的土地。早在征服大宛之後，屯田就已經在許多西部國家建立起來了。不過，在開始的時候，屯田試驗似乎只是小規模進行的，而且，其目的是爲了生產穀物以供給漢朝的使者而不是士兵。《漢書》記載說：「輪台、渠犁皆有田卒數百人，置使者校尉[46]領護，以給使外國者。」[47]

不過，後來這些地方的屯田規模變得相當龐大以至於能夠養活大量的士兵。例如，在宣帝統治時期，渠犁的屯田卒增加到1,500

43　《漢書》卷96上。

44　《史記》卷123；Watson, 2:275.

45　全面的討論見伊瀨仙太郎，頁37-47；以漢簡爲基礎所做的更加詳細的研究，見陳直，《兩漢經濟史料論叢》，頁175和Ch'un-shu Chang, "The Colonization of the Ho-hsi Region—A Study of the Han Frontier System."

46　我在《漢書》中別的地方沒有找到使者校尉這一機構。很可能它只存在了非常短的時間，其主要功能是負責掌管所有派往西域的使者。《史記》卷123所說的使者的稱謂可能是不正確的。

47　《漢書》卷96上。參見《史記》卷123。Watson, 2:288.

人[48]；在對車師的一次軍事征伐當中，那裡儲存的穀物被一位漢朝的將軍用作幾千名外國士兵的食物供給[49]。至於輪台，在征和年間（前92-前89），好幾位朝廷大臣聯名向武帝上疏，建議擴大那裡的屯田建制。由於開支的原因，武帝沒有接受，但昭帝（前86-前74）採納了這一建議，儘管程度非常有限。也應該注意到，有意思的是這一次沒有把重要的屯田任務交給中國官員，而是交給了一名來自貢納小國的質子[50]。有時貢納國甚至自願把土地提供給漢朝進行屯田墾種；例如，西元前77年，漢朝所扶持的樓蘭國王請求皇帝在伊循的肥沃之地進行屯田，這樣他自己在樓蘭的地位也能夠得到鞏固[51]。如此一來，至少像這個特殊的例子所表明的那樣，屯田也有著擴展漢朝對納貢國政府的認可和支持的政治功能。

在東漢謹慎而保守的對外政策之下，屯田制度只是偶爾在西域的某些地區得到恢復。舉伊吾屯田的例子來說，西元73年，屯田第一次被引入那裡，但四年之後即西元77年又被取消了。西元119年，一千多名屯田卒在伊吾恢復了屯田，這可能是當時西域地區規模最大的建制，但不幸的是，僅在幾個月之後這次屯田就因北匈奴的入侵而中斷了。西元131年，考慮到伊吾的土地肥沃，順帝再次下令恢復屯田，並創設了「伊吾司馬」這一機構負責其事。但這時離漢朝在整個西域地區控制權的喪失已經為時不遠了[52]，屯田的規

48 《漢書》卷96下。

49 《漢書》卷70。

50 《漢書》卷96下。也可參見勞榦，《中研院史語所集刊》，第28本，第1分冊，頁485-488。

51 《漢書》卷96上。關於伊循這個地方，見藤田豐八，《東西交涉史の研究──西域篇》，頁253-263。

52 《後漢書》卷88。

模也比以前小得多。每一個屯田區屯田卒的平均數量大概是500
人[53]。

　　總體上看來，在西域實行的屯田政策對於中國貢納體系在那裡
的建立是非常有效的。匈奴深知，屯田區也和西部的貢納國一樣，
會形成漢朝控制中亞的極其重要的經濟和軍事基地。也許正是出於
這種認識，匈奴和其他一些與漢朝對抗的西域人在同中國的公開衝
突中才不斷攻擊漢朝的屯田區[54]。事實上，龜茲和匈奴的貴族的確
都說過漢朝的屯田區域對他們極端不利，因此必須想盡辦法將其摧
毀[55]。

　　不過，另一方面，也必須指出的是，全面維持在西域的貢納體
系以及屯田區域對漢朝的國家財政構成了不小的負擔。漢朝政府維
持它們主要是出於政治和軍事需要的考慮，而不是經濟上的訴求。
我們知道在武帝統治末期，他拒絕採納在輪台進行屯田的建議。後
來在宣帝統治時期，首任西域都護鄭吉請求增派屯田卒到車師以
加強那裡的屯田，不過朝廷會議認為費用太高，否決了鄭吉的請
求[56]。東漢時期，光武帝之所以拒絕接受西部國家的納貢和人質，
也必定有一部分是出於經濟方面的考慮。如同西元119年朝廷中的
激烈爭論所揭示的那樣，漢代中國在西元107-109年間從西域的全
面撤離，也是朝廷考慮到無力支付屯田所需費用以及納貢國家所要
求的財政援助所導致的一個直接後果[57]。早在西元91年初，一位上

53　《後漢書》卷19、卷47、卷88。
54　相關例子見《漢書》卷96下。《後漢書》卷88。
55　《漢書》卷96下。
56　《漢書》卷96下。
57　《後漢書》卷47以及卷88。

奏者就已經指出，每年用於西域的固定費用高達74,800,000錢[58]。應該注意到，這個數量可能還沒有包括屯田的費用，因為很明顯，它僅指用於各納貢國家的常規援助。因此，至少在國家財政的層面而言，將廣大的西域納入中國的貢納體系以及在那裡開闢屯田區，都絕對沒有經濟方面的意圖。

二、與西方各國之間的非通貢貿易

在上一節中我們已經看到，貿易在中國人和西域人之間的交往中起了非常重要的作用。中國商人經常冒險到西域去尋求商業財富，就像蠻夷商人經常到漢帝國探求貿易機會一樣。而且，就雙方的情況而言，商人們都有一個共同的做法，即要麼是出任代表各自政府的使節，要麼是自封為使者，這毫無疑問都是為了便利他們的貿易活動。關於漢朝時期在中國的胡族商人，稍後在其他地方會做進一步的討論。本節則試圖勾畫出中國與始終處在漢朝的貢納體系之外的三個西方國家，即印度、安息和羅馬之間的商業往來的整體畫面。由於在漢代的記載中與此問題相關的歷史資料相當缺乏，下面的討論將主要以考古發現和現代學者的研究為基礎。

在漢代中國輸出的所有貨物當中，絲綢是獨一無二的最受外國人珍愛的商品。如同我們後面將會看到的那樣，由於其價格昂貴而且體積小、重量輕，絲綢成為中外商人和使者在出入漢帝國的旅途中最受青睞的物品。絲綢是如此地為西域人所珍視，以至於在某些

---

58 《後漢書》卷45。

地方中國人必須要用金幣和絲綢一起才能換取食物[59]。因此，我們有必要從中國與西方國家之間的絲綢貿易開始我們的討論。不用說在漢代中國與羅馬之間存在著著名的絲綢之路，現代的研究對此有著極其精確的描述和勘測[60]。如果略去各條細小的支路，可以對絲綢之路的主幹道簡要描述如下：東起長安，沿甘肅走廊往西，越過塔里木盆地和帕米爾高原，然後通過今西土耳其斯坦（尤其是撒馬爾罕）、伊朗、伊拉克和敘利亞，最終抵達地中海沿岸[61]。

　　儘管存在著把中國和羅馬連接起來的絲綢之路，但是漢朝時期這兩大帝國之間還沒有建立起直接的商業往來，雖然雙方一直都在努力。漢朝與羅馬的絲綢貿易主要是通過大量中間國家為媒介來進行的，其中最重要的國家是安息和印度，因此值得對它們作進一步考察。

　　讓我們首先從印度開始。赫德遜在《歐洲和中國》關於絲綢運輸的一個精彩章節中說：「在武帝的帝國主義將中國帶到這一經濟交往圈之前，地中海國家、伊朗與印度之間的貿易已經存在了若干個世紀，儘管缺乏準確的數據，但是可以肯定，在整個羅馬帝國時期與印度的貿易規模要遠遠大於與中國的貿易。絲綢貿易對於歷史學家來說有它獨特的問題，但是在很大程度上它與羅馬和印度的貿易是分不開的，羅馬—印度貿易的預先存在及其永久性的重要地位決定了西亞商業往來的主要渠道和市場結構。」[62]

59　《漢書》卷96下，以及顏師古的注解。

60　參見G. F. Hudson, *Europe and China*, pp. 77-90；也可以找到一幅有趣的地圖，見A. Hermann, *Die Vekehrswege zwischen China, Indien und Rom um Ioo nach Chr*（Leipzig, 1922）。

61　見夏鼐，《考古學報》，頁45-46。

62　Hudson, p. 68.

　　這一描述當然是事實，但是我們必須記住，中印絲綢貿易的歷史也早於武帝開通西域。不過，可以找到的最早的中印絲綢貿易的證據不是在中國歷史中，而是在印度的古文獻中。在通常認爲是西元前 4 世紀的作品——喬底利耶(Kautiliya)的《政事論》(Artha'astra)中[63]，我們已經找到了梵文複合詞Cinapatta，意思是「成捆的中國絲綢」[64]。這將意味著絲綢甚至在中國統一之前很久就被帶到了印度。在其後的印度作品中，絲綢更是被經常提及，最引人注目的是《摩奴法典》(Manusmrti)，這是一部大約編纂於西元前2世紀到西元2世紀之間的著名法典[65]。

　　中國人與印度人之間的民間商業交往至少在開通西域之前的漢朝初年就已經開始了，關於張騫在大夏看到了經印度輸入那裡的某些四川的產品的著名故事充分證實了這一點。如前所述，可能自漢代初年起就存在著一條從四川經雲南到緬甸的貿易通道。而且，在相當早的時期四川就已經出產絲綢了[66]。因此，很可能是中國絲綢首先設法經雲南—緬甸這條陸路以及沿著更加便利的海路抵達印度的，在下一章中將會對後者進行討論。

　　隨著西域的開通，出現了一條更爲重要的陸路，正是沿著這條線路中國的絲綢被帶到了印度。這一點已經得到現代出土於西域的考古發現物的充分印證。例如，在漢代玉門關遺址一座烽火臺中發現的一片帶有婆羅謎文字(Brahmi)的絲綢可以看作是漢朝與印度之

63　R. C. Majumdar, *An Advanced History of India*, p. 126.

64　季羨林，《中印文化關係史論叢》，頁163-164；張星烺，《中西交通史料彙編》，6:26。

65　季羨林，頁164-165；賀昌群，《古代西域交通與法顯印度巡禮》，頁2。

66　見季羨林，頁158-159；方豪，《中西交通史》，1:133-134。

間的絲綢貿易所留下的明白無誤的痕跡。斯坦因認為，這片絲綢是在西漢末年由中國內地製造的[67]。在東土耳其斯坦發現的一枚印度最後一個希臘國王赫爾繆斯(Hermaeu's)(前50-前30)的硬幣[68]，連同在于闐發現的另一枚帶有他的名字的硬幣，進一步表明，在當時的赫爾繆斯王國和漢代中國之間存在著商業往來[69]。而且，也應該注意到，在沿著這條路線所進行的中印絲綢貿易中，于闐也起了非常重要的作用。考古發現傾向於表明，在漢朝時期于闐與印度西北部之間存在著密切的聯繫。因此可以推斷，如同通常情況下漢代中國與其他西方國家之間的絲綢貿易一樣，來自中國內地的絲綢也必定是首先輸出到于闐，然後再轉運到印度[70]。這一推斷決不是毫無理由的，而事實上最近在于闐東部的尼雅所發現的大量東漢時期的絲織品遺物證實了這一點[71]。

　　有記載表明，在東漢王朝時期，印度與中國之間直接的官方交往已經建立起來。在和帝統治時期(89-105)，印度的使者好幾次帶著貢品前來訪問中國朝廷。他們全都是取道西域而來[72]。應該進一步注意到，這時中國人已經對印度有了大量的了解。例如，漢代關

67　Sir M. Aurel Stein, *Serindia*, 2:701-704.亦見Stein的文章，"Central-Asian Relics of China's Ancient Silk Trade," pp. 370-372.

68　Stein, *Serindia*, 3:1340.

69　W. W. Tarn, *The Greeks in Bactria and India*, p. 338.

70　季羨林，頁173-175。

71　夏鼐，《考古學報》，頁45-47和《文物精華》。兩部作品中都附有復原的色彩鮮豔的漢代絲綢。一篇更早的夏鼐文章的簡短英文版可以在 *China Reconstructs*, 11:1(January, 1962)pp. 40-42中找到。這些由斯坦因在于闐發現的只能是來自中國的精美絲織品，也展示了于闐作為中國與當然包括印度在內的西方國家之間絲綢貿易紐帶的重要性。見Stein, *Sand-Buried Ruins of Khotan*, p. 405.

72　《後漢書》卷88。

於印度與羅馬海上貿易之繁榮的記載就得到了現代相關研究的充分
證實[73]。東漢時期的中印絲綢貿易必定比以前的時代更加繁榮,西
元1世紀的西方作家甚至確切地知道中國的絲綢是怎樣經西域被帶
到印度去的事實清楚地證明了這一點。在《厄里特里亞海航行記》
(Periplus of the Erythraean Sea)中[74],我們發現了下述有趣的段落:
「在正北面的這片地區後面,在海洋的盡頭那邊一片叫做琦斯
(This)的土地上,有一個非常偉大的內陸城市叫做秦奈(Thinae),
生絲、絲線和絲綢通過步行被從那裡經大夏帶到婆盧羯東
(Barygaza),也通過恒河(Ganges)出口至達密瑞卡(Damirica)。但

---

73 《後漢書》卷88;F. Hirth, *China and the Roman Orient*, p. 42.關於印度和
羅馬之間海上貿易的描述,見M. P. Charlesworth, *Trade-Routes and
Commerce of the Roman Empire*, pp. 57-74以及他的近著, "Roman Trade
with India: A Resurvey," pp. 131-143.至於更晚近的研究,見Takeshima
Atsuo的一篇綜述文章, "Roman Trade with India,"(日文)*Kodaigaku*,
3:3(September, 1954), pp. 305-315.

74 這部重要作品的年代是一個頗有爭議的問題。W. H. Schoff最初認為是
西元60年(見他的譯註, *The Periplus of the Erythraean Sea*, p. 715),然後
又修正為西元70到89年之間("As to the date of the Periplus," *Journal of the
Royal Asiatic Society of Great Britain and Ireland*, 1917, p. 827)。M. P.
Charlesworth贊成一個更早的年代,主張將其定為西元1世紀中期("Some
Notes on the Periplus Maris Erythaei," *The Classical Quarterly*, 22, 1928, p.
93)。1947年, J. A. B. Palmer認為其年代是在西元110到115年之間,因
為這部作品的某些部分採用的是印度紀年("Periplus Maris Erythraei: The
Indian Evidence as to the Date," *The Classical Quarterly*, 41, pp. 136-140)。
不過Charlesworth在其所著的"Roman Trade with China: A Resurvey," p.
132中認為這一年代太晚了,同時他也給出的確定年代是在西元40年到
75年之間。更加晚近的Jacqueline Pirenne已經有力地證明,根據埃塞俄
比亞語資料,這部作品可能是晚至西元3世紀才寫成的("Un Probleme-
clef pour la chronologie de I'Orient: la date du 'Periple de la Mer Erythree',"
Journal Asiatique, pp. 441-459)。

是琦斯(This)之地不易進入；少有人來自那裡，很少。」[75]根據肖厄夫的精闢研究，「琦斯(This)之地」不過是對秦的另一種稱謂[76]，Barygaza是指現在的Broach[77]，在印度沒有出現的Damirica指「泰米爾國(Tamils)」，即西元1世紀的南德拉威(Dravidians)，包括Chera、Pandya和Chola王國[78]。隨著這些關鍵名稱的確認，從大夏到婆盧羯東(Barygaza)和「取道恒河至達密瑞卡(Damirica)」的路線全都變得非常有跡可尋[79]。如果把中印絲綢貿易劃歸到「中轉貿易」的類型當中也是無可非議的，因為大量的中國絲綢肯定是從印度進一步向西運送到羅馬的[80]。不過，另一方面，如同渥明頓早已指出的那樣，印度人包括男人和女人也消費了部分從中國輸入的絲綢，因為他們也和羅馬人一樣珍視絲綢[81]。

　　現在我們得轉向對安息的討論。中國人與安息人之間的絲綢貿易在《後漢書》中清楚記載如下：「其王(大秦王)常欲通使於漢，而安息欲以漢繒彩與之(大秦)交市，故遮閡不得自達。」[82]在別處我們進一步得知，「和帝永元九年(97)，都護班超遣甘英使大秦，抵條支[83]。臨大海欲渡，而安息西界船人謂英曰：『海水廣大，往

75　W.H. Schoff, *The Periplus of the Erythraean Sea*, p. 48.

76　*Ibid.*, p. 261.

77　*Ibid.*, p. 180.

78　*Ibid.*, p. 205.

79　*Ibid.*, pp. 268-270, 272-273.

80　Sir Mortimer Wheeler, *Rome Beyond the Imperial Frontiers*, p. 137.

81　E. H. Warmington, *The Commerce Between the Roman Empire and India*, pp. 176-177.

82　《後漢書》卷88：英譯見Hirth, *China and the Roman Orient*, p. 42.

83　關於條支地名的確認也是一個很有爭議的問題。例如，Hirth, *China and the Roman Orient*,（特別是pp. 144-152）認為它是Chaldaea；藤田豐八，《東西交涉史の研究──西域篇》，頁211-252認為它是現在伊朗南部

來者逢善風三月乃得渡，若遇遲風，亦有二歲者，故入海人皆齎三歲糧。海中善使人思土戀慕，數有死亡者。』英聞之乃止」[84]。

　　顯然，第二個例子是對第一個例子中所引安息人有意阻斷漢代中國與羅馬交流之事的充分敘說。關於渡海困難的故事一直被認為是安息人所編造的狡猾詿語[85]。今人對安息貿易地位的研究已經證實，安息無疑的確有著編造這一故事的強烈動機。一般說來，在中國與羅馬的絲綢貿易中，安息人更多地是起了中間人的作用，而不是消費者的作用。東西方的絲綢貿易使安息變得非常富庶[86]。如同肖厄夫曾經評述的那樣，「橫跨兩者(指中國和羅馬)之間的每一條貿易通道，只要經過安息帝國，安息帝國都會向商隊徵收關稅，因而它無須對穿過其國界的貿易增加任何投入就能使自己獲得大量的財富[87]」。

　　儘管安息的確通過充當絲綢貿易的中間人而獲取了巨大的利潤，但是諸如安息人在多長時間內以及在多大程度上靠地理優勢享有對這一寶貴商品的壟斷權等問題仍然沒有定論。我們剛才已經看到，印度商人不僅嘗試而且相當成功地使絲綢貿易從安息轉移了。羅馬人也做過類似的努力。由於羅馬與東方的貿易尤其遭到安息人的干預，因此在西元後的兩個世紀裡，羅馬的政策就是「促進與印

(續)─────────────
　　　　的Fars；白鳥庫吉，《西域史研究》，2:273-313認為它是波斯灣附近幼
　　　　發拉底河下游的Mesena-kharacene古國。另一名日本學者宮崎市定認為
　　　　它最初是對敘利亞的Seleucia的音譯，《アヅア史研究》，1:151-184。
84　《後漢書》卷88：Hirth, *China and the Roman Orient*, p. 37.
85　Hirth, *China and the Roman Orient*, pp. 164-165和p. 165, 註1，其中引用了
　　　魏源的《海國圖志》。
86　Schoff, *The Periplus of the Erythraean Sea*, p. 172.
87　Schoff, "The Transcontinental Silk Trade at the Christian Era," p. 56.

度之間直接的海上貿易，拋棄所有經過安息的陸上通道，從而避免在財政上依賴於羅馬公敵的煩擾」[88]。有證據表明，自西元2世紀起，尤其是在西元162-165年間的安息人戰爭之後，越來越多的中國絲綢被印度人通過海路帶到了羅馬。經過安息的昂貴陸路通道就這樣被逐漸避開了[89]。

　　不過，安息帝國是由許多不和的民族，包括希臘人、迦勒底人、納巴泰人（Nabataeans）、阿拉伯人以及波斯人等組成的一個鬆散的聯合體。顯然，並不是所有這些人都能夠同等地分享到中國與羅馬之間絲綢貿易的好處的。肖厄夫認為，實際上正是納巴泰人充當著絲綢貿易的中間人，並因此而真正獲利。通過其在雷卡曼（Rekam）或者佩特拉（Petra）的都城，納巴泰王國牢牢地控制著中國—羅馬的絲綢貿易，如同所有的中轉貿易一樣，通常徵收的稅額高達25%。很可能正是納巴泰人狡猾地阻止了甘英進一步往西航行到羅馬帝國[90]。

　　考察了中國絲綢在被間接運往羅馬帝國的過程中所經過的主要線路之後，必須要對傳入羅馬的絲綢做一個簡要的交代。有人認為中國的絲織品早在西元前1世紀就為埃及所知，如同路肯（Lucan）所

88　Schoff, *Parthian Stations by Isidore of Charox*, p. 19.

89　Warmington, pp. 175-177；Hirth, *China and the Roman Orient*, pp. 173-178；A. Stein, *On Ancient Central Asian Tracks*, p. 27; H. G. Rawlinson, *Intercourse between India and the Western World*, pp. 129-130. Frederich J. Teggart在其題為"Rome and China, A Study of Correlations in Historical Events"的有意思的著作中，對羅馬和印度之間絲綢貿易的這種阻斷及其歷史後果，做了最為全面的考察，不過也許強調得太過了。參見其Preface, viiix。對本書的一個簡短評論見M. Wheeler, *Rome Beyound the Imperial Frountiers*, pp. 180-181.

90　Schoff,"The Transcontinental Silk Trade at the Christian Era," pp. 56-58.

描述的那樣，克婁巴特拉(Cleopatra，西元前51-前30年埃及女王)的絲綢就有可能是來自中國的[91]。絲綢抵達羅馬則是後來的事。歷史學家們共同的統計數字似乎將其年代定在奧古斯都(Augustus)統治時期(前27-14)[92]。不過，在出現在羅馬市場上之前，中國的絲綢必須要在提爾(Tyre)或西頓(Sidon)進行染色加工，或者在貝利塔斯(Berytus)或提爾進行編織或者重新編織[93]。這樣一來，對於羅馬帝國而言，中國絲綢就成了紡織工業的一種重要原材料[94]。幾乎在傳入的同時，絲綢立刻就受到富裕的羅馬人無論男女的廣泛認可。在奧古斯都時期(Augustan)的作品中可以找到許多關於用絲綢做衣服、枕頭、墊子等的描述[95]。普林尼(Pliny)在關於西元1世紀後半葉的記載中，把絲綢歸入最昂貴、最珍稀的物品之列，並考察出賽里絲國(Seres，中國)連同印度和阿拉伯半島每年從羅馬帝國至少運走一億塞斯特斯(Sesterces，古代羅馬的貨幣單位)。他評論說，「那是我們的奢侈者和婦女們讓我們付出的代價[96]」！在羅馬甚至有傳言說一磅絲等於一磅黃金——非常有意思的是，中國古代也有類似的奇異之說[97]。不用說，就像他忽視絲綢之路沿線的真實情況一樣，普林尼譴責中國從羅馬拿走了大量的金錢是不公正的。

91　W. W. Tarn, *Hellenistic Civilization*, pp. 256-257.
92　Warmington, p. 175; Charlesworth, *Trade-Routes and Commerce of the Roman Empire*, p. 109.
93　Hirth, *China and the Roman Orient*, p. 158.
94　Hudson, pp. 73, 91；姚寶猷，《中國絲絹西傳史》(重慶，1994)，頁59。
95　Warmington, p. 175; Charlesworth, *Trade-Routes and Commerce of the Roman Empire*, p. 262.
96　Sir Henry Yule, *Cathay and the Way Thither*, 1:200.
97　Hirth, *China and the Roman Orient*, p. 225和註2。

實際上大部分的錢都落入了中間人的腰包。儘管如此，他的陳述也給我們提供了一個關於羅馬人每年消費多少這種來自中國的商品的清晰概念[98]。

從總體上看，似乎有理由說中國人對羅馬進行貿易的興趣要小於羅馬人對中國進行貿易的興趣[99]。在文獻材料中我們找不到任何關於中國商人眞正嘗試抵達羅馬的記載。甘英尋找大秦十有八九是出於外交方面的考慮，而不是商業上的考慮。一位西方作者有關於在奧古斯都時代來自賽里絲國的使者抵達羅馬的記載，但是無法證實，因而其可靠性大受質疑[100]。不過，另一方面，羅馬商人的確在建立與漢代中國之間直接的商業往來方面表現了極大的熱情。《後漢書》記載，西元166年，「大秦王安敦(Marcus Aurelius Antonius)遣使」來到漢廷[101]。不過現代學者普遍認爲這不是受尊重的帝國使者。毋寧說這段記事似乎揭示了「一些民間商人的機會主義」以及「羅馬人在貿易中體現出來的冒險精神」[102]。這一點應該是符合實際的，因爲後來的確有記載說在西元226年一位羅馬商人到達了中國南部[103]。

---

98 參見龔鈞，〈兩漢與羅馬的絲貿易考〉，《文史雜誌》，頁26-27。

99 Schoff, "The Transcontinental Silk Trade at the Christian Era," p. 60.

100 Yule, 1:18.

101 《後漢書》卷88；Hirth, *China and the Roman Orient*, p. 42.

102 Wheeler, pp. 174-175.

103 《梁書》卷54。根據這個例子，我傾向於認爲所謂西元166年的「羅馬使者」很可能就是自稱代表安敦(Marcus Aurelius Antonius)的這類羅馬商人。否則，中國朝廷無從知道「大秦王」的名字。中國官員不可能誤把民間的羅馬商人當作羅馬帝國的使者引見給朝廷。而且，如同我們先前在某些西域貢納國家的例子中所看到的那樣，漢朝官員是非常務實的，他們完全能夠根據其認識水平把使者和商人區分開來。不過，在其經典著作*Trade-Routes and Commerce of the Roman Empire*中，Charlesworth對

在《自然史》中，普林尼就其對中國的印象做了如下描述：
「賽里絲國人的舉止的確是溫和的；……儘管樂於從事貿易，但他
們是等著貿易找上門來而不是主動去尋求它。」[104]不用說，僅就
普林尼的知識所及而言這一陳述是符合實際的，因為在我們所討論
的時代中沒有任何一個中國商人踏上過羅馬的土地，但這並不意味
著漢朝商人在絲綢貿易中一直都是不活躍的。在上一節中我們已經
看到過很多關於大量中國商人到西域去進行貿易的事例；我們也已
指出，大多數追隨張騫到中亞去的所謂「漢朝使者」實際上是尋求
商業財富的商人[105]。毋庸置疑，他們肯定隨身攜帶了絲綢。因
此，漢朝商人體現出來的冒險精神決不亞於羅馬商人。值得慶幸的
是，當代考古發掘相當清楚地展示了這一點。

在敦煌西部古老的漢長城上一座烽燧附近的一個垃圾堆裡，斯

（續）————————————

西元166年的「羅馬使者」有如下評述：「民族自尊心將冒險商人的訪
問轉化成正式使者的訪問，把送給國王的禮物轉化成貢品是很自然的事
情，沒幾年之前，同樣的事情也發生在西方國家身上。」(p. 72)很顯
然，在做這一解釋的時候，Charlesworth先生肯定是特別想起了像1793
年的馬戛爾尼(Lord Macartnay)之類的著名使者，中國人將他當作一個
納貢的使者而極大地傷害了英格蘭的民族自尊心。儘管如此，
Charlesworth先生似乎把這一事例過分現代化了。在前近代中國，西方
商人為了便於在中國進行貿易活動而自封為「使者」是相當普遍的做
法。正如Fairbank和Teng所揭示的那樣，遲至1604年，我們仍然可以找
到Benedit de Goez所描述的情形：西部王國的商人冒充「假使者」，
「以他們自稱所代表的國王的名義偽造政府信函」，並「假裝是使節前
去向皇帝進獻貢品」("On the Ch'ing Tributary System," *HJAS*, 6:2, June,
1941, p. 139 and n. 7.)。因此，我贊同G. H. Stevenson的解釋，所謂「羅
馬使者」可能是一群冒充皇帝代表的商人(C. Bailey, ed., *The Legacy of
Rome*, p. 165)。

104 Yule, 1:18.
105 關於這一點，亦見朱傑勤，〈華絲傳去歐洲考〉，《中西文化交通史譯
粹》，頁293-294和方豪，1:134。

坦因發現了許多東西，其中有兩片未經浸染的米色絲綢（帛），年代在西元84年到137年之間。其中一片上寫有漢字，沙畹（M. Chavannes）釋讀爲：「任城國亢父縑一匹，幅廣二尺二寸，長四丈，重廿五兩，直錢六百一十八。」[106]

如同沙畹進一步指出的那樣，這一文本的歷史重要性在於它明確地記載了西元1世紀末或者西元2世紀初絲綢的產地、尺寸、重量和價格。而且，由於可以精確地確定這一發現物的年代與提爾（Tyre）的瑪雷烏斯（Marius）所知曉的，以及托勒密（Ptolemy）所保存的關於西方與賽里絲國直接貿易的著名經典記載的時代有關，使得斯坦因甚至認爲「帛書文字中所說的這匹縑，在大約西元1世紀末的時候已經設法和中國的絲綢一起出口到了中亞和遙遠的西方」[107]。當然，這樣一條小小的證據是否能夠證明瑪雷烏斯關於西方與中國之間直接貿易的全部描述是另外一個問題。儘管如此，但似乎還是有理由將它視爲漢代中國與中亞人之間絲綢貿易的一個清晰痕跡，尤其是考慮到當時中國商人經常到西域去的歷史背景時。如同一位作者所指出的那樣，斯坦因的這一發現「使我們能夠意識到貿易在中國方面是怎樣被精心組織起來的」[108]。

古樓蘭（羅布淖爾）遺址中絲織物的重要發現也與中國絲綢的輸出有關。在《塞林提亞》（Serindia）中，斯坦因報告說，他在這一遺址發現的絲綢遺物可以分成兩類：當地出產的絲織物混合碎片；

---

106 關於帛上的漢字及其歷史意義的研究，亦見羅振玉、王國維，《流沙墜簡・考釋》，2:43b。原件圖版見E. Chavannes, *Les documents chinois decouverts par Aures Stein dans les sables du Turkestan oriental*, no. 539.

107 Stein, "Central Asian Relics of China's Ancient Silk Trade," pp. 368-369.

108 C. G. Seligman, "The Roman Orient and the Far East," p. 554.

從中國輸入的大量色彩豐富的細小的絲綢碎片。斯坦因認為，「中國與中亞以及中亞以外地區的古代絲綢貿易一定沿著這條經過此廢墟的道路進行了若干個世紀，而這正是後者存在的理由」[109]。

自斯坦因在中亞進行他的第三次探險考察以來，在絲綢之路沿線發現了越來越多的貿易遺留物[110]。在這些晚近的發現中，有兩項與我們的討論特別相關。一項是前面提到的東漢時期的絲織品，1959年出土於尼雅古城附近的一處掩埋地，尼雅古城在大約西元3世紀時被廢棄；尼雅的發現物包括有圖案的絲織物和好幾件漂亮的漢代刺繡[111]。另一項是30年代在古絲綢之路西端附近的貿易中心——敘利亞帕米爾拉(Palmyra)的幾座墓葬中發現的中國絲綢，墓葬年代在西元83年到273年之間。許多西方專家認為這些絲綢原產於漢朝，因此稱它們為「漢式織錦」[112]。著名的中國考古學家夏鼐在其精彩的技術研究中，充分地證明了新近發現的尼雅絲織品遺物與帕米爾拉出土的遺物有著極其驚人的相似之處。例如，在兩個地方出土的絲織物中都可以發現有好幾件是採用相同的所謂「漢式組織」的獨特方法編織而成的。兩地的絲織物在裝飾性圖案和主題設計方面都呈現出一些共同的因素。因此，根據尼雅的發現物，

---

109 Stein, *Serindia*, 1:373；亦見氏著 *Ruins of Desert Cathay*, 1:381. 他在 *Innermost Asia*, 1:232中進一步強調了這一遺址對於絲綢貿易的重要性。

110 見夏鼐，〈新疆發現的古代絲織品〉中所引文獻，《考古學報》，頁45，註4。

111 報告見《文物》，1960:6; 1962:78；《考古》，1961:3。

112 R. Pfister, "Les Soieries Han de Palmyre," *Revue des Arts asiatiques*, pp. 67-77; O. Mänchen-Helfen, "From China to Palmyra," *The Art Bulletin*, pp. 358-362; R. J. Charleston, "Han Damasks," *Oriental Art*, pp. 63-81.而關於不同的觀點，見P. Ackerman, "Textiles through the Sassanian Period," *A Survey of Perisan Art*, vol. 1,特別是pp. 685-691.

我們現在可以更加確信帕米爾拉的絲織物肯定是絲綢商人從東漢帝國一路上帶去的[113]。帕米爾拉在古代以其與東方之間緊密的貿易聯繫而聞名，它的繁榮也極大地歸功於此，可能它在中國與羅馬之間的絲綢貿易中也起了重要的作用[114]。雖然漢朝的商人不可能進入敘利亞，但事實是，漢式織錦不僅在帕米爾拉有發現，而且在其他的地方也有發現，包括羅布淖爾、居延、諾顏烏拉、克里米亞的刻赤（Kerch）和布里亞特—蒙古（Buryat-Mongolia）的伊爾莫瓦巴德（Ilmova pad）[115]，這充分證明了中國絲綢巨大的國外市場的存在；反之也證明在漢朝商人方面，對外國人的絲綢貿易進行了精心的組織。

應該注意到，除了貿易之外，中國絲綢也通過其他的渠道被帶到了西方國家。一個重要的渠道就是皇帝賞賜給各胡族首領和貴族，尤其是那些貢納國的首領和貴族的禮物。前面已經舉過許多這種關於禮物的例子[116]。另一個渠道是絲綢可以當作貨幣來使用，尤其是在東漢時期。早在西漢時期，當漢朝使者和商人去西域的時候，他們就已經用絲綢來支付他們的旅途費用了[117]。斯坦因發現的一枚漢簡記載說，某燧的燧長領到了「祿帛三丈三尺」，沙畹認為這是把絲綢用作貨幣的一個證據；他甚而認為「很可能在東漢之

113　夏鼐，《新疆發現》，頁50-54。關於漢代中國紡織業技術革新的全面研究，見孫毓棠，〈戰國秦漢時代紡織業技術的進步〉，《歷史研究》，頁143-173。

114　關於帕米爾拉（Palmyra）在羅馬帝國東方貿易中的重要性，見Charlesworth, *Trade Route and Commerce of the Roman Empire*, pp. 48-50以及Wheeler, p. 170.

115　夏鼐，《新疆發現》，頁75。

116　亦見姚寶猷所舉的例子，頁20-21。

117　參見方豪，頁134和Teggart, *Rome and China*, pp. 213-215.

前很久，中國就採取了把絲綢當作貨幣來使用的做法」[118]。不過，正是在東漢時期，絲綢才被更加廣泛地用作交換媒介物。例如，在西漢時期的某些例子中，一個人可以用黃金或者銅錢交納罰款總額以代替所受到的刑律處罰。但是到東漢時期，這種罰款通常是用絲綢(縑)來支付的。實際上有好幾道皇帝的詔令都是針對此事而頒發的[119]。而且，歷史證據[120]和考古證據[121]都傾向於表明，東漢時期相當數量的絲綢被儲存在北部和西北部邊境沿線的許多地方。如同前述燧長的例子所揭示的那樣，漢朝政府很可能將其當作一種貨幣形式用來支付給士兵[122]。一些很可能是因邊境貿易而最終越出了帝國疆域之外的漢朝絲織物也有同樣的功能。

最後，還應該就中西方之間絲綢貿易的起源問題說幾句。赫德遜做了如下的敏銳考察：「絲綢……可能是在安息人(Parthians)通

---

118 Stein, *Serindia*, 2:758, n. 39 and 701, n. 6B.應該注意到，由於將「燧」誤認成了「隊」，沙畹把「燧長」這一稱謂錯誤地翻譯成了「隊長」。類似的錯誤經常可以在沙畹的著作 *Les documents chinois decouverts par Aurel Stein dans les sables du Turkestan oriental* 以及著名的《流沙墜簡》中看到。見賀昌群，〈烽燧考〉，《國學季刊》，頁77。Lien-sheng Yang, *Money and Credit in China: a Short History*, p. 12提到古代中國偶爾也把絲綢(帛)當作錢來使用。

119 見彭信威，《中國貨幣史》，頁75和頁78(註16和17)。

120 《後漢書》(卷48)記載，鮮卑人曾經威脅漢朝的邊境將軍要放火燒毀所有儲存在那裡的縑帛。

121 漢簡中提及的更多的絲綢例子，見勞榦，《居延漢簡考證》，頁64-65。

122 大約在永初年間(107-114)，東海王肅捐獻1萬匹縑給政府以支付西北邊境的部分費用(《後漢書》卷42)。順帝時期(126-144)，由於羌人叛亂，任城王崇也捐獻錢帛以佐助西北邊境的費用(《後漢書》卷42)。應該指出的是，在這兩個例子中，絲綢都是作為一種貨幣與錢一併提及的。如同王國維所正確指出的那樣，上述「任城國元父縑一匹」的發現使後一個例子得到了考古學上的證實(羅振玉、王國維，《流沙墜簡·考釋》)。

過漢朝使者的禮物熟悉它之後，由他們介紹到西亞的；很快，安息人不僅爲了自己的消費而購買它，而且將其銷售到更往西的地方。絲綢就這樣通過陸上通道首次抵達了地中海沿岸……。」[123]拉提摩也得出了一個類似的結論，他認爲，「很可能是因爲主要的絲綢出口來自禮物和資助，一匹匹的絲綢就這樣成了奢侈品價格的標準，而得到絲綢禮物和資助的小國家的統治者獲得的東西實際上有剩餘，爲了使這些剩餘的絲綢在更加遙遠的市場上賣掉，於是，貿易就這樣在二手層面上展開了」[124]。

中國學者以中文資料爲基礎所進行的研究進一步證實了這一理論[125]；不過在這裡，我們還可以補充另一條有意思的證據以支持這一理論。肖厄夫認爲，「雅利安人入侵之後，絲線和絲織物貿易迅速在印度北部出現。在《摩訶婆羅多》（The Mahabharata）、《羅摩衍那》（The Ramayana）和《摩奴法典》（The Institutes of Manu）中，好幾次提到絲綢這一來自『外國的禮物』；可以推測，某些貿易至少已經抵達更加遙遠的西方」[126]。雖然沒有給出這些「外國」的國名，但是有理由確認其中肯定有漢代中國。即使這些絲綢不是直接來自中國，它們最初也應該是賜給西域各貢納國的漢朝皇帝的禮物。這一有份量的證據至少使肖厄夫推測，這些資料中提到的絲綢是取道雅魯藏布江流域（Brahmaputra Valley），阿薩姆邦（Assam）和東孟加拉（Eastern Bengal）從中國傳入印度的[127]。而且，

---

123 Hudson, p. 77. Italics are mine.
124 Lattimore, *Inner Asian Frontiers of China*, p. 493.
125 姚寶猷，頁12和頁14；季羨林，頁142-145。
126 Schoff, *The Periplus of the Erythraean Sea*, p. 142.
127 *Ibid.*, p. 264.

印度人賣到羅馬的絲綢中可能也包括了部分這種「來自外國的禮物」，尤其是當我們考慮到普林尼所說的「更加晚近的時候，再次從印度或者遠在印度那邊的國家進口了絲綢」之時[128]。這顯然使人情不自禁地想到前一個例子中的「外國」至少與後一個例子中的「那邊的國家」有關。如此一來，「禮物理論」也在古印度的資料中得到了印證。它不僅適用於安息人─羅馬人的絲綢貿易，而且也適用於印度人─羅馬人的絲綢貿易。如同上文所示，「禮物」或者「資助」是中國貢納體系的核心內容。應該承認「禮物理論」是有其根據的，而且即便是漢代中國的非通貢貿易也是源自納貢的。

除了絲綢，據說漢代的鐵器也抵達了羅馬帝國。這類說法源自普林尼關於「在各種千差萬別的鐵器中，傑出的勳章應該獎給賽里絲國人製造的鐵器」的敘述[129]。赫爾斯[130]與玉爾[131]都贊成這個例子中的"Seres"也是指中國人。玉爾甚而推測，普林尼所說的鐵器「可能是精製的鑄造鐵器，否則不會在古人中如此知名」[132]。不過，另一方面，這一解釋也受到過質疑。《厄里特里亞海航行記》(The Periplus of the Erythraean Sea)並沒有說絲綢和鋼鐵進口物一起出現在相同的商業中心，這使得肖厄夫認為這個特例中的"Seres"更應該是指馬拉巴爾(Malabar)海岸的切雷斯(Cheras)[133]。儘管有這一

128　Schoff, *The Periplus of the Erythraean Sea*, p. 265也有引用和討論.

129　*Ibid*., p. 171.

130　Hirth, *China and the Roman Orient*, pp. 225-226, n. 2.

131　Yule, pp. 17-18, n. 3.

132　中國比古代世界上任何一個地方都更早發展起鑄造鐵器，現在這已成為既定的考古事實。見Kwang-chih Chang, *The Archaeology of Ancient China*, p. 197.

133　Schoff, "The Eastern Iron Trade of the Roman Empire," pp. 78, 14-15. 亦見Warmington, pp. 157-158, 257-258.

反對意見，但是像赫德遜[134]、塔納[135]，以及更晚近的宮崎市定[136]等學者們都仍然認為中國的鐵器傳入了羅馬，因為漢代中國存在著大量技藝嫻熟的冶鐵業。

　　儘管只是間接的，但相關的中文資料和新的考古發現都對這一問題有所澄清。歷史記載表明，在西漢王朝時期，冶鐵業是由中央政府壟斷的，而且，禁止鐵器輸出的苛嚴禁令得到了嚴格執行。因此，任何一件重要的鐵器都不可能被帶到西方國家，即使通過走私貿易也不行。但是在東漢時期，由於鐵壟斷的放鬆及其地方化，加上法律的鬆弛，的確有記載說精製的鐵器被偷偷帶出邊境而落入了胡族人尤其是鮮卑人手中。如此一來，無論多麼微乎其微，也不能完全排除在西元1、2世紀時中國的鐵器通過充當中介的中亞人被帶到更遠的西部之地的可能性。

　　考古學傾向於證實這一推測。從諾顏烏拉[137]和環貝加爾湖地區等地的許多遊牧民族的墓葬中都出土了漢朝時期的鐵器[138]。不過，如同俄羅斯考古學家魯金科所指出的那樣，由於匈奴不但能夠從中國得到鐵器，而且知道如何冶鐵和鑄造鐵器[139]，因此很難在這些發現物中把從中國進口的和本地出產的區分開來。江上波夫認

134　Hudson, p. 93.

135　Tarn, *The Greeks in Bactria and India*, p.364 and n. 4;以及氏著*Hellenistic Civilization*, p. 253 and n. 13.

136　宮崎市定，〈支那の鐵について〉，《史林》，特別是頁2-5。

137　比如見C. Trevor, *Excavations in Northern Mongolia*, p. 58；梅原末治，《蒙古ノイン・ウラ發見の遺物》，頁98-99。

138　H. Kuhn, "Zur Chronologie der Sino-Sibirischen Bronzen," *Ipek*, pp. 165-168.

139　S. I. Rudenko, *Kul'tura khunnov i noinulinskie kurgany*, p. 60；《世界考古學大系》卷9，頁70-71。

為，匈奴的鐵文化，尤其是他們對鐵兵器的使用，是大約西元前1世紀的最初25年間在漢代中國的直接影響下發展起來的[140]。這裡的所謂直接影響可能包括通過走私貿易而來的中國鐵工具輸入物和傳入匈奴的金屬鑄造技術。在中文資料裡的確有記載說，這類技術從中國傳播到了鄰近的胡族人那裡。例如，在將軍陳湯給成帝(前32-前7)的奏疏中，他提到烏孫人最近學會了許多關於製造鋒利兵器(可能是鐵製兵器)的漢朝技術[141]。

在另一個例子中我們被告知，漢朝的使者和投降的士兵教大宛人怎樣鑄造鐵器[142]。在西域國家之一的尼雅發現了年代為西元1世紀到3世紀之間的冶鐵工廠遺址[143]。應該注意到，更為有意思的是，在漢代中國的影響下開始發展起來的冶鐵業[144]到西晉時期(265-316)已經非常發達，以至所謂的「胡鐵」工具開始從那裡的一些國家往回進口到駐紮在邊境上的中國軍隊中[145]。有理由推斷，漢朝的鐵器肯定和鐵器鑄造技術一道被帶出中國邊境而到了中亞國家。以上對歷史證據和考古證據的考察使我們確信，在我們所討論的時代裡，亞洲腹地的胡族人的確有直接接近中國鐵器的機會。不過，就普林尼的敘述而言，由於它是在西元1世紀後半葉做出的，因此只有對於東漢時期的中國來說，它才是符合實際的。

---

140 江上波夫，《ユウラシア古代北方文化》，頁307-318。
141 《漢書》卷70。江上波夫錯把這些胡人當成了匈奴(p. 315)。
142 《漢書》卷96上。
143 《新中國的考古收穫》，頁89。
144 黃文弼，頁71-72。
145 Henri Maspero, *Les Documents chinois de la troisieme expedition de Sir Aurel Stein en Asie Centrale*, p. 68；羅振玉、王國維，《流沙墜簡·考釋》，2：44b。參見Lien-sheng Yang綜述文章中的有意思的討論，*HJAS,* 18, pp. 148-149.

　　最後，必須得簡要提及因考古發掘而在中國之外發現的其他類型的漢代器物。讓我們再次從諾顏烏拉的發現物開始。第一，一組無疑出產於漢朝的隨葬物是一些漆器[146]。第二，在青銅器物當中，考古學家們普遍認為有許多都是從漢代中國進口的[147]。但是，由於化學成分的相似性，不太可能對漢朝進口物和匈奴本地出產的器物做出明確的區分，當然，漢鏡是唯一的例外[148]。第三，對於各種玉飾品，普遍認為是來自漢代中國[149]，尤其是那些質量上乘的[150]。日本專家梅原末治甚至能夠確認——非常有說服力——諾顏烏拉唯一的玉人小雕像是中國的翁仲[151]。

　　應該注意到，漆器、青銅器和玉器這三類漢代產品一直在不斷地從西域的許多遺址中出土[152]。例如，1930年黃文弼在羅布淖爾地區發現了和在樂浪發現的漆器相似的漢代漆器[153]。漢代的銅鏡和玉器在中國之外也有著廣泛的考古分布，尤其是在亞洲北部[154]。根據現代考古發現，漢鏡和玉飾品逐漸被帶到西方各國所經過的線

---

146 梅原末治，《蒙古ノイン・ウラ發現の遺物》，頁28-34以及《古代北方系文物の研究》，頁1-14；Alfred Salmony, "The Small Finds of Noin-ula," *Parnassus*, pp. 18-19.

147 Rudenko, p. 62; Salmony, *Parnassus*, p. 18.

148 Rudenko, p. 62.

149 梅原末治，《蒙古ノイン・ウラ發現の遺物》，頁39-43；Salmony, "Die ersten Funde von Noin Ula," *Artibus Asiae*, p. 89.

150 Salmony, "The Small Finds of Noin-ula," p. 20.

151 梅原末治，《蒙古ノイン・ウラ發現の遺物》，頁39。亦見Rudenko, p. 115.

152 《世界考古學大系》，9:95-111。

153 黃文弼，頁97-99；以及陳直，《兩漢經濟史料論叢》，頁109。

154 見江上波夫，〈漢鏡考古分布圖〉，頁288。

路仍然在某種程度上有跡可尋[155]。如同漢代絲綢的例子一樣，這些器物中有一部分可能最初也是朝廷賜給遊牧民族的禮物。例如有人認為，18世紀初在西伯利亞(Siberia)西部發現的一面有銘文的西漢鏡，可能是皇帝賜給某位匈奴首領的禮物，這位匈奴首領可能是在西元前1世紀中期遷徙到西伯利亞西部的著名的郅支單于[156]。不過，幾乎毋庸置疑，它們中的大部分肯定是通過貿易而抵達西方的。應該看到，更加有意義的是，甚至可能早在漢朝時期就已經有了中國銅鏡和玉飾品的仿製品，這無疑意味著在中國邊境之外對這些商品有著強烈的市場需求[157]。

當然，反過來，漢代中國也通過納貢和貿易從西方國家獲得許多各式各樣的珍稀物品。為了方便起見，在本章中我沒有提及它們，不過在本書末尾對漢胡經濟交往方面的討論中會涉及到。

---

155 梅原末治，《古代北方系文物の研究》，頁40-68。
156 江上波夫，頁291。參見Lien-sheng Yang, "An Inscribed Han Mirror Discovered in Siberia," *TP*, pp. 330-340.
157 梅原末治，《古代北方系文物の研究》，頁54-56，64-65，67-68。

第七章
海上貿易

對於漢代中國的海上貿易我們所知甚少。不過，讓我們從解讀《漢書》中一段被頻繁引用和研究的文字開始吧，這段文字是關於西漢時期中國海上貿易最重要的記錄：

> 自日南障塞、徐聞、合浦船行可五月，有都元國；又船行可四月，有邑盧沒國；又船行可二十餘日，有諶離國；步行可十餘日，有夫甘都盧國。自夫甘都盧國船行可二月餘，有黃支國，民俗略與珠崖相類。其州廣大，戶口多，多異物，自武帝以來皆獻見。有譯長，屬黃門，與應募者俱入海市明珠、璧流離、奇石異物，齎黃金雜繒而往。所至國皆廩食為耦，蠻夷賈船，轉送致之。亦利交易，剽殺人。又苦逢風波溺死，不者數年來還。大珠至圍二寸以下。平帝元始中，王莽輔政，欲耀威德，厚遺黃支王，令遣使獻生犀牛。自黃支船行可八月，到皮宗；船行可二月，到日南、象林界云。黃支之南，有已程不國，漢之譯使自此還矣。[1]

1　《漢書》卷28下。關於這段話的討論，見Gungwu Wang, "The Nanhai

　　這段話涉及的許多問題還沒有令人滿意的解答。首先，很難確認這些地名。不過，在這裡對於我們的研究意圖來說，只要採納普遍認可的識別即可。根據日本的權威專家藤田豐八的說法[2]，都元可能是蘇門答臘島北岸的某個地方，邑盧沒是對緬甸南部薩爾曼(Salman)河口棃通(Thatung)附近的阿爾曼尼亞(Arramaniya)的音譯，諶離是緬甸布幹城(Pugan)附近的斯爾拉(Sillah)，夫甘都盧是伊洛瓦底江左岸今塔格翁格(Tagaung)附近的布幹(Pugan)古城布幹答拉(Pugandhara)，皮宗現稱普羅皮珊(Pulaw Pisan)，是馬來半島西南端的一個島嶼。藤田元春認為已程不是印度西南部的科爾特魯姆(Courtllum)或者克圖爾(Kitul)，但後來學者們對此作了修正，普遍認為是錫蘭(Ceylon)[3]。所有這些識別當中，最有爭議的是黃支。在弗蘭德(G. Ferrand)之前對此有許多錯誤的猜測，而藤田元春的結論認為黃支是坎西普拉(Kancipura)，現稱坎基維拉蒙(Conjeveram)，在印度東南部[4]。從那以後有各種對此再行討論的新嘗試[5]，但是藤田元春和弗蘭德的理論仍然得到專家們的普遍認

(續)————————

Trade, A Study of the Early History of Chinese Trade in the South China Sea," pp. 16-30以及Paul Wheatley, *The Golden Khersonese*, pp. 8-13.

2　藤田豐八，《東西交涉史の研究——南海篇》，頁95-135。

3　藤田元春，〈漢書地理志通黃支國考〉，《史林》，頁45-47；桑田六郎，〈南洋上代史學雜考〉，《大阪大學文學部紀要》，頁9；蘇繼廎，〈漢書地理志已程不國即錫蘭說〉，《南洋學報》，頁1-4；宮崎市定，《アジア史研究》，2:473。

4　G. Ferrand, "Le K'ouen-louen et les anciennes navigations interoceaniques dans les mers du sud," *Journal Asiatique*, pp. 45-46.參見桑原隲藏，〈隋唐時代西域人華化考〉，《武漢大學文哲季刊》，頁424。

5　比如見桑田六郎，頁910；譚彼岸〈漢代與南海黃支國的交通〉，《社會經濟研究》，2，頁111-143；蘇繼廎，〈黃支國究在南海何處〉，《南洋學報》，頁1-5。

可[6]。隨著對這些地名的嘗試性確認，可以看到，令人感到非常驚奇的是，在西元開始之前很早的時期，中國不僅已經和東南亞人建立了貿易關係，而且通過海路和印度人也建立了貿易關係。

應該注意到，在這段重要的文字當中，有兩點與漢代的對外貿易相關的地方很有意思。第一，海上貿易被置於黃門翻譯人員(譯長)的掌管之下，這似乎表明漢朝皇帝個人也對海上貿易產生了相當濃厚的興趣。應該注意到，黃門這一機構屬於少府[7]，而少府可以說是有別於帝國財政(國庫)的皇帝的金庫[8]。因此這一事例中，譯長的貿易之旅必定是代表皇帝進行的。雖然此例中的漢朝官員不一定是宦官，但是如同後來在唐(618-907)宋(960-1279)時代的做法一樣，在這裡我們已經看到了帝制時代的中國通常把海外貿易委託給內宮官員負責的傳統的開端[9]。第二，同樣值得注意的是，中國的貿易使團隨身攜帶了用於交換外國珍稀物品的黃金和絲綢，這肯定是關於漢朝絲綢輸出到南海的最早記錄。而且，它也提供了關於在中國和西方之間除了陸上絲綢之路以外，還存在著一條以印度為中介的海上絲綢之路的重要線索。漢代中國與印度和羅馬的絲綢

6　比如見藤田元春，頁43-44；馮承鈞，《中國南洋交通史》，頁2-3；季羨林，《中印文化關係史論稿》，頁167；章巽，《我國古代的海上交通》，頁14；以及岑仲勉，《隋唐史》，頁568。

7　《漢書》卷19上。

8　Lien-sheng Yang, *Studies in Chinese Institutional History*, p. 89.王賡武說黃門是受皇帝之命去為朝廷採購奢侈品的，這一說法是正確的，但是否可以確定本例中的黃門就是宦官，還頗有疑問(頁22-23)。Wheatley也認為黃門是「宦官機構」(p. 8, n. 3)。

9　馮承鈞，頁2；姚寶猷，《中國絲絹西傳史》，頁14-15。應該補充的是，在西漢時期，也是在少府屬下有一個稱為中黃門的機構，顏師古認為這一機構僅由宦官構成(《漢書》卷19上)。

貿易可能有相當一部分是通過海路進行的。《宋書》對此做了恰當
的概括：

> 若夫大秦、天竺，迥出西溟，二漢銜役，特艱斯路，而商
> 貨所資，或出交部，泛海陵波……山琛水寶，由茲自出，
> 通犀翠羽之珍，蛇珠火布之異，千名萬品……故舟舶繼
> 路，商使交屬。[10]

　　至於羅馬，很清楚所謂西元166年第一次來到漢廷的羅馬使者
和西元226年抵達中國南部的名叫秦論的羅馬商人，分別都是經日
南和交阯從海上航行而來的。另一條中文資料也說，在漢朝時期，
羅馬商人經常來到扶南(柬埔寨)[11]、日南和交阯[12]。而且在漢代中
國人的概念中，羅馬一直是個海上國家，有時稱之為海西國[13]。
《厄里特里亞海航行記》(*The Periplus of the Erythraean Sea*)也說
西元1世紀時羅馬商人在南海非常活躍，這表明存在著中國—羅馬
海上絲綢貿易的可能性[14]。考慮到所有這些事實，似乎有理由可靠
地下結論說，至少在東漢時期，如果中國與羅馬帝國之間有間接的
經濟交往的話，也是通過海路進行的。

　　如果我們贊同黃支就是坎西普拉(Kancipura)的認定，那麼早
在西漢時期，中國與羅馬之間除了前一章討論過的陸路之外，還存

10　《宋書》卷97：英譯節選自F. Hirth, *China and the Roman Orient*, p. 46.

11　關於扶南，見Paul Pelliot, "Le Fou-nan," *BEFEO*, pp. 248-303.

12　《梁書》卷54；Hirth, *China and the Roman Orient*, p. 47.

13　《後漢書》卷86、卷88。

14　見村川堅太郎，〈《エリコトラ海案内記》に見えたる紀元一世紀の南
　　海貿易〉，《東西交通史論》，1:101-155。

在著一條海路[15]。根據一位中國學者的看法，這條海路早期的使用情形在古印度資料中也得到了印證。在巴利語(Pali)文獻，即國王彌楞陀王(Menandros，前125-前95)和龍軍和尚(Nagasena)的對話錄《那先比丘經》(Milindapanha)中，實際上提到了一些關於印度貨船遠行至中國的事情[16]。從王莽時期到東漢初年的幾十年間，中國和西域的關係全面中斷，中國—印度的海上絲綢貿易可能因陸路貿易線的斷絕而變得更加繁榮。在這一時期，羅馬市場上的中國絲綢有所增加，可以肯定，這是因爲作爲中間人的印度人更加頻繁地使用海路的結果[17]。可以進一步推測，中西方之間海上絲綢貿易的發展也部分地是因爲雙方都渴望避開安息人的壟斷所導致的結果。無論如何都毋庸置疑，東漢時期中國—印度經濟交往經常採用海路。另一條可以用來支持這一總體看法的重要證據是印度使者對海路的使用。例如，西元159年和161年，印度使者兩次到漢廷來納貢；有記載說，他們兩次都是取道日南從海路前來的[18]。

　　在東漢時期，中國的海上貿易似乎取得了更多進展。在這方面，日南和交阯都起了非常重要的作用，它們充當了中國與各海洋國家之間交往的紐帶。我們剛才已經看到，印度與羅馬的使者和商人都是經日南或者交阯來到中國的。其他派遣使者取道日南前來中

15　參見馮承鈞，頁8。不過，勞榦認爲在和帝(89-105)之前，中國與羅馬之間只有陸路是暢通的；見〈漢代之陸運與水運〉，《中研院史語所集刊》16，頁89-90。勞氏的理論是建立在他自己對前引《漢書》的那段文字中各地名的解釋的基礎之上的，已經受到岑仲勉的有力駁斥，見《隋唐史》，頁575-577。

16　季羨林，頁167。

17　龔鈞，《文史雜誌》，2：56，頁24-25。

18　《後漢書》卷88。參見馮承鈞，頁8；Henry Yule, *Cathay and the Way Thither*, 1:66.

國的海洋國家包括著名的葉調國，可能是位於爪哇(Java)或者錫蘭(Ceylon)的一個國家[19]。

交阯作為海港在東漢時期的繁榮尤其值得注意。交阯尤以出產諸如珍珠、象牙、玳瑁、異香等奇珍異品而著稱，其無盡的財富也源自於此。這使得大多數交阯刺史難以保持個人的清正廉直。他們勒索榨取錢財，不僅是為了裝滿他們自己的腰包，而且也是為了要賄賂中央政府中有影響力的官員們。每當他們認為自己擁有的財富已經足夠的時候，就會請求調換到別的什麼崗位，可以推想他們這樣做是為了避免冒更大風險的緣故。這種勒索經常導致當地人的反抗[20]。嚴厲的處罰偶爾也會降臨到那些不知限制自己腐敗行為的官員頭上，例如，明帝統治時期(58-76)任交阯太守的張恢因收受賄賂而被處死；他的所有贓物相應地都被政府沒收，皇帝下令將其作為賞賜分發給朝中的高級官員。不過，一位官員出於道德的原因拒絕接受分給他的珍珠，因為它們是行賄之物[21]。這個故事也表明交阯的著名產品——珍珠肯定也是所有腐敗的交阯刺史非法索取的物品之一。交阯的珍珠貿易非常有利可圖，因此一位上奏者向章帝(76-89)建議，政府應該利用交阯的上計吏每年到京師上計的機會進行珍珠貿易以及其他珍奇物品貿易，以此作為國家財政獲取額外

19　有記載說西元131年，葉調國遣使到漢廷貢獻(《後漢書》卷6和卷86)。關於將其確定為爪哇(Java)或者錫蘭(Ceylon)的看法，見藤田豐八，頁653-694。

20　《後漢書》卷31。應該注意到，有意思的是，這一官員腐敗的傳統被很好地延續到晉朝時期(265-420)，當時的交州刺史和日南太守總是非法提取海洋國家進獻給朝廷的貢品的20%到30%(《晉書》卷97)。對東漢時期交阯太守的研究，見尾崎康，《史學》，頁139-166。

21　《後漢書》卷41；《東觀漢紀》，頁153-154；惠棟，《後漢書補注》，叢書集成本，4:437；姚之駰，《謝氏後漢書補逸》卷3。

收入的手段[22]。另一方面，也非常有意思的是，到東漢末年著名的士燮(136-226)任交阯太守時，交阯的街道上滿是胡人，很可能是胡族商人[23]。只有憑著當時交阯的商業背景才能將所有這些事實合理地綜合起來。我無法找到任何比海上貿易更好的解釋，能夠同時說明交阯的繁榮和外國人在那裡頻繁出現的原因[24]。

　　番禺(今廣州)是中國南部海岸最古老，也是最重要的港口城市[25]。西漢初年，番禺就已經成了繁榮的海上貿易中心。正如我們的大歷史學家所說，「番禺亦其一都會也，珠璣、犀、玳瑁、果(如龍眼、荔枝)、布之湊」[26]。班固進一步告訴我們，從中國內地去番禺從事這些物品貿易的商人幾乎都能夠在那裡致富[27]。在整個漢朝時期，如同在後來的時代一樣，番禺為那些從南海的海洋國家以及更西邊的國家前來中國的物品充當了入口港。來自這些國家的商品通常首先抵達番禺，然後分散到中國內陸各地。這樣的情形甚至也可以在某些外國植物引入中國的過程中看到。有記載說，大約在西元3世紀的時候，胡人從西方國家帶來了茉莉，並首先在廣東種植。與此同時，沿著海路前來中國的羅馬、印度或者安息的使者和商人通常也首先在番禺停留[28]。

22　《後漢書》卷43。

23　《三國志・吳書》卷4。參見勞榦，〈漢代之陸運與水運〉，頁90。

24　下述著作中也注意到了東漢時期交阯在海上貿易中的重要性，黎正甫，《郡縣時代之安南》，頁37-38；和田村實造，《東洋史研究》，頁33-34。

25　藤田豐八，頁643-652。

26　《史記》卷129。英譯見Nancy Lee Swann, *Food and Money in Ancient China*, p. 446.

27　《漢書》卷28下。

28　藤田豐八，頁649-652。關於茉莉傳入中國南部之事，亦見B. Laufer的批

　　番禺在漢代中國海上貿易中的重要性近來得到了考古學的印證。來自外國的珍奇物品包括玻璃、琥珀、瑪瑙等等，在廣州和長沙的許多漢墓中都有大量的發現。其中有一部分肯定是從南海輸入的[29]。由於長沙與廣州毗鄰，考古學家們認為，在那裡發現的大量玻璃製品以及各種珍珠寶石，與本章開頭所引用的重要段落的記載是相吻合的[30]。關於琥珀甚至更有意思。琥珀不僅在長沙有發現，而且在廣州[31]和廣西貴縣也有發現[32]。如同在第五章中已經討論過的那樣，關於漢代中國琥珀的供應，一個可能的來源地是雲南－緬甸交界區，另一個可能的來源地是波羅的海。兩個來源地皆為漢代中國人所知曉[33]。如果後者屬實的話，那麼它只能是通過海上貿易以番禺為入口港而來的。不過，必須要指出的是，在不同的地方發現的琥珀製品的質量也是不同的；因此，這兩種可能性決不是相互排斥的[34]。

　　在近來的考古發現中甚至可以看到海上奴隸貿易的痕跡。從廣州的漢墓中發現了少數陶製小人像(小陶俑)，男女陶俑都帶有典型的胡人特徵。他們跟死者埋葬在一起，顯然是充當後者的奴僕。考古學家們認為這一現象可能反映了當時貴族和豪強之家用外國奴隸充當家奴的時尚。而這些發現所在的地理位置是廣州，進一步表明

（續）─────────────────

　　　　判性意見，*Sino-Iranica*, pp. 329-330.

29　《新中國的考古收穫》，頁82。

30　中國科學院考古研究所，《長沙發掘報告》，頁166。

31　《文物參考資料》，1955:6，頁63。

32　《考古通訊》，1957:2，頁58。

33　章鴻釗，《石雅》，頁58-63。

34　中國科學院考古研究所，《長沙發掘報告》，頁166。

這些奴隸很有可能是從某些海外市場上買來的[35]。

廣東沿岸的另一個重要港口是合浦，尤以珍珠貿易而聞名[36]。不過，在西漢王朝時期，合浦還是個落後的邊境地區，犯罪官員的家屬經常被流放到那裡[37]，但即便在那時，合浦的珍珠貿易也已經是非常有利可圖的了。例如，在成帝統治時期(前32-前7)，王章在監禁中死去之後，他的妻子和孩子被送到了合浦。幾年之後，當政府允許他們返回家鄉的時候，他們已經通過從事珍珠業積累了一大筆財富[38]。東漢時期，合浦的珍珠貿易變得更加繁榮，這在很大程度上得益於循吏孟嘗的努力，他在西元2世紀中期出任合浦太守。其故事如下：

> 郡(指合浦郡)不產穀實，而海出珠寶，與交阯比境，常通商販，貿糴糧食。先時宰守並多貪穢，詭人采求，不知紀極，珠遂漸徙於交阯郡界。於是行旅不至，人物無資，貧者餓死於道。嘗到官，革易前敝，求民病利。曾未逾歲，去珠復還，百姓皆反其業，商貨流通，稱爲神明。[39]

35　黎金，〈廣州的兩漢墓葬〉，《文物》，1961:2，頁47-53。

36　見Edward H. Schafter的縝密研究, "The Pearl Fisheries of Ho-p'u," *JAOS*, pp. 155-168.

37　比如見《漢書》卷76和93。

38　《漢書》卷76。

39　《後漢書》卷86。英譯節選自Schafer, pp. 156-157。應該補充的是，三國時期合浦的珍珠貿易仍然保持著繁榮，那裡的人們還遵循著漢朝時期的古老做法，用珍珠從外面換取大米。不過這次吳國政府發現，壟斷珍珠貿易以增加國家財政收入是很有吸引力的。見《晉書》卷57；也參見陶元珍，《三國食貨志》，頁113。

　　實際上，這一奇蹟並沒有任何神奇的地方。所謂「珠徙」，是由於貪婪的官員們強行無節制地大量採集珍珠，使牡蠣的珍珠產量迅速下降所致。而「珠還」也很容易解釋，當對採集進行必要的限制之後，珍珠的產量就恢復到了它的正常狀況[40]。根據這段記載，我們不僅知道了合浦珍珠貿易的繁榮，而且也知道在合浦與交阯之間的貿易中存在著激烈的競爭。並且，合浦的商人經常到交阯去進口穀物，也表明這兩個地區之間通過海岸貿易有著密切的經濟往來。越南北部大量漢代五銖錢的發現，使交阯與中國之間的經濟聯繫得到了考古學上的證實[41]。

　　在這個時候指出中國向南方尤其是越南的擴張也更多地歸功於貿易，應該是恰當的。根據西元前2世紀的材料，早在秦始皇時期，始皇帝發動對百越的戰爭就是因爲「利越犀角象齒翡翠珠璣」[42]。看來很有可能這些越地的產品最初是通過貿易而爲中國人所知曉的。考古學傾向於表明，中國與越南部分地區之間的商業關係肯定是在西元前3世紀末或者西元前2世紀初建立起來的。例如，在越南清化漢代九眞郡遺址發現了秦代及漢初的中國器物，考古學家們認爲這些器物屬於淮河流域風格。鑑於直到大約兩個世紀後，才有爲數較多的永久性中國移民到達九眞地區，有人認爲這些淮式風格的器物應該是通過貿易帶到那裡去的。「可以設想最先進入這個國家，並和當地人雜居的中國人是旅行商人或者手工藝人……緊

40　Schafter, p. 157.
41　田村實造，頁35。
42　《淮南子》卷18。參見Leonard Aurousseau, "La première conquête chinoise des pays annamites (IIIe Siècle avant notre ère)," *BEFEO*, pp. 137-264；王賡武，頁8-15；呂士朋，〈北屬時期的越南〉，頁22。

隨這些商人們而來的，當是文職的或者軍事的官員，連同並不受歡迎的稅收人員，以及政治避難者。」[43]換句話說，如同在其他方向的擴張一樣，中國向越南的擴張也是以貿易爲先導的。

最後，還必須簡要提及中國東部海洋上的貿易。在東海上航行有著非常古老的起源，甚至可能會追溯到史前時代[44]。不過，自西元前4世紀以來，這一地區的沿海航行和遠洋航行才發展到了空前的程度。這與追求長生不老的道教的興起密切相關。由於相信東海某個地方存在著名的長生不老的仙人居所三神山，眾多燕、齊之王派遣信奉長生不老的方士前去尋找它們。在統一的秦漢帝國時期，皇室更是大規模地尋求東海中的「不死之藥」[45]。在秦始皇統治時期，著名的方士徐福帶著三千名童男童女以及五穀種子和各種手工藝人跟他一起去了海上。有記載說他可能在某個巨大的島嶼上自立爲王，從此再也沒有回到中國[46]。

無論如何，在漢朝時期，中國不僅和朝鮮建立了密切聯繫，而且也開始和日本及東海上的其他島嶼進行接觸。從山東半島到朝鮮的沿海航行非常普遍。例如，西元前109年，當朝鮮發生武裝叛亂的時候，一支由五千名士兵組成的中國軍隊奉命從山東經渤海灣抵

43　Olov R. T. Janse, *Archaeological Research in Indo-China*, vol. I, p.xvi.

44　章巽，頁1-2；Cheng Te-k'un, *Prehistoric China*, p. 127; Kwang-chih Chang, "Chinese Prehistory in Pacific Perspective: Some Hypotheses and Problems," *HJAS*, p. 134.

45　Ying-shi Yu, "Life and Immortality in the Mind of Han China," *HJAS*, p. 97. 編按，此文已收入余英時，《東漢生死觀》(台北：聯經出版公司，2008)。

46　《史記》卷118；Burton Watson, *Records of the Grand Historian of China*, 2:374-375.應該注意到，衛挺生在建立徐福最終定居日本的理論方面做了有力的嘗試，見氏著《日本神武天皇開國新考》和《徐福與日本》。

達那裡[47]。也有記載說，在這期間到朝鮮去的中國商人甚至達到了
敗壞當地社會風氣的程度[48]。我們有理由推斷，他們中的不少人肯
定是從海路去那裡的。當然，大量的中國物品，尤其是絲綢、五銖
錢、兵器、漆器、青銅鏡等等在北朝鮮的漢代樂浪郡遺址出土也就
毫不奇怪[49]。整個東漢時期，中國和朝鮮各國及各部族之間的貢納
關係在總體上得到了良好的維持。在將貢納體系擴張至這一地區的
過程中，遼東太守起了決定性的重要作用。例如，東漢初年貢納體
系在此完全建立幾乎應該全部歸功於祭肜一個人的勤懇工作，他在
頭兩個皇帝時期擔任遼東太守長達三十多年。他機智地利用武力和
禮物誘使東海的大部分胡族人，包括來自日本的部族到朝廷進貢。
如同我們被告知的那樣，在西元107年之前，中國與這些部族或者
國家之間的使者往來非常活躍[50]。不用說，隨著這些沿海航行的互
派使者的往來，肯定也帶來了大量貢納貿易和民間貿易。到東漢末
年，整個遼東地區包括北朝鮮的一部分，處在另一個重要太守公孫
度（死於西元204年）的控制之下。公孫家族連續三代統治遼東地區
長達近五十年的時間（189-237），直到魏國最終征服這一地區為
止。在這半個世紀裡，中國與遼東沿海地區之間的海上貿易獲得了
空前的發展。比如，一個例子說吳國派了一百多艘裝滿商品的船隻

---

47 《史記》卷115；Watson, 2:259.由於把年號元狩誤作元封，藤田豐八給出
   了西元前121年的錯誤年代(p. 634)。
48 《漢書》卷28下。
49 目前對這一問題的全面考察，見《世界考古學大系》，7:112-117。
50 《後漢書》卷20。關於漢朝時期中國——朝鮮關係的全面研究，見白鳥
   庫吉等，〈漢代の朝鮮〉，《滿洲歷史地理》，1:1-111；池內宏，〈樂
   浪郡考〉，《滿鮮地理歷史研究報告》，頁1-77；和田清，《東亞史研
   究(滿洲篇)》，頁1-21。

沿著遼東海岸進行貿易。那裡的老百姓和官員都對這種交換式的貿易表現出了極大的興趣[51]。另一個例子告訴我們，吳國政府派了大約七八千人沿著海路去和遼東建立商業關系[52]。的確，在這些貿易活動背後，吳國方面有著明顯的尋求與公孫家族聯合抗魏的政治動機[53]。另一方面，必須要強調的是，吳國本身也的確對海上貿易真正感興趣。應該注意到，在這兩個例子中，吳國都表現出了想從遼東獲得馬匹的急切願望。吳國與高句驪(Koguryo)之間甚至也建立起了直接的貢納關系和商業關系。西元223-234年間，高句驪向吳國進獻了1,000張貂皮和其他地方特產等貢品，作為回報，吳國朝廷派使者授予高句驪國王單于的封號，同時贈送衣服和其他珍稀物品等禮物。在返回的時候，吳國使者也從高句驪帶走了80匹馬[54]。這個事例進一步表明了吳國對海上馬匹貿易的興趣。

中國與更加遙遠的東部海上日本各部族之間的聯繫也逐漸建立起來。在西漢時期就有記載說，樂浪(朝鮮)海上一百多個倭人小國家定期向中國進貢[55]。學者們普遍認為所謂的倭人可能就是九州(Kyushu)北部的居民[56]。到東漢時期，中國與日本的關系繼續得到增進。《後漢書》中明確說，倭國分別在西元57年和107年運送貢品到漢廷。根據記載，在第一次朝貢時，光武帝還賜給倭王一枚官

51 《三國志·魏書》卷8所引《魏略》。
52 同上。
53 Lien-sheng Yang, *Studies in Chinese Institutional History*, pp. 130-131.
54 《三國志·吳書》卷2所引《吳書》。
55 《漢書》卷28下。不過，後來的資料表明，這一百個國家中只有三十多個前來向漢朝皇帝納貢效忠。《後漢書》卷85；《三國志·魏書》卷30。
56 木宮泰彥，《日支交通史》，第1卷，頁20。

印[57]。在西元3世紀初期，隨著中國東海海上貿易的迅速發展，魏國和日本之間也開始了密切的經濟、政治交往。在短短的十年之內（238-247），倭國使者四次來到中國，魏國兩次派使者進行回訪。在貢納交易中，中國的禮物包括黃金、絲綢、銅鏡等等，與日本的地方產品尤其是白色的珍珠相匹敵[58]。古老的中文文獻中關於漢朝時期中日往來的記載，看來也得到了日本考古發現的完全證實。青銅鏡和其他一些金屬製品包括漢代的鐵器在日本許多地方的考古發掘中不斷出土。甚至王莽時期鑄造的銅鏡也在九州北部的許多地方有所發現，這充分印證了中國與日本之間的海上貿易。不過，更有意義的是，1784年發現了漢代中國給倭奴國王的金印，完全證實了《後漢書》中的上述記載。以前對這枚印的可靠性有過一些質疑，不過，根據所發現的賜給滇王的一枚相似的漢印，現在看來完全有理由打消以前的疑慮[59]。

在總結本章之時，對於還沒有完全解決的中國東海上兩個大島嶼夷洲和澶洲的問題也應該說幾句。根據《後漢書》，徐福和幾千名童男童女最終定居在東方的夷洲或者澶洲。東漢時期，此島嶼上的人經常來到會稽這一浙江海岸的重要港口與中國人進行貿易[60]。後來在三國時期，吳國的統治者孫權得知了這一故事。西元230

57　《後漢書》卷85。參見賀昌群，〈古代中日文化交流史話二則〉，《中華文史論叢》，頁285-286。

58　《三國志‧魏書》卷30。參見陶元珍，頁87-88。

59　木宮泰彥，頁21-30；《世界考古學大系》，2:113-116；以及王仲殊〈說滇王之印與漢倭奴國王印〉，《考古》，頁573-575。對倭奴國王印最晚近的討論文章，見岡部長章收入《鈴木俊教授還曆紀念東洋史論叢》中的論文，頁117-145。

60　《後漢書》卷85。也見《史記》卷118所引《會稽志》。

年，吳國派遣了一支由一萬人組成的隊伍到海上去尋找這兩個地
方。他們沒有找到澶洲的具體位置，但確實找到了夷洲，而且把此
島上的好幾千人帶回了吳國[61]。儘管這兩個地方仍然還有待確認，
但是這個故事卻對我們的研究意圖非常有用，因為它表明中國的海
上貿易在東海的另一個方向也發展起來了。

61　《三國志・吳書》卷2。夷洲通常認為是現在的臺灣。最近有不同的看
　　法，見梁嘉彬，〈論《隋書》流求為臺灣說的虛構的過程及其影響——
　　兼論東吳夷洲為流求〉，《東海學報》，頁101-148。

第八章
結語：歷史視野中的貿易與擴張

前面我們已經在當時的制度語境內分析了漢代中國貿易與擴張的各個方面，以及它們在任何必要的時候和必要的地方所著重體現的政治意蘊。在本研究中，我們始終關注的是賦予漢胡經濟關係相關歷史事實以意義和統一性的基本結構，而不是歷史事實本身。現在，我們有必要在廣闊的歷史視野中對幾個主要的政治、經濟、文化意義問題提起討論，以為結語。

一、貢納體系內的政治利益和經濟利益

整個研究已經充分揭示出，作為對外關係領域中的支配性因素，貢納體系無處不在。除了走私貿易這個唯一的例外，幾乎所有類型的漢胡經濟關係都直接或者間接地受到這一體系的牽制。不但貢品和禮物的交換是其內部所固有的，而且漢胡之間的民間貿易也是其不可分割的一部分。如同在絲綢貿易的例子中所體現出來的那樣，甚至漢帝國邊境之外的胡族人之間的非通貢貿易也發現可能源自中國的通貢活動。因此，有必要通過對其理論基礎的討論重新考察漢朝貢納體系的真正特性。

在某種意義上，可以把貢納體系背後的政治原則理解成胡族人

對漢朝皇帝統治的承認。貢納體系的基本組成部分──貢品和禮物的交換，不過是用經濟方式對帝國政府與胡族人之間這種政治關係所做的儀式性表達而已。不過在這種理解之下，我們會發現把貢納體系簡單地解釋爲就是規範漢胡經濟關係的機制是不夠的。換句話說，貢納體系不僅僅在對外關係領域起作用，它是整個漢帝國體系中的一個重要方面，不僅與胡族人有關，而且也與中國人有關。如果我們牢記中國各郡的「方物」也被要求每年送給朝廷作爲中國人進獻的貢品的話，這一點就很清楚。另一方面，不時地把皇帝的禮物賞賜給中國的有功官員和模範臣民也同樣是很普通的做法。當然，這並不意味著在貢納體系下中國人和胡族人會受到同等對待。事實上，所謂「承認皇帝的統治」不僅涉及不同層面的「承認」，而且也涉及到不同類型的「統治」，它們通常是隨著從一個人群到另一個人群的變化而變化的。正是基於這種觀點，才有了中國人和蠻夷人的區分以及內蠻夷和外蠻夷的區分。貢納體系的最終目的，是想通過建立一種持久的使國家和人民之間能夠始終保持正常關係的帝國秩序，以實現政治穩定。因此貿易和擴張也必然要列入這個囊括一切的體系的總體範圍之內。

在這個體系中，我們也可以看到儒家由近及遠的擴張原則在起作用：離皇帝權力核心越近的特定族群越受注意。那麼，根據這個基本原則，看來就不難理解：爲什麼內蠻夷如匈奴、羌等要比外蠻夷如西域人等更受漢廷的直接關注；爲什麼同是匈奴人，會在損害北匈奴人的條件下友好而慷慨地對待南匈奴人；以及如同我們的研究所充分揭示的那樣，爲什麼從某種意義上說，陸路貿易在總體上比海上貿易發達得多。因此對於貿易和擴張來說，有著明顯政治特徵的漢代貢納體系既有其優勢也有其弱點。一方面，從長遠的觀點

看，這一體系似乎能夠使各胡族群體在歷史發展的每一個階段都保持一種相對平衡的狀態，從而完全吸收貿易和擴張的成果。另一方面，這一體系也不可避免地給貿易和擴張帶來限制，因為無論是充滿欲望的商人對財富的無止境求取，還是奉行擴張主義的皇帝或者將軍們對領土的無節制追求，如果無益於帝國的目的，都不能期望在這一體系下得到更多的鼓勵。不過，在任何一種情況下，這一體系都將其合理性展示到了非凡的程度。

前面已經指出過，在貢納體系下兩個層面上的漢胡經濟交往可以很容易地區分開來。在國家層面上，這種交往對中國始終是一種損失，而在個人層面上，它的確給各類單個的中國人帶來了好處。在早先的討論中，我已經清楚地說明，就其對國家財政的影響而言，貢納經濟交往對於漢代中國來說為什麼以及如何成為一筆債務而不是資產。學者們已經普遍注意到，在中國皇帝的禮物與胡族人的貢品之間的交換當中，前者的經濟價值總是大大超過後者[1]。但這只是整體情況中的一小部分。如同漢代中國的例子所揭示的那樣，我們不僅要考慮到征服戰爭中涉及的軍費開支，而且要考慮到在新征服地區維持皇帝統治所需要的行政及其他開支。對於貢納體系的建立來說，這兩者都是先決條件。另一方面，個人層面上的漢胡經濟交往需要進一步的詳細闡述。

讓我們引用《鹽鐵論》中一段非常有意義但卻經常被忽略的文字作為開始吧。在為政府鼓勵對外貿易的政策進行辯護時，大夫說：

---

[1] Owen Lattimore, *Manchuria, Cradle of Conflict*, p. 111; T. F. Tsiang, "China and European Expansion," *Politica*, pp. 3-4.

汝、漢之金,纖微之貢,所以誘外國而釣胡、羌之寶也。
夫中國一端之縵,得匈奴累金之物,而損敵國之用。是以
騾驢馲駝,銜尾入塞,驒騱騵馬,盡為我畜,鼲貂狐貉,
采旃文罽,充於內府,而璧玉珊瑚琉璃,咸為國之寶。是
則外國之物內流,而利不外泄也。異物內流則國用饒,利
不外泄則民用給也。[2]

這段文字對於我們的討論的重要性幾乎是不需要進行誇大的。
首先,它用純粹經濟的方式揭示了當時中國人的漢胡經濟交往概
念。按照這一概念,這種交往總是對中國有利,因為正是通過交換
貿易使中國獲得了大量胡族人的各種珍寶。其次,雖然這一爭論給
我們的印象是國家也從這種交往中得到了極大的好處,但是如同我
們後面將會看到的那樣,歸根到底卻是一些個別的中國人包括皇帝
才是真正的受益人。第三,這段文字對輸入漢代中國的各種外國物
品做了初步的描述,這將是討論當時對外貿易的性質的基礎。

讓我們從皇帝對擴張和貿易的個人興趣開始吧。如同我們已經
看到的那樣,秦始皇征服越南主要是因為他渴望得到當地的犀角、
象牙、珍珠等希罕之物。相當有意思的是,擴張主義者漢武帝統治
時期的歷史學家也做了類似的評述。司馬遷已經將漢武帝向西南方
的擴張,同枸醬在廣州的發現和竹杖在大夏的發現聯繫起來[3]。班
固進一步概略地對此做了如下闡述:「孝武之世……天下殷富,財

2　《鹽鐵論》,頁4;英譯見Esson Gale, *Discourses on Salt and Iron*, pp. 14-
　　15.

3　《史記》卷116;Burton Watson, *Records of the Grand Historian of China*,
　　2:296.

力有餘，士馬強盛。故能睹犀布、玳瑁則建珠崖(海南島)七郡，感枸醬、竹杖則開牂柯、越巂，聞天馬、葡陶則通大宛、安息。自是之後，明珠、文甲、通犀、翠羽之珍盈于後宮，蒲梢、龍文、魚目、汗血之馬充于黃門，巨象、獅子、猛犬、大雀之群食於外囿。殊方異物，四面而至。」[4]看來，漢朝皇帝的確對擴張以及將更多的胡族人納入貢納體系有著濃厚的經濟上的興趣。不過，關於皇帝的興趣，有兩點必須指出。第一，毫無疑問，上面提到的所有這些珍貴物品，主要都是奢侈品，而且極其昂貴，只有皇帝在他的私人生活中才能享用它們。在國家財政的層面上，它們一點兒也不能增加中國的財富；相反，如果說它們減少了中國的財富則是事實。在對大夫的上述對外貿易觀點進行駁斥時，文學提出了尖銳的批評，這也可以在《鹽鐵論》中看到：

> 今騾驢之用，不中牛馬之功，鼲貂旃罽，不益錦綈之實。美玉珊瑚出於崑山，珠璣犀象出於桂林，此距漢萬有餘里。計耕桑之功，資財之費，是一物而售百倍其價，一揖而中萬鍾之粟也。夫上好珍怪，則淫服下流，貴遠方之物，則貨財外充。是以王者不珍無用以節其民，不愛奇貨以富其國。[5]

　　最有意思的是，批評也是在純粹經濟的領域進行的，甚至更加實際地反對與胡族人進行貢納交換。很清楚，大夫所看重的胡族人

4　《漢書》卷96下。
5　《鹽鐵論》，頁5；Gale, pp. 15-16.

的「珍寶」實際上是奢侈品，在國家財政的層面上它們沒有為帝國財富增加任何實質性的東西，正如文學所說，這些奢侈品對於勤勉的統治者來說是無用之物。這也正是發生在三國時期吳王孫權身上的事情。西元221年，魏文帝派使者到吳國索要珍珠、象牙、犀角、玳瑁以及孔雀等珍貴物品；吳國朝中官員全都建議拒絕這一無理要求，但是孫權最終決定按照魏國的要求去做，用他自己的話來說，因為這些奢侈品「於我瓦石耳」[6]。又西元235年，魏國派使者帶著馬匹到南方去要求換取類似的奢侈品，孫權同意交換，並說：「此皆孤所不用，而可得馬，何苦而不聽其交易？」[7]孫權的這種態度似乎完全印證了文學的批評。

但是，也必須指出的是，皇帝對外國珍寶的興趣並不僅僅是因為他看重它們作為奢侈品本身的價值。這直接引出了我們的第二點，即作為胡族人貢品的珍稀之物對於皇帝來說也有榮譽性價值，貢品是臣服的象徵。因此，胡族人對中國皇帝統治的認可程度通常是根據皇帝所擁有的各種異國珍寶來判定的。這說明了為什麼在通常有著政治涵義的漢賦中[8]，會因為其擁有珍貴的貢物包括珠寶和禮物等而頌揚漢朝的統治[9]。甚至西元1世紀的批判哲學家王充也在好幾個場合讚歎地將漢朝比做周朝，因為前者擁有更加貴重的來

6　《三國志・吳書》卷2所引〈江表傳〉。

7　《三國志・吳書》卷2。

8　關於漢賦的政治性質，見Helmut Wilhelm, "The Scholar's Frustration: Notes on a Type of Fu," *Chinese Thought and Institutions*, pp. 310-319.

9　相關的例子很多。尤其見班固為漢代的兩個都城所做的〈兩京賦〉，載《全後漢文》卷24。應該進一步注意到，張衡的〈東京賦〉中也提到了這些貢物財富，但是作者張衡認為皇帝應該看重有價值的人民而不是珍稀動物，應該看重有價值的穀物而不是稀有的奢侈品。見《全後漢文》卷53。

自遙遠的胡族人的貢品[10]。難怪每次和帝(89-105)得到珍稀的進貢物品時，他都要命著名的女學者，即班固的妹妹班昭作一首賦來讚頌此事[11]。

皇帝對外國珍寶的這種濃厚興趣在漢朝上流社會中也產生了反響，官員和貴族們也仿效皇帝的例子開始搜求類似的異國奢侈品。在班固寫給他遠在西域的弟弟班超將軍的好幾封信中，我們得知，某位竇先生，可能是皇帝的姻親，從西域購買了各種奢侈品；其中一封信說，竇某曾經寄送80萬錢到那裡去購買了10多張地毯。另一封信是通知他的弟弟，竇某正在運載700匹雜彩(彩色的絲織物)和300匹白素(白色的絲綢)到西域，打算購買諸如月氏馬、蘇合香以及羊毛紡織品等奢侈品[12]。這兩個片斷不僅揭示了東漢時期的貴族對外國商品多麼感興趣，而且跟我們所討論的對外貿易有重要關係。至少可以證明兩點：第一，10多張地毯，價值80萬錢，表明進口的商品極其昂貴。第二，在漢胡貿易中，錢和絲綢兩者都被中國人用作交換媒介。第二封信中的例子也揭示出漢朝的絲綢被帶到中國邊境外的另一個重要渠道。

在第七章中我們已經看到，漢朝皇帝有時派使者帶著黃金和絲綢到國外去求取珍稀之物，這一做法為貴族們所效仿。例如，有記載說，西元2世紀時，大權在握的皇帝姻親梁冀曾派他的私人使者到許多國家去廣求稀世異物[13]。除了常規的貿易之外，當時的官員

10　劉盼遂，《論衡集解》，頁391、395-396。

11　《後漢書》卷84。

12　《全後漢文》卷25。不清楚究竟什麼是蘇合香。不過，F. Hirth曾經認定它是安息香料(*China and the Roman Orient*, pp. 263-266)。

13　《後漢書》卷34。

和有權勢的人也可以從胡族人贈送的禮物中獲取珍貴的外國物品。
例如，章帝統治時期，李恂出任西域副校尉的時候，胡族質子和商
人們就多次送給他奴婢、宛馬、金銀、香罽(各種異香和地毯)等禮
物[14]。儘管出於他的道德原則和正直品質，李恂拒絕接受任何禮
物，但是這個例子似乎表明，對於胡族人來說，贈送這些寶物給直
接控制他們的中國官員，肯定已經成了一種既定的習慣做法[15]。同
樣的習慣做法在腐敗的中國官員中間也很流行。靈帝時期(168-
188)，孟佗因贈送一瓶從西域進口的葡萄酒贏得了臭名昭著的大宦
官張讓的青睞，從而得到了出任涼州刺史的任命。補充一點，有意
思的是，這瓶葡萄酒也是孟佗從別人那裡得到的禮物[16]。這個故事
充分揭示了中國人對外國奢侈品的珍愛程度。

此時此刻，看來有必要通過嘗試對各種外國進口商品進行全面
分類，以進一步闡明漢代中國對外貿易的性質。已有人恰當地指
出，在秦漢帝國時代，長期的漢胡貿易主要局限於奢侈品的交換[17]，
與東羅馬、西域和海上國家之間的貿易尤其如此。對於這些奢侈
品，可以簡便地區分為兩大類：活的商品和其他物品。我所說的活
的商品，不僅指諸如大象、獅子、大鳥、寶馬和犀牛等充塞皇家動
物園及京師貴族園囿的珍稀動物[18]，而且也指人，包括奴隸和雜耍

14　《後漢書》卷51。

15　另一個例子也可以用來證明這一點。陳禪在安帝時期(107-125)被任命
　　為遼東太守，當時北匈奴在那一地區非常活躍。由於陳禪合理地對待這
　　些胡族人，他們非常感謝他，在移居到別的地方去之前，他們向他贈送
　　珍貴的物品。見《後漢書》卷81。

16　汪文台編，《七家後漢書》卷5；《後漢書》卷108以及注釋。

17　Owen Lattimore, *Inner Asian Frontiers of China*, pp. 174-175.

18　陳竺同，《兩漢和西域等地的經濟文化交流》，頁12-13。

藝人。在第七章中我們看到，考古學已經表明有外國奴隸輸入中國，很可能是通過海路來的。根據上面剛剛引述過的李恂的例子，我們進一步得知，奴隸包括男性和女性也從西域來到了中國。雖然從總體上說，漢代中國的外國奴隸數量似乎並不龐大，但是可以有把握地下結論說，他們的確作為商品到達了中國，而且在當時的豪富之家中還有著相當高的榮譽性價值[19]。由於缺乏足夠的證據，雜要藝人在當時是否也是類似於奴隸的商品還很難說。可以肯定的是，他們經常被胡族國家如安息（Parthia）[20]和撣國（Shan）[21]等當作貢品進獻給漢廷。不過，由於這些雜要藝人一直證明最初是來自犁軒或者大秦，可能是指東羅馬，那麼他們就有可能是從羅馬帝國的奴隸市場上買來的。否則就很難解釋為什麼羅馬的雜要藝人能夠被別的國家當作貢品來使用。各種各樣的雜要藝人不僅逗樂了漢朝皇帝，而且也給大都市的人們帶來了樂趣。根據西元1世紀對西京長安的描述，他們經常在巨大的廣場上進行雜技表演[22]。不清楚這些表演是否向大眾開放，至少貴族們肯定能夠和皇帝一起分享各種胡族技藝表演所帶來的歡樂。可能一些貴族之家也擁有他們自己的外國雜要藝人。

至於另一類外國奢侈品，在中文文獻中提到的品種就不計其數。不過，為了清晰起見，下面只討論少數幾種主要的代表性物

---

19 關於漢代中國的外國奴隸問題，也見 Martin Wilbur, *Slavery in China during the Former Han Dynasty*, pp. 95-96；翦伯贊，《歷史問題論叢》，頁158-160。

20 Hirth, *China and the Roman Orient*, pp. 35-36.

21 *Ibid.*, pp. 36-37.

22 《全後漢文》卷52；也可參見陳竺同，頁22-24，以及劉光義，〈秦漢時代的百技雜戲〉，《大陸雜誌》，頁24-26。

品。首先，讓我們從羅馬帝國著手吧。在中文文獻中，被視爲羅馬產品的物品清單通常長得驚人[23]。不過其中一些還有待進一步認定，而一些則是錯的[24]。一般說來，玻璃、羊毛和亞麻紡織品、珊瑚以及珍珠來自紅海，琥珀來自波羅的海，而各種寶石被認爲是羅馬商人從西方運到漢代中國的[25]。在這些據說是從羅馬進口的物品當中，只有兩種認爲是或多或少得到考古學證實的：玻璃和琥珀。琥珀的問題先前已經涉及過，無須在此重複。有報導說，可能是源自羅馬的玻璃製品不僅在中國時有發現，而且在朝鮮和中亞也時有發現[26]。在河南發現的玻璃碎片使學者們相信羅馬的玻璃在當時的確到達了中國[27]。更晚近的時候，從長沙的漢墓中發掘出一些玻璃製品。考古學家們注意到，至西漢末期，不僅玻璃製品的數量有極大增加，而且質量也有相當大的提高，並且懷疑這種現象可能與當時海上貿易的繁榮有關[28]。如果事實的確如此，那麼它們中的一部分來自羅馬帝國的可能性當然就不能被忽視。

從中亞和西域進口的物品主要由兩大類構成：可口的美味如葡萄乾和葡萄酒等，以及大量奢侈品，其中毛皮和羊毛紡織品占有特別重要的地位。它們是作爲貢品或者貿易的商品從各民族和各地方包括匈奴、烏孫、安息和印度等來到中國的[29]。當時的玉也必須提

23　比如見Hirth, *China and the Roman Orient*, pp. 41-42,73-74.

24　齊思和，《中國和拜占庭帝國的關係》，頁25-32。

25　G. F. Hudson, *Europe and China*, pp. 96-98.

26　Mortimer Wheeler, *Rome Beyond the Imperial Frontiers*, p. 175.

27　C. G. Seligman, "The Roman Orient and the Far East," pp. 556-557.

28　中國科學院考古研究所，《長沙發掘報告》，頁127-128,129,166。

29　陳竺同，頁7-9。

及，除了裝飾性價值外，玉還有重要的宗教意義[30]。雖然漢代中國也出產自己的玉，但是來自西域的玉尤其受到中國人的珍視[31]。在于闐附近的尼雅發現的寫在木牘上的許多當時的信函表明，對於西域的中國居民來說，在那裡買一些玉寄送回家作爲給親戚朋友的禮物是非常普遍的做法[32]。考古發掘進一步顯示，于闐玉被大量輸入漢代中國[33]。正如斯坦因正確指出的那樣，著名的玉門關就是「因珍貴的于闐玉而得了這一有意義的名稱，從古至今于闐玉都是從塔里木盆地輸出到中國的重要貿易物品」[34]。

　　來自各海洋國家的是珍貴的海產品，主要是珍珠和玳瑁。作爲個人裝飾品，珍珠在貴族和富裕的平民中尤其流行。珍珠流行的原因不難尋求。首先，珍珠在質量方面有著非常廣泛的差異[35]。因此，即便是中等收入的家庭也買得起一些質量稍次的珍珠。其次，與當時的其他奢侈品相比，珍珠的供應源地更爲恆定而少有枯竭。儘管當時的人們普遍看重來自遠方如中亞和東羅馬的珍珠，但是它

30　參見Berthold Laufer的綜合性研究，Jade, *A Study in Chinese Archaeology and Religion*,特別是pp. 296-297關於漢朝時期玉的宗教涵義的討論。也可參見松田壽男所寫的一篇關於中國古代包括漢代的玉和珍珠的有趣文章，〈禺氏の玉の江漢の珠〉，《東西交涉史論》上卷，頁157-186。

31　姚寶猷，《中國絲絹西傳史》，頁12-13。

32　羅振玉、王國維，《流沙墜簡‧考釋》3:5a-6a。

33　Aurel Stein, *Ancient Khotan: Detailed Report of Archaeological Explorations in Chinese Turkestan*, 1:132-133；以及他所著的 *Sand-Buried Ruins of Khotan*, p. 252.

34　Stein, *On Ancient Central Asian Tracks*, p. 166.

35　例如，在晉朝時期，合浦的珍珠被分成三個不同的等級，並徵收不同的稅額(《晉書》卷57)。對於漢代的珍珠來說，這種質量上的差異肯定也是如此。

們的主要來源地肯定還是附近的南海地區[36]。

在漢代中國與遠方胡族人之間的經濟交往主要局限於奢侈品的同時，其與鄰近胡族人的經濟交往則是在日用品的基礎上進行的。匈奴、羌、鮮卑和烏桓人定期到邊境上的各種「胡市」上與中國人進行貿易，這可以視為當時漢胡貿易中日用品交換的最好證據。如同我們在第五章中所看到的那樣，姑臧城(在今甘肅)的「胡市」每天要結集四次——實際上這充分說明了雙方對日用品交換的需求。正是在這種類型的漢胡貿易中，即便是貧窮的中國人也享有屬於他們自己的份額。由於缺乏記載，現在不可能精確地知道在這種市場上可以得到一些什麼樣的胡族人的貨物。根據前面對邊境貿易的討論，我們所能夠判斷的是，諸如牛、馬、羊、騾和驢等活的商品是中國人能夠從胡族鄰居那裡獲得的主要商品。中國絲綢與胡族馬匹的交換貿易尤其值得引起我們的注意。可能正是這種交易類型一直在國家層面和個人層面上進行著，從而不僅成為漢代，而且也是其後的朝代至少一直到宋朝時期漢胡經濟交往的主要特點。應該補充的是，中國人和北方遊牧民族之間其他商品的交易只能被視為這種貿易的補充[37]。關於騾和驢，前引文學的批評說它們沒什麼用，但這一批評證明是不太公正的。事實上，如同第二章末尾所揭示的那樣，隨著時間的流逝，驢成了中國人最喜愛的牲畜，尤其是在東漢王朝時期。而且，它們被平民百姓廣泛地派上了各種用場[38]。

根據上面的簡要分析，很明顯，作為個體的形形色色的所有中

36　參見E. Schafer, "The Pearl Fisheries of Ho-p'u," p. 158.

37　松田壽男，〈絹馬交易に關する史料〉，《内陸アヅア史論集》，頁1-14。也可參見魯金科，《考古學報》2:43。

38　《後漢書》志第13〈五行〉一。

國人，上自皇帝下至平民百姓，都對貢納體系下的漢胡經濟交往產生了他們各自的興趣。無法知曉的是，所有這些個人從這種交往中所獲得的總量是否能夠抵消建立和維持整個體系所帶來的國家財政虧損。不過這是題外話。可以這麼說重要的是這兩者不屬於同一類型或者同一層面。無論如何，個人所得在任何直接的意義上都不能彌補國家的虧損。而且，國家總是傾向於將個人對胡族人財富的追求保持在一定的限度之內。我們已經看到，即便是皇帝，如果他過分沈湎於對外國珍寶的獲取也不能免遭批評。中國人和胡族人之間正常的交換貿易是由國家嚴格管理的事務；而且無須贅言，邊境上個別官員或者地方豪強強加給胡族人的經濟剝削，儘管在當時不太普遍，也是受到國家嚴厲禁止的。有時國家甚至在損害個人所得的條件下參與對外貿易；例如，在三國時期，吳國壟斷了合浦的珍珠貿易[39]，而魏國也壟斷了某種稱為「胡粉」的外國商品的銷售[40]。在這裡，我們清楚地看到了國家利益和個人利益之間的衝突。儘管儒家學說通常反對國家與民爭利，然而在實踐中，這一儒家原則並不是總能得到奉行。的確也有官員推進民間貿易發展的例子，如孟嘗對合浦珍珠業的貢獻[41]。不過，在這樣做的時候，他們認為自己正在推進的不是個人所得，而是可以被部分地視為國家利益的全體人民的利益。

39　《晉書》卷57。
40　《全三國文》卷32。根據東漢時期的字典《釋名》，36a，「胡粉」是用於臉部化妝的。也可參見W. Eberhard, *Localkulturen im alten China*, pp. 219-221.
41　我們可以引用另一個例子。在靈帝統治時期(168-188)，周憬出任桂陽太守，他為推進當地的海上貿易做了許多努力。見《全後漢文》卷103。

下面這個有意思的例子進一步闡明我們目前的討論：魏太和年間(227-233)，倉慈出任敦煌太守。以前，無論什麼時候西域的胡商到中國來貿易，在與有權勢的當地中國人的交易中，他們總是受到欺騙和壓迫。正是倉慈最終扭轉了這一局面，他用地方政府所擁有的物品去和胡商進行交易，同時把全面的保護擴展到他們身上[42]。在這個例子中，倉慈並不一定是愛胡族人甚過愛他自己的國人同胞。更確切地說，他是總把國家利益置於個人利益之上的勤政廉潔的中國官員的典型代表。

二、漢化、胡化和商業化——貿易與擴張的歷史後果

眾所周知，僅僅在漢帝國分裂大約一個世紀之後，即西元4世紀初，胡族人起義就在中國大肆爆發了，史稱「五胡亂華」[43]。甚至在西元3世紀末，中華帝國的許多地方就爆發了零星的胡人起義。由於當時甫歸統一的西晉王朝仍然有足夠強大的軍事力量，所有這些起義都被一一鎮壓下去了[44]。當時的人們普遍認為是(曹)魏國把過多的胡族人納入了中國的版圖之內[45]。但是，如同我們的研究所表明的那樣，晉朝胡人之患的禍根在漢朝尤其是東漢時期就深

42 《三國志‧魏書》卷16。

43 這五個胡族是匈奴、鮮卑、羌、氐和羯。全面的考察見W. Eberhard, *Kultur und Siedlung der Rand völker Chinas*, pp. 35-87和王伊同，〈五胡通考〉，《中國文化研究彙刊》，頁57-59。關於這些胡人起義性質的卓越而詳細的研究，見唐長孺在《魏晉南北朝史論稿》中所寫的文章，頁142-145。

44 唐長孺，《魏晉南北朝史論稿》，頁142-145。

45 見呂思勉，《兩晉南北朝史》，1:25-27所收集的各種奏章。

深地種下了。漢朝時期臣服或者歸降的胡族人總體上可以區分爲外部胡人和內部胡人，後者一直居住在帝國之內。部分地以相信中華文明有著非凡同化力爲基礎的漢朝政策就是要一步一步地把歸降的胡族人容納進中華帝國的體系之中，並最終把他們轉化成文明的中國臣民。在西漢早期，我們已經看到一些羌人就這樣被帶入帝國之內並和漢人雜居在一起。在東漢政府的包容性政策之下，我們發現中國邊境之內的胡族人越來越多。在西元2世紀和3世紀的發展過程當中，歸降胡人以急劇加快的速度被納入中國地方政府的直接控制之下，並剝奪了胡人部族首領統治其人民的所有權力，只留下一個空頭銜[46]。根據西元3世紀晚期的一份估算，僅在關中（陝西）地區，一百多萬人口中就有一半是胡人[47]。如此眾多的胡人被納入帝國之內，立刻使得崇高的儒家同化理論面臨著嚴峻的考驗。隨後的歷史證明，胡人漢化的過程不是一帆風順的，而是一個極其艱難和痛苦的過程。消化所有這些胡人因素使中國花費了好幾個世紀的時間，而且，在完成教化內部胡人的歷史任務的過程中，從西元3世紀到6世紀整個分裂時期，中國在政治、經濟、文化的發展方面也遭受了無數的挫折。

之所以造成這種局面，與其說是因爲包容性政策本身不完善，不如說是因爲這一政策在地方官員和豪強勢力手中沒有得到切實的執行。早在西元1世紀初就有人報告漢廷說，個別中國人的過度剝削是導致內部胡人反叛的根本原因。隨著帝國內部胡人的增加，這種剝削的強度和規模也在加大。我們已經看到，至少在西元3世紀

46　參見唐長孺，《魏晉南北朝史論稿》，頁134-138。
47　《晉書》卷56。

早期，許多歸降的胡人就在中國政府的鼓勵之下開始發展他們自己
的定居農業生活。在許多例子當中，他們像普通的中國臣民一樣，
被要求向中國政府交納或多或少的土地稅。但是另一方面，許多胡
人個體也被迫作爲農奴爲中國地主勞作，西晉王朝時期(265-316)
的情況尤其如此。例如，在太原地區(今山西)好幾千名歸降的匈奴
人被中國豪強家族雇傭爲佃農[48]。西元3世紀初著名的胡人首領石
勒在年輕的時候就和他的許多族人同胞一起被賣到山東爲奴；鑑於
石勒後來爲他的中國主人在田間幹活，我們可以推測，這些胡人即
使不是全部，也肯定是大部分變成了農業奴隸[49]。這兩個例子不僅
表明了歸降胡人受中國人剝削的程度，而且也說明了那時他們已經
從遊牧民轉變成農民的事實[50]。

　　僅僅是奴役可能還不會使內部胡人變得危險。造成胡人起義威
脅的直接誘因是，在奴役他們的同時，中國政府也在「以夷伐夷」
的總體政策之下依靠大部分胡人充當邊境防禦或者征討外部胡人的
軍事力量。尤其是在三國時期，魏、蜀、吳全都致力於通過引入更
多的胡人到軍隊中來以加強軍事力量。這一事實可能也說明了西元
3世紀中國的胡人迅速增加的原因[51]。隨著內部胡人一方面受到奴
役而另一方面又被武裝起來，胡人起義就是意料中的事了。一些熟
悉胡人事務的中國官員在比較早的時候就已經敏銳地意識到了這種
危險性。比如說，在大約西元250年左右，著名的將軍鄧艾就向魏

48　《晉書》卷93。
49　《晉書》卷104。參見Yi-t'ung Wang, "Slaves and Other Comparable Social
　　Groups During the Northern Dynasties(386-618)," *HJAS*, p. 320.
50　參見唐長孺，《魏晉南北朝史論稿》，頁150-151。
51　參見唐長孺，《魏晉南北朝史論稿》，頁128-132。

國朝廷建議，應該把與中國人雜居在一起的各胡族人逐步遷出中國[52]。大約半個世紀之後，江統寫了一篇著名的文章，進一步闡述了將所有內部胡人轉移到中國邊境之外的主張[53]。顯然，西元4世紀胡人起義的根源可以追溯到漢朝時期歸降胡人所受的待遇上。

應該注意到，非常有意思的是，中華帝國在西元4世紀早期胡人起義中解體與西方的羅馬帝國在西元5世紀哥特人（Gothic）的入侵中衰落有著驚人的相似之處[54]。如果我們再稍微深入一點考察此事的話，我們甚至會發現更有意思的細節上的相似性。如果說羅馬帝國也有蠻族人政策的話，似乎也是出於最終同化他們的想法而將日耳曼人（Germans）吸收進邊境省份[55]。就像漢朝的「屬國」一樣，羅馬也允許這些內部的蠻族人自己組織成獨立的單元，稱為聯邦。如同一位歷史學家所簡明指出的那樣，「在聯邦的名義下，他們保留自己的首領、習俗和語言；他們不受帝國法律的約束」[56]。就像漢代中國的內部胡人一樣，聯邦也要戍守羅馬邊境，從內部防範其他蠻族人乃至他們自己的親屬的侵襲，作為回報，羅馬會支付工錢或者給予土地[57]。幾乎不用說，這些蠻族人，尤其是日耳曼人也滲透進了羅馬軍隊中。在西元2世紀和3世紀早期，這些外國援軍就已經從居住在邊境之外的蠻族人中被招募進來了。後來甚至羅馬

52　《三國志・魏書》卷28。

53　《晉書》卷56。

54　例如，Arthur Waley就把西元317年洛陽落入胡人之手比作西元410年羅馬所遭受的哥特人襲擊。見他的文章 "The Fall of Lo-yang," *History Today*, pp. 7-10.

55　Harold Mattingly, *Roman Imperial Civilization*, p. 114.

56　Ferdinand Lot, *The End of the Ancient World and the Beginnings of the Middle Ages*, p. 196.

57　H. St. L. B. Moss, *The Birth of the Middle Ages, 395-814*; pp. 17-18.

軍團也不得不依靠這些蠻族人提供兵源。在西元4世紀中期，士兵（miles）就變成了蠻族人（barbarus）的同義詞[58]。爲了爭取讓蠻族人服兵役，羅馬人也給遊牧民族提供機會讓他們作爲自耕農到帝國之內定居。這些蠻族定居者在比利時（Belgic）省被稱爲laeti，在義大利（Italy）和高盧（Gaul）被稱爲gentiles，必須要指出的是，他們並不是自由人（laeti是日爾曼語詞彙，意指半自由的）。他們受到世襲兵役制度的束縛，就是說，他們的孩子要像父母一樣服役。不過，另一方面，他們擁有對laeti土地的世襲使用權[59]。這一政策尤其使我們想到，東漢初年鼓勵內部胡人發展定居農業生活，以便在常規基礎上向中國政府提供兵役和勞役的總趨向。如同前面剛剛揭示過的那樣，在西晉王朝時期，數千胡人也作爲農奴受到奴役，其中許多胡人農奴甚至被中國政府賣給了漢族地主[60]。不足爲怪，羅馬帝國中如此驚人相似的發展也會導致相似的後果。如同中華帝國的情形一樣，用伯里的話來說，羅馬帝國「之所以被瓦解，不僅或者主要是因爲受到公開的敵人從外部的襲擊，而且也是因爲那些被允許作爲聯邦和臣民進入國門的蠻族人的自作主張」[61]。

在羅馬歷史上，既有蠻族人羅馬化的問題，也有羅馬人蠻族化的問題，兩者都具有重要的歷史意義。在中國歷史上也可以看到相似的問題：胡人的中國化和中國人的胡化。儘管直到西元4世紀之後，它們才成爲尖銳的問題，尤其是在中國北方，但它們的起源則

58　Lot, p. 232; Moss, p. 21.

59　J.B.Bury, *History of the Later Roman Empire from the Death of Theodosius to the Death of Justinian*, 1:40, 98-99; Lot, p. 106.

60　唐長孺，《魏晉南北朝史論稿》，頁150-152。

61　Bury, 1:97-98.

至少可以追溯到漢朝時期。

　　讓我們首先看看胡人的中國化。在漢代中國的政治、經濟和文化影響下，外部胡人和內部胡人都邁向中國化。在外部胡人當中，我們可以引用西域的兩個貢納小國為例。西元前65年，龜茲王和他的妻子——早年曾在長安學習過中國音樂的烏孫公主，一起到漢廷朝貢。這對王室夫婦受到很好的接待，並賜給他們大量皇帝的禮物，包括封號、各種精美的絲綢以及其他珍貴物品。他們在中國留居了大約一年。由於他們兩人都徹底中國化了，而且非常喜歡漢朝的衣服和制度，所以返回家鄉之後，他們也模仿漢朝皇帝的生活方式來生活。不過，應該注意到，有意思的是，他們的模仿立即遭到許多鄰近的其他胡人的嘲笑，都說「驢非驢，馬非馬，若龜茲王，所謂騾也」[62]。另一個中國化的例子可以在莎車國找到。在王莽統治時期，莎車是少數幾個拒絕接受篡位者統治的西域國家之一。如同我們被告知的那樣，這是因為莎車國王曾作為質子在漢朝都城度過了他早年的時光，從此以後他就成了一個非常崇拜中國文明的人。他甚至在自己的國家採用了一些漢朝的政治、法律制度，而且一直教導他的兒子們要保持對漢家的忠誠[63]。他蔑視王莽權威的理由即是出於對劉姓皇室的忠誠，這可能更多的是表面上的而不是實際的理由*。儘管如此，也很難否認，至少這位國王知道如何用中

62　《漢書》96應該注意到，這一著名的嘲笑後來進入了漢語中，現今仍然用「非驢非馬」一詞來指各種不成功的或者不成熟的模仿。

63　《後漢書》卷88

　　*譯按，根據《後漢書‧西域傳》的記述，王莽時期匈奴乘機重新控制西域，莎車「不肯附屬」的主體當是匈奴，恐與王莽新朝無關。余先生所言「蔑視王莽權威」，依據或是莎車王延「常敕諸子，當世奉漢家，不可負也」，但在漢廷與匈奴爭奪西域控制權時，西域諸國所謂的「漢

國化的方式來使自己的行為合理化。這個例子也告訴我們，長期留居中國肯定使各貢納國家的許多質子被中國化了，從而在相當大的程度上有助於把中國文明擴展到漢朝的邊境之外[64]。

漢代中國之外的匈奴人的中國化也需要作些進一步的評述。首先，匈奴在中國的影響下發展了農業。1949年和1950年，俄羅斯考古學家對伏爾加河下游和色楞加河交匯處的哥諾底斯克（Gorodisce）的系統發掘中，連同其他匈奴遺物出土了小米和犁鏵頭，其時代可以確定為漢朝初年。考古學家認為匈奴人自己也發展農業，並利用戰爭中的中國俘虜為他們耕種土地[65]。從蒙古諾顏烏拉的匈奴墓葬中也出土了小米種子[66]。這些發現看來與中文文獻中關於至少在西元前1世紀初匈奴人就已經種植各種小米的記載非常吻合[67]。儘管有考古學上的證據，但必須指出的是，在匈奴的經濟生活中農業的作用可能並不十分重要。正如魯金科所說，「在任何情況下，對小米的需求都大大超過種植它們的可能性，匈奴主要從中國獲得小米，還有大米」[68]。

根據考古發現可以推斷，匈奴物質文化的所有基本方面都在或大或小的程度上被中國化了。例如，他們穿戴中國的絲綢，用骨製的筷子吃中國的大米，住在中國式的半泥土棚屋裡，還有仿製中國的馬車。如此一來，在日常生活的四個主要方面即衣服、飲食、居

（續）

　　家」可以在胡─漢之分的意義上理解，而不一定專指劉漢，排拒新莽。

64　參見伊瀨仙太郎，《西域經營史の研究》，頁59。

65　Karl Jettmar, "Hunnen und Hiung-nu-ein archäologisches Problem," *Archiv für Völkerkunde*, pp. 170-171.

66　S. I. Rudenko, *Kul'tura khunnov i noinulinskie kurgany*, p. 28.

67　《漢書》卷94及顏師古的注解。

68　Rudenko, p. 29.

所和交通(用漢語則可集中表述爲衣食住行)，匈奴人都深深地感受
到了中國的影響。魯金科甚至認爲，匈奴仿照漢朝的模式對人口和
家畜進行普查登記以便徵收賦稅[69]。

　　內部胡人中國化的水平更高。可以說他們的中國化是一種同化
而不是模仿[70]。如前所述，在政治方面，歸降的胡人尤其是自東漢
時期以來，要麼被置於中國政府的監視之下，要麼是受到中國政府
的直接控制，而在經濟方面，他們也向著農業化邁進。這樣一來，
他們的生活方式也就日益變得中國化了。不過，他們的中國化也體
現在其他許多方面。例如，就像羅馬帝國時期蠻族人姓名的拉丁化
一樣，從漢朝時期開始，歸降的胡人普遍採用中文名字，現在只有
通過仔細的研究才能辨別出他們的胡人起源[71]。

　　西元4世紀初匈奴叛亂的重要首領劉淵及其兒子的例子，可以
充分證明內部胡人所面臨的中國文化的影響程度。首先，採用漢朝
皇帝的姓作爲他們自己的姓，就足以證明他們對中國化的傾向性。
而且，使用這個姓並不是從劉淵開始的，而是早在漢朝時期就由他

69　*Ibid.*, p. 114.關於中國式的建築物，應該注意到，數十年之前，俄羅斯考
　　古學家在Abakan Minussinsk地區發現了一幢中國式住房。根據典型的漢
　　代瓦當上的漢字銘文，我們所能判定的是這幢房子修建於西漢末年。俄
　　羅斯考古學家認爲它是西元前99年投降匈奴的著名將軍李陵的住所
　　(Jettmar, 前引書，p. 170)。近來一位中國考古學家認爲，這幢有爭議的
　　房子很可能是王嬙(昭君)的長女所使用的居所，王嬙是中國歷史上最有
　　名的女性之一，她於西元前33年以漢室公主的身分嫁給了呼韓邪單于。
　　見周連寬，〈蘇聯南西伯利亞所發現的中國式宮殿遺址〉，《考古學
　　報》，頁55-56。也可參見Tsunoda Bunei在*Kodaigaku*, 6:1(April, 1957),
　　pp. 87-95中對這一問題所做的長長的註解。

70　見黃烈最近的討論〈五胡漢化與五胡政權的開始〉，《歷史研究》，頁
　　131-142。

71　見姚薇元的精彩研究《北朝胡姓考》。

的先祖所選定。第二，根據他的例子，我們也可以得知，至少在西元3世紀，匈奴貴族肯定就已經接受了很多中國教育。年輕的時候，劉淵就喜歡在著名的儒學大師的指導下學習中國的經典和歷史。魏末晉初他作為質子居住在洛陽期間，也在中國官員和學者中結交了不少朋友[72]。他的兩個兒子劉和與劉聰，都被描述成是同樣通曉中國經史的人，而後者甚至還是優秀的書法家和詩人[73]。進一步考察那些幫助劉淵建立了中國歷史上第一個胡族王朝的匈奴首領們的傳記資料會發現，他們幾乎全部都有著良好的儒學教育背景[74]。這一事實說明了為什麼匈奴在叛亂之初自稱要繼續漢朝皇帝的統治，並以漢為國號[75]。

其他的胡人如羌、鮮卑和氏，自他們在漢朝時期被納入中國以來，也經歷了一個類似的中國化過程[76]。非常具有諷刺意味的是，一方面正是漢朝包容胡人的政策導致了西元4世紀初普遍的胡人起義，以及其後三個世紀中國北方的不斷胡化，而另一方面也正是由於同樣的政策逐步導致了所有內部胡人的中國化，直到他們最終在重新統一的隋唐帝國時期被淹沒在中國人之中而無法辨別為止。

密切的漢胡交往，特別是經濟交往也在某種程度上影響了當時中國人的生活方式，為了簡便起見，這裡將其稱為「胡化」。從歷史的觀點來看，東漢社會似乎比西漢社會更為胡化。不過，這也不必感到奇怪，因為接受外國的東西總是需要時間的。

72　《晉書》卷101。

73　同上，卷101、卷102。

74　同上，卷101、卷102、卷103。

75　參見王伊同，《五胡通考》，頁60。

76　同上，頁62-66。

　　導致胡化的原因，不僅是因為外國商品被不斷引入中國，這在前面已有簡要陳述，而且也是因為越來越多的外國人尤其是外國商人不斷來到中國。有關外國商人在中國活動的蛛絲馬跡，在西漢時期還很少被找到。不過，到東漢時期，中國人對所謂的「胡商」，尤其是那些來自西域的「胡商」的認識便有相當明顯的進展。當時外國商人深入到中國內地乃至東漢的都城洛陽。西元57年，光武帝駕崩後，京師所有的西域胡商共同修建了一座廟宇祭祀這位皇帝[77]。西元2世紀中期，一名西域胡商誤殺了大權在握的皇帝姻親梁冀私人動物園中的一隻兔子；結果，十多名胡人受到指控並被判處死刑[78]。西元3世紀初，敦煌太守倉慈給所有想去洛陽貿易的西域胡商頒發了「過所」通行證明[79]。如同這三個例子所表明的那樣，在整個東漢時期，胡商從來沒有停止過造訪中國，這進一步證實了漢胡貿易的繁榮。最後一個例子尤其值得注意，因為它告訴我們，就像對中國臣民的要求一樣，胡人在中國旅行也使用同樣的「過所」通行證明。東漢時期的中國人已經非常熟悉西域胡商的行為方式，以至他們把西元1世紀著名的馬援將軍比作西域胡商，因為這位中國將軍也有每到一個地方都作停留的習慣[80]。

　　這種與胡族人及胡族商品的不斷接觸，不可避免地在漢代社會的許多方面留下胡化的痕跡。歷史學家和考古學家同樣都普遍覺察到了漢代文明中顯著的胡族風格[81]。在這裡我們不必考慮細節問

77　《東觀漢紀》，國學基本叢書，頁143。
78　《後漢書》卷34。
79　《三國志‧魏書》卷16。
80　《後漢書》卷24。關於馬援，見 Henri Maspero, "L'expédition de Ma Yuan," *BEFEO*, pp. 11-18.
81　見次弓，〈兩漢之胡風〉，《史學年報》，頁45-54；《世界考古學大

題。下面挑選出來的三個例子足以爲證。首先，讓我們從皇帝和貴族開始。據載，靈帝(168-188)的日常生活是完全胡化的；他不但喜歡胡服、胡帳、胡床、胡坐、胡飯，而且喜歡胡人的音樂和舞蹈。如同我們被告知的那樣，這位皇帝胡化的榜樣，得到京師中所有貴族的競相效仿[82]。

我們的第二個例子只涉及士人階層。眾所周知，中國的士人在長期分裂的魏晉南北朝時期(220-589)沈溺於自我陶醉之中，以至於到了他們普遍在自己臉上塗抹白粉的程度。就我們所知，這種做法至少在西元2世紀就開始了。質帝劉纘統治時期(146-147)，一位高級朝臣受人指控，其中一項就是在參加皇帝的葬禮時臉上塗了「胡粉」[83]。先前我們已經看到，三國時期魏國政府就已經發現壟斷「胡粉」的銷售有利可圖，這表明對於這種特殊的外國商品有著相當大的市場需求。不知道中國士人臉上塗粉的做法是否是在外國的影響下開始的；但是，使用「胡粉」本身毫無疑問就是一種胡化的行爲。

我們的最後一個例子屬於宗教領域，它影響到上自皇帝下至平民百姓所有階層人的生活。就像現在學者們所傾向於贊同的那樣，胡人的宗教，即佛教，大約在西元紀年初傳入中國[84]。這一宗教的

(續)———————

系》，7:143-146。

82　《後漢書》志第13〈五行〉一。關於所謂的「胡床」實際上是椅子之說，見藤田豐八，《東西交涉史の研究——西域篇》，頁143-185; C. P. Fitzgerald, *Hu-ch'uang or Barbarian Beds*和W. Eberhard, *Localkulturen im alten China*, pp. 22-23.

83　《後漢書》卷63。對這一時期士人自我陶醉的討論，見余英時，〈漢晉之際士之新自覺與新思潮〉，《新亞學報》，頁56-58。

84　現代關於佛教傳入問題的討論非常多。簡明扼要的英文描述，見下面兩部最近的著作：E. Zürcher, *The Buddhist Conquest of China*, 1:18-43;

到來與漢朝時期漢胡經濟交往密切相關，因為前者的確正是沿著胡商所使用的同一條貿易通道來到中國的。例如，佛教從西北方向的傳入就認為是運用了著名的絲綢之路[85]。如果我們牢記，如前所示，東漢時期的洛陽一方面是一直有「西域胡商」社區存在的地方，另一方面又是最重要的佛教中心，那麼對外貿易與佛教在中國的傳播之間的關係立刻就變得很清楚了。這種關係具體表現在來自安息的安玄的例子中。安玄作為商人於西元181年抵達洛陽，但後來熱心於在中國宣揚佛教的工作[86]。

佛教也隨著各海洋國家的胡商經海路來到中國南方，然後為時人所熟知。最早提及佛教在中國的存在，是西元65年與楚王英有關的一道皇帝詔書，這似乎表明了佛教的存在也與當時的海上貿易有關的可能性[87]。如同我們在上一章中所看到的那樣，東漢時期的中國—印度貿易通常都採用海路。當然也可以合理地猜測，在那些從交阯到廣州[88]的中國沿海地區的印度商人中，無疑也有佛教徒[89]。

從佛教逐漸被中國人接受的歷史過程中，可以進一步看到漢朝時期漢胡貿易與中國宗教胡化之間的關係。根據《後漢書》的作者范曄的說法，楚王英是第一個皈依佛教的中國人。他的皈依導致其他許多人轉而向這一胡人的宗教尋求救助。後來桓帝(147-167)對

(續)—————————

　　Kenneth Ch'en, *Buddhism in China*, pp. 27-53.最好的中文描述，見湯用彤，《漢魏兩晉南北朝佛教史》，特別是1:47-86。

85　Zürcher, pp. 22-23.

86　Zürcher, p. 34; K. Ch'en, p. 40; Arthur Waley, "Life under the Han Dynasty," *History Today*, 2:92.

87　Zurcher, p. 26.

88　關於西元3世紀早期這些地方的胡商，見勞榦，〈漢代的陸運與水運〉，頁90。

89　K.Ch'en, p. 38.

老子和佛陀兩者都進行祭拜。從此以後，平民百姓也開始信奉佛教，佛教由此在中國興盛起來[90]。

這一從社會歷史的觀點來看極具重要性的總體性觀察，至少得到了我們現在所掌握的與東漢時期的佛教有關的少量證據的證實。如同已經指出的那樣，第一次明確提出佛教存在的說法可以在西元65年與楚王英相關的皇帝詔書中找到[91]，桓帝對佛陀的祭拜也得到西元166年襄楷所上奏疏的證實[92]。對中國民間流行的佛教進行最早描述的年代則在西元193年或者194年，要比上述兩者晚得多[93]。撇開諸如楚王英是否是第一個中國佛教徒之類的細節問題不論，就佛教征服中國的歷史過程而言，范曄的陳述無疑是真實可信的，即它從貴族開始，然後滲透到大眾之中。換句話說，它是一個從上層社會向下層社會發展的過程。根據當時漢胡貿易的背景，能夠充分理解佛教對漢代中國的征服所採取的這種特殊方式。如同上面的討論所揭示的那樣，對外貿易，尤其是中國與中亞之間的貿易，本質上是一種奢侈品的貿易。能夠買得起奢侈品的是貴族而不是平民，因此貴族會更多地受到外國的影響。由於同樣的原因，在中國的胡商肯定也與貴族有著比與平民百姓更加密切的接觸。因此，漢代中國宗教的胡化開始於上層，看來是十分自然的事了。

在我即將結束我的研究之前，還應該進一步注意到，至漢朝末年，中國的上層社會不僅胡化的程度相當深，而且任由自身經受強

90 《後漢書》卷88。
91 《後漢書》卷42。
92 《後漢書》卷30下。
93 《後漢書》卷43；《三國志‧吳書》卷4。進一步的討論，見湯用彤，1: 71-73; Zürcher, p. 28.

烈的商業影響，再次爲了簡便起見，將其稱之爲商業化。不過，漢代上層社會這種不斷發展的商業化，要放在東漢時期的貿易，包括比西漢時期繁榮得多的對外貿易的背景下去理解。這一點在當時的社會批判者對商人階層的生活及其活動的描述中可以進一步看到。在西漢初年，商人的確也是非常活躍的，通常有描述說他們「周流天下」[94]。但是到東漢時期，我們才能夠在文獻中遇到對商人生活詳細而生動的描述。作爲例證，我舉出下面這兩段講述他們自身的有意思的文字。在西元2世紀中葉的著作中，王符這樣描繪他所處的時代：

> 今舉世舍農桑、趨商賈，牛馬車輿，填塞道路，遊手爲巧，充盈都邑。治本者少，浮食者眾……今察洛陽，浮末者什於農夫，虛僞遊手者什於浮末。[95]

更加生動傳神的描述出自仲長統(180-220)的筆下：

> 漢興以來，相與同爲編戶齊民，而以財力相君長者，世無數焉。而清潔之士，徒自苦於茨棘之間，無所益損於風俗也。豪人之室，連棟數百，膏田滿野，奴婢千群，徒附萬計。船車賈販，周於四方；廢居積貯，滿於都城。琦賂寶貨，巨室不能容；馬牛羊豕，山谷不能受。妖童美妾，填

94　《史記》卷129、卷118；《漢書》卷45。參見N. L. Swann, *Food and Money in Ancient China*, p. 437.

95　《潛夫論》，四部叢刊縮本，頁18。*Food and Money in Ancient China*, p. 437.

乎綺室；倡謳伎樂，列乎深堂。賓客待見而不敢去，車騎
交錯而不敢進。三牲之肉，臭而不可食；清醇之酎，敗而
不可飲。睇盼則人從其目之所視，喜怒則人隨其心之所
愿。此皆公侯之廣樂，君長之厚實也。苟能運智詐者，則
得之焉；苟能得之者，人不以爲罪焉。[96]

很容易看出，這段文字中關於商人日常生活的細節肯定有某種程度
的故意誇大。儘管如此，由這樣生動逼眞的描述所展現出來的總體
情況幾乎沒有留下多少可供質疑的餘地。

在這種背景下，上層社會在一定程度上的商業化就只能看作是
很自然的事了。少數幾個例子就足以證明東漢上層社會與貿易之間
的緊密聯繫：據載，西元159年，桓帝到榆中（在甘肅）和代（在山
西）等地巡遊之時，隨行的就是一位帶著金錢和商品的洛陽大商
人[97]。西元2世紀中葉，貴族和宦官都因其不斷增加的利潤而投入

---

96 《後漢書》卷79；《全後漢文》卷88。不同的英譯見E. Balazs, *Chinese
Civilization and Bureaucracy*, pp. 219-220.

97 《水經注》卷一。關於這條材料有一個小地方需要作出解釋。顯然是依
據不同的《水經注》版本爲基礎，唐長孺把這裡的桓帝當作了西元4世
紀早期的一個鮮卑首領，因爲他的版本說「（拓拔）魏桓帝十一年
（305）」（《魏晉南北朝史論叢》，頁194）。但是我的版本《永樂大典》
影印本說「昔漢桓帝十三年」。我認爲《永樂大典》的版本可能更爲可
靠，理由如下：1. 所謂桓帝十三年即是延熹二年（159），在那一年桓帝
的確到長安巡遊察訪過，儘管沒有提到榆中和代也包括在行程中（《後
漢書》卷7）。2. 如果該桓帝是一個鮮卑首領，就會難以理解，在西晉王
朝仍然控制著統一中國的西元305年那麼早的時期，怎麼可能會由一名
洛陽商人隨行。就我根據文本的判斷而言，這名商人顯然從洛陽就一直
跟著桓帝。當然，我的版本也留下一個無法解決的疑點，那就是，爲什
麼它說「桓帝十三年」而不是「延熹二年」。不用說，整個段落肯定有
某種訛誤。儘管如此，如果我們根據歷史背景對兩個不同的版本進行比

到私營旅舍的生意當中[98]。根據另一條西元2世紀的材料，當時的地主階層一年之中有九個月都普遍在從事各種貿易活動[99]。

最後以胡化的靈帝為例作結，胡化的靈帝之例尤其揭示出漢朝皇帝生活中的商業化意味。據載，靈帝好幾次在西園中和他的後宮采女玩商人的遊戲。他讓采女們扮作私營旅店的女老闆，而他自己則裝扮成一個行商，在每一個「私人客舍」都作停留，以享受「女老闆」的款待[100]。這個故事至少揭示了關於西元2世紀末漢代社會的兩個有意思的事實。第一，它說明了當時商業的普遍繁榮，以至皇帝也熟悉商人的生活。第二，它證實了我們先前的看法，即私營旅店的發展主要是因為行商的增加所致，這反過來也充分說明，東漢王朝時期存在著更為繁榮的貿易。因而，最為重要的是，我們在漢朝皇帝個人身上看到了胡化和商業化這對孿生歷史力量的統一性和具體化。

(續)───────────────

較的話，我所採用的版本無疑更加切合事實。

98 《後漢書》卷36。

99 《全後漢文》卷47。參見楊聯陞，〈東漢的豪族〉，《清華學報》，頁1028-1029。

100 《後漢書》志第13〈五行〉一。

參考書目

註：就本歷史研究的規模和性質而言，試圖做一個所謂詳盡的參考文獻幾乎是不可能的事。下表中所列的只不過是在本書寫作過程中直接參考過的原始資料和第二手資料而已。

一、中文著作

《三國志》，同文本。

于景讓，〈胡椒、澄茄、蓽發、枸醬〉(二)，《大陸雜誌》，17：8(1958年10月)。

中國科學院考古研究所，《新中國的考古收穫》(北京，1961)。

中國科學院考古研究所，《長沙發掘報告》(北京，1957)。

方　豪，《中西交通史》，卷1(台北，1953)。

《文物》(北京，1959年起)。

《文物參考資料》(1950-1958)。

尤　中，〈漢晉時期的西南夷〉，《歷史研究》，1957：12。

王　符，《潛夫論》，四部叢刊本。

王先謙，《漢書補注》，虛受堂本。

王伊同，〈五胡通考〉，《中國文化研究彙刊》，3(1943年9月)。

王念孫，《讀書雜誌》，萬有文庫本。

王毓銓，〈漢代亭與鄉里不同性質不同行政系統說〉，《歷史研究》，1954：2。

_____，《我國古代貨幣的起源與發展》(北京，1957)。

王毓瑚，〈秦漢帝國之經濟及交通地理〉，《文史雜誌》，2：9/10(1943年10月)。

王仲殊，〈漢代物質文化略說〉，《考古通訊》，1956：1。

_____，〈說滇王之印與倭奴國王印〉，《考古》，1959：10。

白壽彝，《學步集》(北京，1961)。

白壽彝、王毓銓，〈說秦漢到明末官手工業和封建制度的關係〉，《歷史研究》，1954：5。

《史記》，中華書局本。

《世說新語》，崇文書局本。

《水經注》，永樂大典影印本，(北京，1955)。

安志敏，〈關於內蒙古紮賚諾爾古墓群的族屬問題〉，《文物》，1964：5。

朱傑勤，〈華絲傳去歐洲考〉，《中西文化交通史譯粹》(上海，1939)。

曲守鈞，〈中國古代的道路〉，《清華學報》，新第2卷，第1期(1960年5月)。

《西漢會要》，中華書局本。

《考古學報》(北京，1953年起)。

《考古》(北京，1959年起)。

次　弓，〈兩漢之胡風〉，《史學年報》，1(1929)。

李家瑞，〈兩漢時代雲南的鐵器〉，《文物》，1962：3。

李劍農，《先秦兩漢經濟史稿》(北京，1957)。

李紹明，〈關於羌族古代史的幾個問題〉，《歷史研究》，1963：5。

呂士朋，《北屬時期的越南》（香港，1964）。

呂思勉，《先秦史》（上海，1941）。

＿＿＿＿，《秦漢史》（上海，1947）。

＿＿＿＿，《兩晉南北朝史》（上海，1948）。

＿＿＿＿，《燕石劄記》（上海，1937）。

＿＿＿＿，《北狄與匈奴》（北京，1962）。

《宋書》，同文本。

岑仲勉，《隋唐史》（北京，1957）。

佟柱臣，〈考古學上漢代及漢代以前的東北邊疆〉，《考古學報》，
　　1956：1。

汪文台編，《七家後漢書》。

應　劭，《風俗通義》，四部叢刊本。

＿＿＿＿，《漢官儀》，收入孫星衍《漢官七種》。

余嘉錫，《余嘉錫論學雜著》（北京，1963），2卷。

余英時，〈東漢政權之建立與士族大姓之關係〉，《新亞學報》，1：
　　2(1956)。

＿＿＿＿，〈漢晉之際士之新自覺與新思潮〉，《新亞學報》，4：
　　1(1959)。

季羨林，《中印文化關係史論叢》（北京，1957）。

周連寬，〈蘇聯南西伯利亞所發現的中國式宮殿遺址〉，《考古學報》，
　　1956：4。

芮逸夫，〈僰人考〉，《中研院史語所集刊》，23：1(1951)。

《東漢會要》，萬有文庫本。

《東觀漢紀》，國學基本叢書本。

吳卓信，《漢書地理志補注》，二十五史補編本。

《春秋公羊注疏》，十三經注疏本(南昌，1815)。

《後漢書》(商務印書館，1927)。譯者註：為方便讀者，註釋中《後漢
　書》的卷次均按中華書局標點本標示。

胡昭曦，〈論漢晉的氐羌和隋唐以後的羌族〉，《歷史研究》，1963：2。

胡寄窗，《中國經濟思想史》，上海，卷1，1962年；卷2，1963年。

馬長壽，《烏桓與鮮卑》(上海，1962)。

馬端臨，《文獻通考》，圖書集成本。

姚之駰，《謝氏後漢書補逸》(國學圖書館，1931)。

姚寶猷，《中國絲絹西傳史》(重慶，1944)。

姚薇元，《北朝胡姓考》(北京，1962)。

《晉書》，同文本。

《周禮》，十三經注疏本(南昌，1815年)。

夏　鼐，〈新疆發現的古代絲織品〉，《考古學報》，1963：1。

＿＿＿，〈新疆出土漢唐綺、錦和刺繡〉，《文物精華》，2(北京，
　1963)。

徐中舒，〈巴蜀文化初論〉，《四川大學學報·社會科學》，1959：2。

凌純聲，〈臺灣的航海竹筏及其起源〉，《民族學研究所集刊》，1(1956
　年)。

孫守道，〈匈奴西岔溝文化古墓群的發現〉，《文物》，1960：7/8。

孫毓棠，〈西漢的兵制〉，《中國社會經濟史集刊》，5：1(1937年3
　月)。

＿＿＿，〈漢代的交通〉，《中國社會經濟史集刊》，7：1(1944年6
　月)。

＿＿＿，〈戰國秦漢時代紡織業技術的進步〉，《歷史研究》，1963：
　3。

唐長孺，《魏晉南北朝史論叢》(北京，1955)。

_____，《魏晉南北朝史論叢補編》(北京，1959)。

殷滌非，〈安徽省壽縣安豐塘發現漢代閘壩工程遺址〉，《文物》，
　　　1960：1。

殷滌非、羅長銘，〈壽縣出土的鄂君啓金節〉，《文物參考資料》，
　　　1958：4。

袁　宏，《後漢紀》，四部叢刊本。

張政烺，〈漢代的鐵官徒〉，《歷史教學》，1951：1。

張星烺，《中西交通史料彙編》，世界書局重印本(台北，1962)，6卷。

張維華，《論漢武帝》(上海，1957)。

章鴻釗，《石雅》(北京，1927)。

章　巽，《我國古代的海上交通》(上海，1956)。

陳　直，《兩漢經濟史料論叢》(西安，1958)。

_____，〈漢晉過所通考〉，《歷史研究》，1962：6。

陳竺同，《兩漢和西域等地的經濟文化交流》(上海，1957)。

陳夢家，〈漢簡所見居延邊塞與防禦組織〉，《考古學報》，1964：1。

陳寅恪，《唐代政治史述論稿》(上海，1947)。

強汝詢，〈漢州郡縣里制考〉，《中國學報》，1：6(1913)。

馮承鈞，《中國南洋交通史》(上海，1937)。

《淮南子》，浙江書局本。

郭沫若，〈關於鄂君　節的研究〉，《文物參考資料》，1958：4。又收
　　　入《文史論集》(北京，1961)。

郭寶鈞，《中國青銅器時代》(北京，1963)。

《國語》，萬有文庫本。

梁嘉彬，〈論《隋書》流求為臺灣說的虛構的過程及其影響──兼論東吳

夷洲爲流求〉，《東海學報》，1：1(1959年6月)。

《梁書》，同文本。

商承祚，〈鄂君啓節考〉，《文物精華》，2，(北京，1963)。

《商君書》，萬有文庫本。

陶元珍，《三國食貨志》(上海，1935)。

程樹德，《九朝律考》，重印本(台北，1965)，2卷。

賀昌群，〈烽燧考〉，《國學季刊》，6：3(1939年12月)。

_____，《古代西域交通與法顯印度巡禮》(武漢，1956)。

_____，〈東漢更役戍役制度的廢止〉，《歷史研究》，1962：5。

_____，〈古代中日文化交流史話二則〉，《中華文史論叢》，6(1965年
8月)。

_____ (譯)，《西域之佛教》(羽溪了諦著)(上海，1956)。

黃　烈，〈五胡漢化與五胡政權的關係〉，《歷史研究》，1963：3。

黃盛璋，〈關於鄂君啓節交通路線復原問題〉，《中華文史論叢》，
5(1964)。

黃文弼，《羅布淖爾考古記》(北京，1948)。

惠　棟，《後漢書補注》，叢書集成本。

《華陽國志》，四部叢刊本。

勞　榦，〈從漢簡所見之邊郡制度〉，《中研院史語所集刊》，8：
2(1939)。

_____，〈漢簡中的河西經濟生活〉，《中研院史語所集刊》，
11(1944)。

_____，〈漢代之陸運與水運〉，《中研院史語所集刊》，16(1947)。

_____，〈釋漢代之亭障與烽燧〉，《中研院史語所集刊》，19(1948)。

_____，〈漢代的亭制〉，《中研院史語所集刊》，22(1950)。

_____，〈漢代的西域都護與戊己校尉〉，《中研院史語所集刊》，28：1(1956)。

_____，《居延漢簡考釋》(台北，1960)。

彭信威，《中國貨幣史》，修訂本(上海，1958)。

湯用彤，《漢魏兩晉南北朝佛教史》(北京，1955)，2卷。

曾　庸，〈遼寧西豐西岔溝古墓群為烏桓文化史跡論〉，《考古》，1961：6。

雲南博物館，〈雲南晉寧石寨山古墓群發掘報告〉(北京，1959)。

《曹操集》(北京，1962)。

賈　誼，《新書》，四部備要本。

《資治通鑑》(古籍出版社，1956)。

楊　寬，《戰國史》(上海，1955)。

楊聯陞，〈東漢的豪族〉，《清華學報》，11：4(1936)。

齊思和，《中國和拜占庭帝國的關係》(上海，1956)。

《漢書》(商務印書館，1927)。

鄭德坤，《四川古代文化史》(成都，1946)。

_____，〈樊人考〉，《說文月刊》，4(1944年5月)。

鄭　隆，〈內蒙古桼貸諾爾古墓群調查記〉，《文物》，1961：9。

鄭紹宗，〈熱河興隆發現的戰國生產工具鑄範〉，《考古通訊》，1956：1。

翦伯贊，《歷史問題論叢》，修訂(北京，1962)。

廣西省文物管理委員會，〈廣西貴縣漢墓的清理〉，《考古學報》，1957：1。

黎正甫，《郡縣時代之安南》(重慶，1945)。

劉　熙，《釋名》，四部叢刊本。

劉光義，〈秦漢時代的百技雜戲〉，《大陸雜誌》，22：6(1961年3月)。

劉盼遂，《論衡集解》(上海，1957)。

魯金科(S. I. Rudenko)，〈論中國與阿爾泰部落的古代關係〉，《考古學報》，1957：2。

《蔡中郎文集》，四部叢刊縮印本。

衛挺生，《日本神武天皇開國新考》(香港，1950)。

＿＿＿，《徐福與日本》(香港，1953)。

《戰國策》，萬有文庫本。

錢大昕，《廿二史考異》，商務印書館本。

錢　穆，〈西周戎禍考〉，《禹貢》，2：4(1934年10月)和2：12(1935年2月)。

＿＿＿，〈周官著作時代考〉，《燕京學報》，11(1932年6月)；又收入《兩漢經學今古文平議》(香港，1958)。

＿＿＿，《國史大綱》(台北，1953)，2卷。

＿＿＿，《秦漢史》(香港，1957)。

黎　金，〈廣州的兩漢墓葬〉，《文物》，1961：2。

羅振玉、王國維，《流沙墜簡》(1914)。

譚其驤，〈鄂君啓節銘文釋地〉，《中華文史論叢》，2(1962)。

＿＿＿，〈再論鄂君啓節地理——答黃盛璋同志〉，《中華文史論叢》，5(1964)。

譚彼岸，〈漢代與南海黃支國的交通〉，《社會經濟研究》，2(1951年9月)。

蘇誠鑑，《後漢食貨志長編》，(上海，1947)。

蘇繼頎，〈漢書地理志已程不國即錫蘭說〉，《南洋學報》，5：2(1948

年12月)。

　　　，〈黃支國究在南海何處〉,《南洋學報》,7：2(1951年12月)。

嚴可均,《全上古三代秦漢三國六朝文》(世界書局,1961)。

嚴耕望,《中國地方行政制度史》上編,卷1-2(台北,1961)。

顧炎武,《日知錄》,黃汝成集釋本。

顧頡剛,〈戰國秦漢間重農輕商之理論與實踐〉,《中國社會經濟史集刊》,7：1(1944年6月)。

龔　鈞,〈兩漢與羅馬的絲貿易考〉,《文史雜誌》,2：5/6(1942年6月)。

《鹽鐵論》(商務印書館,1936)。

二、日文著作

(編按,此目錄日文的回譯是早阪俊廣教授幫助完成的,謹志致謝。)

大庭脩,〈漢代の關所とパポート〉,《關西大學東西學術研究論叢》16(1954)。

　　　,〈漢の嗇夫〉,《東洋史研究》14:1/2(1955年7月)。

日比野丈夫,〈鄉亭里についての研究〉,《東洋史研究》14:1/2(1955年7月)。

井上靖、岩村忍,《西域》(東京,1963)。

木宮泰彥,《日支交通史》(東京,1962),全二卷。

內田吟風,〈後漢光武帝の對南匈奴政策について〉,《史林》17:4(1932年10月);18:(1933年7月)。

　　　,〈後漢末期より五胡亂勃發にいたる匈奴五部情勢につい

て〉，《史林》9:2(1934年4月)。

_____，〈匈奴西移年表〉，《東洋史研究》2:1(1936)。

_____，〈周代の蒙疆に就いて〉，《東洋史研究》4:4/5(1939)。

_____，〈烏垣族に關する研究〉，《滿蒙史論叢》4(1943)。

_____，《古代の蒙古》(東京，1940)。

白鳥庫吉，《西域史研究》(東京，1944)，全二卷。

田村實造，〈漢代における廣東・佛印地方の開拓〉，《東洋史研究》
　　9:5/6(1942)。

加藤繁，《支那經濟史考證》(東京，1952)，全二卷。

江上波夫，《ユウラシア古代北方文化》(京都，1948)。

《世界考古學大系》，東京，第2卷(1960年)、第7卷(1959年)、第8卷
　　(1961年)、第9卷(1962)。

宇都宮清吉，《漢代社會經濟史研究》(東京，1955)。

池內宏，〈樂浪郡考〉，《滿鮮地理歷史研究報告》16(1941)。

米田賢次郎，〈漢代の邊境組織〉，《東洋史研究》12:3(1953)。

伊瀨仙太郎，《西域經營史の研究》(東京，1955)。

村川堅太郎，〈《エリュトラ海案內記》に見えたる紀元一世紀の南海貿
　　易〉，《東西交通史論》上卷(東京，1939)。

尾崎康，〈後漢交阯刺史について〉，《史學》(慶應義塾大
　　學)33:3/4(1961)。

松田壽男，〈禺氏の玉と江漢の珠〉，《東西交涉史論》上卷(東京，
　　1939)。

_____，《東亞論叢》3(1940年9月)。

_____，〈絹馬交易に關する史料〉，《內陸アジア史論集》(東京，
　　1964)。

＿＿＿＿＿，《古代天山の歷史地理學的研究》(東京，1956)。

岡部長章，〈奴國王金印問題評論〉，《鈴木俊教授還曆紀念東洋史論
　　叢》(東京，1964)。

和田清，《東亞史研究(滿洲篇)》(東京，1955)。

原田淑人、田　金吾，《樂浪》(東京，1930)。

栗原朋信，《古代學》8:1(1959年3月)。

桑原隲藏，〈隋唐時代西域人華化考〉，《武漢大學文哲季刊》
　　5:1(1936)。

＿＿＿＿＿，〈東西交通史論叢〉(東京，1933)。

桑田六郎，〈南洋上代史學雜考〉，《大阪大學文學部紀要》3(1954)。

宮崎市定，《アヅア史研究》第一卷(京都，1957)；第二卷(京都，
　　1959)。

＿＿＿＿＿，〈支那の鐵について〉，《史林》40:6(1957年11月)。

梅原末治，《古代北方系文物の研究》(京都，1938)。

＿＿＿＿＿，《蒙古ノイン・ウラ發見の遺物》(東京，1960)。

曾我部靜雄，〈漢代における郵亭配置間隔について〉，《文化》
　　20:6(1956年11月)。

濱口重國，〈漢代の傳舍〉，《東洋學報》22:4(1935年8月)。

＿＿＿＿＿，〈漢代の傳〉，收入《和田博士古希紀念東洋史論叢》(東
　　京，1961)。

鎌田重雄，〈漢代の循吏と酷吏〉，《史學雜誌》59:4(1950)。

＿＿＿＿＿，《秦漢政治制度の研究》(東京，1962)。

藤田元春，〈漢書地理志通黃支國考〉，《史林》24:4，1939年10月。

藤田亮策，《朝鮮考古學研究》(京都，1948)。

藤田豐八，《東西交涉史の研究(南海篇)、(西域篇)》(東京，1943)。

三、西文著作

Ackerman, P. "Textiles through the Sassanian Period," in A. U. Pope, editor. *A Survey of Persian Art*. Vol. 1 (Oxford, 1938).

Aurousseau, L. "La première coquêtte chinoise des pays annamites (IIIe siècle avant notre ère)," *BEFEO* (1923).

Bailey, C., editor. *The Legacy of Rome* (Oxford, 1923).

Balazs, Etienne. Chinese Civilization and Bureaucracy (Yale, 1964).

Bielenstein, Hans. *Emperor Kuang-wu and the Northern Barbarians*. The 17th Ernest Morrison Lecture in Ethnology (The Australian National University, Canberra, 1956).

Borovka, G. "Die Funde der Expedition Koslow in der Mongolei, 1924/25," *Jahrbuch des deutschen Archäologischen Instituts*, XLI (1926).

Bury, J. B. History of the Later Roman Empire from the Death of Theodosius to the Death of Justinian, Dover Publications (New York, 1958), 2 vols.

Cammann, Schuyler. "Review of P. C. Bagchi's 'India and China: A Thousands Years of Cultural Relations'," *The Far Eastern Quarterly*, 12: 1 (November, 1952).

Cammann, Schuyler. "Archaeological Evidence for Chinese Contacts with India During the Han Dynasty," *Sinologica*, 5:1 (1956).

Cammann, Schuyler. "Review of H. H. Dubs' 'A Roman City in Ancient China'," *The Journal of Asian Studies*, 21:3 (May, 1962).

Cater, Dagny. *The Symbol of the Beast* (New York, 1957).

Chang, Ch'un-shu. *The Colonization of the Ho-hsi Region──A Study of the*

Han Frontier System. Unpublished Ph. D. thesis (Harvard University, 1963).

Chang, Ch'un-shu. "Military Aspects of Han Wu-ti's Northern and Northwestern Campaigns," *HJAS*, 26 (1966).

Chang, Kwang-chih. "Chinese Prehistory in Pacific Perspective: Some Hypotheses and Problems," *HJAS*, 22 (1959).

Chang, Kwang-chih. The Archaeology of Ancient China (Yale, 1963).

Charleston, R. J. "Han Damasks," *Oriental Art*, 1:2 (Autumn, 1948).

Charlesworth, M. P. Trade-Routes and Commerce of the Roman Empire (Cambridge, 1924).

Charlesworth, M. P. "Some Notes on the Periplus Maris Erythraei," *The Classical Quarterly*, 22 (1928).

Charlesworth, M. P. "Roman Trade with India," in P. R. Coleman-Norton, editor, *Studies in Roman Economic and Social History, in Honor of Allan Chester Johnson* (Princeton, 1951).

Chavannes, Edouard. "Trois généraux chinois de la dynastie des Han Orientaux," *TP*, 2:7 (1906).

Chavannes, Edouard. "Les pays d'Occident d'apres le Heou Han Chou," *TP*, 2:8 (1907).

Chavannes, Edouard. Les documents chinois decouverts par Aurel Stein dans les sables du Turkestan oriental (Oxford, 1913).

Ch'en, Kenneth. *Buddhism in China* (Princeton, 1964).

Cheng Te-k'un. *Prehistoric China* (Cambridge, 1959).

Creel, H. G. "The Role of the Horse in Chinese History," *The American Historical Review*, LXX:3 (April, 1965).

Dabbs, Jack A. History of the Discovery and Exploration of Chinese Turkestan (The Hague, 1963).

Dittrich, Edith, "Das Motiv des Tierkampfes in der Altchinesischen Kunst," *Asiatische Forschungen*, 13 (1963).

Dubs, H. H. *The History of the Former Han Dynasty* (Baltimore and London, 1938-1955), 3 vols.

Dubs, H. H. A Roman City in Ancient China (London, 1957).

Duyvendak, J. J. L. *The Book of Lord Shang* (London, 1928).

Eberhard, W. Kultur und Siedlung der Randvlker Chinas, Supplement, TP, 36 (1942).

Eberhard, W. *Localkulturen im alten China*, Supplement, *TP*, 37 (1942).

Fairbank, J. K. and S. Y. Teng. "On the Ch'ing Tributary System," *HJAS*, 6:2 (June, 1941).

Ferrand, G. "Le K'ouen-louen et les anciennes navigations interoce-aniques dans les mers du Sud," *Journal Asiatique*, 13 (1919).

Fitzgerald, C. P. *Hu-ch'uang or Barbarian Beds* (London, 1964).

Gale, Esson M. *Discourses on Salt and Iron* (Leiden, 1931).

Goodrich, Carrington L. "Trade Routes to China," in J. Labatut and W. J. Lane, editors, *Highways in Our National Life* (Princeton, 1950).

Haloun, Gustav. "Zur Ue-tsi-Frage," Zeitschrift der Deutschen Morg-enländischen Gesellschaft, 91 (1937).

Haloun, Gustav. "The Liang-chou Rebellion, 184-221 A. D.," *Asia Major*, n. s. 1:1 (1949).

Hirth, Friedrich. "The Story of Chang K'ien, China's Pioneer in Western Asia," *JAOS*, 37 (1919).

Hirth, Friedrich. *China and the Roman Orient* (Shanghai, 1885).

Hsu, Cho-yun. *Ancient China in Transition* (Stanford, 1965).

Hudson, G. F. *Europe and China* (Lodon, 1931).

Hulsewe, A. F. P. *Remnants of Han Law*. Vol. 1. Leiden (1955).

Hulsewe, A. F. P. "Han-time Documents," *TP*, 45 (1957).

Janse, Olov R. T. *Archaeological Research in Indo-China*. Harvard. Vol. 1 (1947); vol.2 (1951).

Jettmar, Karl. "The Altai before the Turcs," *BMFEA*, 23 (1951).

Jettmar, Karl. "Hunmen und Hiung-nu-ein archäologisches Problem," *Archiv fur Volkerkunde*, 6/7 (1951/52).

Kuhn, H. "Zur Chronologie der Sino-Sibirischen Bronzen," *Ipek* (1934).

Lattimore, Owen. *Manchuria, Cradle of Conflict* (New York, 1932).

Lattimore, Owen. *Inner Asian Frontiers of China* (Beacon Press, Boston, 1962).

Lattimore, Owen. *Studies in Frontier History* (Lodon, 1962).

Laufer, Berthold. "Historical Jottings on Amber in Asia," *Memoirs of the American Anthropological Association*, 3 (February, 1907).

Laufer, Berthold. Jade, A Study in Chinese Archaeology and Religion (Chicago, 1912).

Laufer, Berthold. Sino-Iranica, Chinese Contributions to the History of Civilization in Ancient Iran (Chicago, 1919).

Legge, James, translator. *The Ch'un Ts'ew with the Tso Chuen*, in *The Chinese Classics* (Reprint, Hong Kong, 1960).

Legge, James, translator. *The Shoo King or Book of Historical Documents* (Reprint, Hong Kong, 1960).

Legge, James, translator. *The Works of Mencius* (Reprint, Hong Kong, 1960).

Loewe, Michael. "Some Notes on Han-time Documents from Chüyen, " *TP*, 47 (1959).

Loewe, Michael. "Some Military Despatches of the Han Period," *TP*, 51 (1964).

Lot, Ferdinand. The End of the Ancient World and the Beginnings of the Middle Ages (A Harper Torchbook, New York, 1961).

Majumdar, R. C. *An Advanced History of India* (Lodon, 1950).

Mänchen-Helfen, O. "Zur Geschichte der Lackkunst in China," *Wiener Beiträge zur Kunst-und Kultur-Geschichte Asiens*, 11 (1937).

Mänchen-Helfen, O. "From China to Palmyra," *The Art Bulletin*, 25:4 (December, 1943).

Maspero, Henri. "L'expédition de Ma Yuan," *BEFEO*, 18 (1918).

Maspero, Henri. Les Documents chinois de la trosième expédition de Sir Aurel Stein en Asie Centrale (Lodon, 1953).

Mattingly, Harold. *Roman Imperial Civilization* (New York, 1957).

Maverick, Lewis A. Economic Dialogues in Ancient China, Selections from Kuan-tzu (Carbondale, 1954).

Minns, Ellis H. "The Art of the Northern Nomads," *Proceedings of the British Academy*, 28 (1942).

Miyakawa, Hisayuki. "The Confucianization of South China, " in Arthur Wright, editor, *The Confucian Persuasion* (Stanford, 1960).

Moss, H. St. L. B. *The Birth of the Middle Ages, 395-814* (Oxford, 1935).

Palmer, J. A. B. "Periplus Maris Erythraei: The Indian Evidence as to the Date, " *The Classical Quarterly*, 41 (1947).

Parker, Edward Harper. "The Old Thai or Shan Empire of Western Yünnan,"
China Review, 20 (1890).

Parker, Edward Harper. "The History of the Wu-wan or Wu-hwan Tunguses of
the First Century; Followed by That of Their Kinsmen the Sien-pi," *ibid.*,
20 (1892-1893).

Pelliot, Paul. "Le Fou-nan," *BEFEO.* 3 (1903).

Pfister, R. "Les Soieries Han de Palmyre," *Revue des Arts asiatiques*, 13:2
(1941).

Pirenne, Jacqueline. "Un problem-clef pour la chronologie de l'Orient: la date
du ʻPeriple de la Mer Erythreeʼ," *Journal Asiatique*, CCXLIX (1961).

Pokora, Timoeteus. "The Life of Huan T'an," *Archiv Orientalni*, 31 (1963).

Postan, M. M. and H. J. Habakkuk, editors. *The Cambridge Economic History
of Europe.* Vol. 2 (Cambridge, 1952).

Rawlinson, H. G. Intercourses Between India and the Western World
(Cambridge, 1926).

Rudenko, Serg Ivanovich. *Kul'tura khunnov i noinulinskie kurgany* (Moscow,
1962).

Salmony, A. "Die ersten Funde von Noin Ula," *Artibus Asiae*, 4 (1930).

Salmony, A. "The Small Finds of Noin-Ula, " *Parnassus*, 8:2 (February,
1936).

Schafer, Edward H. "The Pearl Fisheries of Ho-p'u," *JAOS*, 72: 4 (December,
1952).

Schoff, W. H.(annotated and translated) *The Periplus of the Erythraean Sea*
(New York, 1912).

Schoff, W. H. "The Transcontinental Silk Trade at the Christian Era,"

Proceedings of the Numismatic and Antiquarian Society of Philadelphia, 27 (1913).

Schoff, W. H. Parthian Stations by Isidore of Charax (Philadelphia, 1914).

Schoff, W. H. "The Eastern Iron Trade of the Roman Empire," JAOS, 35 (1915).

Schoff, W. H. "As to the Date of the Periplus," Journal of the Royal Asiatic Society of Great Britain and Ireland (1917).

Seligman, C. G. "The Roman Orient and the Far East," Annual Report of the Smithsonian Institution (1938).

Stein, Sir M. Aurel. Sand-Buried Ruins of Khotan (London, 1903).

Stein, Sir M. Aurel. Ancient Khotan: Detailed Report of Archaeological Explorations in Chinese Turkestan (Oxford, 1907), 2 vols.

Stein, Sir M. Aurel. Ruins of Desert Cathay (New York, 1912), 2 vols.

Stein, Sir M. Aurel. Serindia (Oxford, 1921), 5 vols.

Stein, Sir M. Aurel. Innermost Asia (Oxford, 1928), 4 vols.

Stein, Sir M. Aurel. On Ancient Central Asian Tracks (New York, 1933).

Stein, Sir M. Aurel. "Central Asian Relics of China's Ancient Silk Trade," Hirth Anniversary Volume (London: Probsthain, 1922).

Stein, R. A. "Remarques sur les mouvements du Taosime Politicore-ligieux au IIᵉ siècle ap. J-C," TP, 50:1-3 (1963).

Swann, Nancy Lee. Food and Money in Ancient China (Princeton, 1950).

Tarn, W. W. The Greeks in Bactria and India (Cambridge, 1938).

Tarn, W. W. Hellenistic Civilization. 3rd edition (London, 1952).

Teggart, Frederick J. Rome and China, A Study of Correlations in Historical Events (Berkeley, 1939).

Trevor, Camila. *Excavations in Northern Mongolia* (Leningrad, 1932).

Tsiang, T. F. "China and European Expansion, " *Politica*, 2:5 (March, 1936).

Waley, Arthur. "Life under the Han Dynasty," *History Today*, 3 (1953).

Waley, Arthur. "The Fall of Lo-yang," *ibid.*, 4 (1954).

Wang, Gungwu. "The Nanhai Trade, A Study of the Early History of Chinese Trade in the South China Sea," *Journal of the Malayan Branch of the Royal Asiatic Society*, 31:2 (June, 1958).

Wang, Yi-t'ung. "Slaves and Other Comparable Social Groups During the Northern Dynasties (386-618)," *HJAS*, 16 (1953).

Wang, Yu-ch'uan. "An Outline of the Central Government of the Former Han Dynasty," *HJAS*, 12 (1949).

Warmington, E. H. The Commerce Between the Roman Empire and India (Cambridge, 1928).

Watson, Burton, translator. *Records of the Grand Historian of China* (Columbia, 1961). 2 vols.

Weber, Max. General Economic History. Translated by Frank Knight (Reprint, The Free Press, 1950).

Wheatley, Paul. *The Golden Khersonese* (Kuala Lumpur, 1961).

Wheeler, Sir Mortimer. *Rome Beyond the Imperial Frontiers* (Lodon, 1954).

Wilbur, Martin, C. Slavery in China During the Former Han Dynasty (Chicago, 1943).

Wilhelm. Helmut. "The Scholar's Frustration: Notes on a Type of Fu," in J. K. Fairbank, editor, *Chinese Thought and Institutions* (Chicago, 1957).

Willetts, William. *Chinese Art* (Penguin Books, Baltimore, 1958). 2 vols.

Wittfogel, Karl A. Oriental Despotism, A Comparative Study of Total Power

（Yale, 1957）.

Wylie, A. "History of Heung-noo in Their Relation with China," *The Journal of the Royal Anthropological Institute*, 3:3（January, 1874）; 5:1（July, 1875）.

Yang, Lien-sheng. "An Inscribed Han Mirror Discovered in Seberia," *TP*, 42（1953）.

Yang, Lien-sheng. "Notes on Maspero's Les Documents chinois de la troisieme expedition de Sir Aurel Stein en Asie Centrale," *HJAS*, 18（June, 1955）.

Yang, Lien-sheng. *Topics in Chinese History*（Harvard, 1950）.

Yang, Lien-sheng. *Money and Credit in China*（Harvard, 1952）.

Yang, Lien-sheng. Studies in Chinese Institutional History（Harvard, 1961）.

Yang, Lien-sheng. Les aspects economiques des travaux publics dans la Chine imperiale（Collège de France, 1964）.

Yetts, Perceval. "Discoveries of the Kozlov Expedition," *Burlington Magazine*, 48（April, 1926）.

Yule, Sir Henry. *Cathay and the Way Thither*, Vol.1（London, 1915）.

Yu, Ying-shih. "Life and Immortality in the Mind of Han China, 206 B. C. -A. D. 220," *HJAS*, 25（1964-1965）.

Zurcher, E. *The Buddhist Conquest of China*（Leiden, 1959）, 2 vols.

據*Trade and Expansion in Han China, A Study in the Structure of Sino-Barbarian Economic Relations*（Berkeley and Los Angeles, Ca.: University of California Press, 1967）譯出。

（鄔文玲　譯）

漢代的飲食

——人類學和歷史學的透視

（1977年）

　　編按，原文題為〈漢〉，收入張光直編的《中國文化中的飲食——人類學和歷史學的透視》，今據書名而改。

西元前558年，一位戎人貴族對一個中國政治家說：「我諸戎飲食衣服不與華同。」[1] 這位春秋時代的戎人貴族以簡單的一句話就區分了華夏與非華夏民族。有時文化可用生活方式來定義，如果是這樣的話，對於一種文化來說，我們能想出任何比吃喝更基本的東西嗎？正是基於這樣的設想，下面我將嘗試通過對漢代飲食的研究來理解漢代的文化[2]。

最近，一些非常傑出的人類學家已在著手一項雄心勃勃的事業，即尋找普通食物對人類的普遍意義。作為受專業訓練的史學家，我還沒有資格來玩人類學家的這個新遊戲。因此，在本研究中我給自己定下的主要任務是：找出漢代人的食物和飲料的種類以及他們吃喝的方式。幸運的是，在最近三四年裡，中國的考古發現使漢代烹飪歷史變得清晰起來。不過，考古發現雖很重要、很有趣，但並不容易運用自如。首先，它們極其分散。其次，搞清它們的意義需要歷史背景，而我們20世紀的人又不能和漢代的人同吃同喝。如果在下面的篇幅裡，我所能提供的只是這樣一個歷史背景的開端，我認為也就不算完全失敗了。為什麼漢代人要以這種方式吃喝？我將這個使人困惑、使人入迷的問題留給那些更聰明、更有學問的人來回答。

1　《左傳‧襄公十四年》。

2　當本書剛要出版時，林巳奈夫用日文發表的對漢代飲食的細緻研究引起了我的注意。和我一樣，林巳奈夫也是基於考古和文獻的證據，雖然我們的方法不同。因此讀者可以參考林巳奈夫的頗有價值的著作，以獲取這一問題的其他信息。見林巳奈夫，〈漢代の飲食〉，京都，《東方學報》，48期(1974-1975)，頁198。

我希望借此機會感謝香港中文大學中國文化研究所在1974-1975秋季學期中對我的研究工作的協助，這方便了本章的準備工作。我也感謝康書蘭(Susan Converse)女士在研究和編輯上提供的幫助。

馬王堆一號漢墓所見的食物和糧食

1972年，中國在湖南長沙東郊發掘著名的「馬王堆一號漢墓」時，取得了驚人的考古發現。最初是墓主的屍體為這一發現贏得了世界性的聲譽，由於屍體受到特別的保護，因此開棺時，她的皮膚、肌肉和內部器官依然保持一定的彈性。早先，這座墓的年代被定在西元前175至前145年間。幸好有了1973年二號墓和三號墓的發掘，才更有把握確定女屍的身分，她最可能是軑侯利倉（前193-前186年在位）的妻子，死於西元前168年後，死時大約五十歲[3]。歷經差不多21個世紀，屍體竟保存得如此完好，這被認為是醫學史上的一個奇蹟。但在這裡特別吸引我們的是，整個發現對於我們了解漢代飲食極其重要。

在這位夫人的食道、胃和腸內發現了138粒半黃褐色香瓜種子，清楚地說明她追隨丈夫而去前不久吃過香瓜，她的丈夫埋葬在西側與之毗連的二號墓中。而香瓜證明只是她生前享用的眾多食物中的一種。在一號墓眾多的隨葬品中，有各式各樣的竹器48件和陶器51件，大部分裝有食物[4]。另外，從墓葬的耳室裡還發現了幾麻袋農產品。所有這些殘存的食物都已確認，下面是總的清單[5]：

3　湖南省博物館，〈長沙馬王堆二、三號漢墓發掘簡報〉，《文物》1974:7，頁39-48。

4　見圖七、八。（本篇插圖均附於篇末，下不另註——編者）

5　湖南省博物館，《長沙馬王堆一號漢墓》上冊（文物出版社，1973），頁35-36。

　　穀物：水稻、小麥、大麥、黍、粟、大豆、赤豆

　　種子：大麻、錦葵、芥菜

　　水果：梨、棗、梅、楊梅

　　根莖：薑、藕

　　獸類：野兔、狗、豬、鹿、牛、羊

　　鳥類：雁、鴛鴦、鴨子、竹雞、家雞、環頸雉、鶴、斑鳩、火斑鳩、鵲、喜鵲、麻雀

　　魚類：鯉魚、鯽魚、刺鯿、其他兩種鯉魚(銀鮈和鯇魚)、鱖魚

　　香料：桂皮、花椒、辛夷、山奈

　　除了遺留下來的食物，還有312枚竹簡提供了食物和烹飪方面的其他信息。竹簡上還詳細記錄了另外許多食物。例如，瓜、竹筍、芋頭、野薑和藜等蔬菜類，以及鵪鶉、野鴨和蛋等禽類。總之，提供了一個很好的補充清單。更重要的是，竹簡告訴了我們很多有關漢代烹飪方法和調味品的知識。調味品包括：鹽、糖、蜂蜜、醬、豉和　。烹飪和保存的方法包括：烤、燙、煎、蒸、炸、燉、泡、曬和醃。

　　這些竹簡上提到的各種菜肴也值得注意。第一種是「羹」，用大塊蔬菜或肉或兩者兼有做成的流質食物。排在菜單最前面的是九鼎大羹[6]，羹是從古代到漢代最普通的主菜。如同下文所示，羹是

6　然而，根據馬王堆三號漢墓出土的竹簡，酐(原簡醉寫作「酭」)羹是否可以釋作大羹可能仍是一個懸而未決的問題。見中國科學院考古研究所和湖南省博物館，〈馬王堆二、三號漢墓發掘的主要收穫〉，《考古》1975:1，頁47-61。

用混合配料製成的，而大羹則不然。諸如《禮記》的作者和鄭眾（西元1世紀）等漢儒們都認為，無論是用作祭品還是用作款待賓客的菜肴，大羹都應當不調五味，以貴其質[7]。王充（27-100？）也說，「大羹必有澹味」[8]。竹簡上所列的九鼎大羹分別由牛肉、羊肉、鹿肉、豬肉、乳豬肉、狗肉、野鴨肉、雉肉和雞肉做成。

混合的羹一般由肉和穀物或蔬菜加調料調製而成。十一號竹簡記載的牛白羹，已被正確地鑑定為「牛肉與米合燉」[9]，可見肉穀合燉是漢代一種非常普通的羹。竹簡上記錄了另外一些羹，包括：竹筍與鹿肉、鹹魚合燉，芋頭燉鹿肉，小豆燉鹿肉，葫蘆燉雞，大米燉鯽魚，藕與新鮮鱒魚、鹹魚合燉，大頭菜燉牛肉，大頭菜燉羊肉，大頭菜燉豬肉，苦苣菜（一種野菜）燉牛肉，苦苣菜燉狗肉。

竹簡也揭示了漢代人用不同動物的不同部位做菜做出的不同味道。竹簡提到了鹿腰窩肉、狗腰窩肉、羊腰窩肉、牛頸肉、豬肩肉、牛肚、羊肚、牛唇、牛舌、牛肺和狗肝。九十八號竹簡列出了一陶罐馬醬。雖然從文字資料上看，馬肉是漢代受歡迎的一道菜，但並沒發現保留下來的馬肉[10]。在漢代，肝是馬身上唯一不能吃的部位。景帝（前156-前141）與馬王堆一號漢墓的墓主是同時代人，有一次他說：「食肉不食馬肝，不為不知味。」[11]武帝（前140-前

7　《禮記》四庫備要本，卷8，頁8a；參見Legge, 1967, 1:435。《周禮鄭注》，四庫備要本，4:35。

8　《論衡》（上海人民出版社，1974），頁452。

9　湖南省博物館，《長沙馬王堆一號漢墓》上冊（文物出版社，1973），頁131-132。

10　高耀亭，〈馬王堆一號漢墓隨葬品中供食用的獸類〉，《文物》1973:9，頁76-80。

11　《史記》（中華書局，1959），頁3123。

87)也告訴宮廷巫師欒大說，他的前任少翁並不是賜死的，而是
「食馬肝死耳」[12]。不管這些說法是對是錯，出自漢墓的大量食物
名單裡沒有馬肝這一事實，證實了漢代人普遍認爲馬肝是有致命毒
素的。

　　根據馬王堆其他兩個漢墓的初步報道，類似的食物殘餘和食物
清單也見於三號墓，穀物和肉類與一號墓的基本相同。一些增加的
水果已被確認，比如橘子、柿子和水蕨藜[13]。應予強調的是，馬王
堆漢墓的發掘對於研究漢代的飲食是迄今爲止最重要的考古學貢
獻。

　　馬王堆的發現讓人倍感興趣的是，一號墓裡的食物清單竟與
《禮記》「內則」篇中給出的驚人地一致。事實上，上述所有食物
和精製的菜肴都見於「內則」篇。若非「內則」篇中的食物名單保
留著書面的規定，二十個世紀後的我們實無法「畫餅充饑」，而馬
王堆的考古發現最終將規定轉化爲現實。

壁畫和石刻中的廚房景象

　　對於研究漢代的飲食來說，最近的考古發現增加了另外的重要
維度。我特意參考了漢墓壁畫和石刻中許多有關廚房和宴會的場
面。漢代的文學作品，尤其是詩和賦，經常有廚房和宴會場景的描
寫，但都比不上壁畫和石刻那樣生動和富有活力。在本部分和下一
部分中，我將討論出自幾座漢墓的壁畫和石刻中的這類場景。同

12　《史記》（中華書局，1959），頁1390。

13　湖南省博物館，〈長沙馬王堆二、三號漢墓發掘簡報〉，《文物》
　　1974:7，頁45。

時，還將介紹其他的考古和文獻證據以支持我的觀點。

　　1960-1961年，在河南密縣打虎亭發掘了一座漢墓，在墓壁石刻中，發現了一幅非常精緻的廚房場景圖[14]。畫面上有十個人在廚房幹活。畫面的中上方，一個人正攪動著大鼎裡煮著的肉。畫面的右上角，在鼎的另一邊，一個人正為爐子續柴。而爐邊的另一個人似乎在爐子上煮著什麼。畫面的左角上，兩人似乎正走出廚房，走在前面的人端著一盤魚，另一人端著一個放有酒杯和其他食具的圓形托盤。畫面的左下角有一個大釜，裡面好像正煮著羹，因為旁邊有個人正用一個長柄勺，可能要把羹從釜裡舀出來。在畫面的左下方，一個人蹲著用左手在盆裡洗或調和著什麼，而他的右手做著手勢，好像是告訴拿勺的人把羹放在何處。蹲著的人的後面偏右，一個人正雙手伸進一個大容器裡幹活。最後，在右下方，有一個裝有木架的水井，木架上吊著水桶，水井的左邊有一個大缸，水井和大缸之間站著一人，正從井裡汲水。大缸的另一邊，一個人拿著盆，作取水狀。

　　除了上面的描述外，這個生動的場面也揭示了漢代廚房的其他內容。例如，它展示了各種漢代食物容器和廚房用具以及它們的用途，它們分散於畫面各處。在畫面的左上角處，有兩個肉架，上面掛著各種肉。雖然這些肉不容易分辨，但它們不出鳥獸的範圍。而在兩個肉架下面，我們可以清楚地看到躺在地上的牛頭和牛腿。

　　另一個重要的廚房場景出自一座東漢壁畫墓，這座墓位於遼陽（滿洲里的南邊）城西北郊的棒臺子。最初是1944年秋被村民發現，

14　見圖一。安金槐、王與剛，〈密縣打虎亭漢代畫像石墓和壁畫墓〉，《文物》1972:10，頁49-62。

但直到1955年才有詳細的報告[15]。1945年夏天，這座墓和它的壁畫被遼陽城裡的一群日本人知曉，他們都是熟練的臨摹者，他們將它稱作東瓦窯子墓。這群日本人臨摹了壁畫，但不幸的是，他們幾個月的勞動成果並未能讓學界所知，二次世界大戰結束後，他們兩手空空地離開了滿洲里[16]。迄今爲止，還沒有發現棒臺子墓廚房場景畫的摹寫圖。下面的討論，全以李文信的報告和素描爲基礎。

這個廚房的場面[17]比上面打虎亭墓石刻描繪的規模更大，總共有二十二個人出現在廚房裡。打虎亭墓石刻畫中所有廚師和幫工都是男人，而棒臺子墓的廚房場景中至少有四個婦女。與十八個男人的活動比起來，婦女的工作顯得不那麼緊張費力。譬如，一個女的正要去拿爐子上的一個容器，而另一個從櫥櫃裡取了一個。其他兩個坐在地上，顯然是在幹一些輕活。相對而言，像烤肉、調理食物或將食物搗成漿這類男人的活，不僅要求技巧，而且還要有更大的力氣。工作的範圍也比打虎亭的寬泛。家務雜事從殺豬、牛到拔鴨毛，不一而足。

像打虎亭的場面一樣，肉也掛在廚房的木架上。但在這裡，對各種各樣的肉都做了很好的描畫，所以大部分能識別出來。據李文信介紹，從左至右，有龜、獸頭、鵝、雉、不知名的鳥、猴子、動物的心和肺、乳豬、乾魚和鮮魚。它們都懸掛在牢牢釘在架子上的鐵鉤上。這種肉架可能在漢代的廚房裡很普遍，因爲最近在河南的

15　李文信，〈遼陽發現的三座壁畫古墓〉，《文物參考資料》1955:5，頁15-42。

16　Wilma Fairbank, *Adventures in Retrieva*(Harvard University Press, 1972), pp. 146-147, 174-178.

17　見圖二。

一座漢墓裡至少發現了五個鐵製肉鉤[18]。

在棒臺子的廚房場景裡，還有另一種肉架子是其他漢代壁畫裡從未見過的。它由一高竿頂二橫竿構成。橫竿上掛滿肉塊、腸(可能是香腸)、胃等等。竿子很高，必須用長柄的鉤子才搆得著食物。肉放得如此高，是爲了防止地上的動物(比如說狗)吃到它們。這一點得到了證實，就在高竿下我們發現一條狗正盯著架子上的肉，不用說它是饞涎欲滴。

類似的廚房場景在其他的漢代壁畫墓中也有發現，特別是在遼陽，如三道壕二號和四號黏土坑[19]、三道壕一號墓[20]。在著名的武梁祠和沂南漢墓(兩者都在山東)的石刻裡，廚房場景也有所表現[21]。特別值得一提的是見於蒙古的兩個廚房場景。1956年5月，在內蒙古托克托縣發掘了一座有著豐富壁畫的漢墓，這類墓在該區域是首次發現。廚房場景畫在左墓室的後壁、左壁和前壁上。圖畫中有容器、一隻爐子、一頭黑豬、一條黃狗、兩隻雞和一個肉架子，肉架子上掛著兩隻雉、一塊肉、兩尾魚和一塊牛肉[22]。最近，在1972年，和林格爾(內蒙古)發現了另一座重要的漢代壁畫墓。這

18　河南省博物館，〈濟源泗澗溝三座漢墓的發掘〉，《文物》1973:2，頁47-48。
19　見圖三。
20　李文信，〈遼陽發現的三座壁畫古墓〉，《文物參考資料》1955:5，頁15-42；東北博物館，〈遼陽三道壕兩座壁畫墓的清理簡報〉，《文物參考資料》1955:12，頁49-58。
21　篠田統，《中國食物史》(東京，1974)，頁49；華東文物工作隊山東組，〈山東沂南漢畫像石墓〉，《文物參考資料》1954:8，頁3568；曾昭等，《沂南古畫像石墓發掘報告》(北京：文化部文物管理局出版，1956)，頁2021，圖48。
22　羅福頤，〈內蒙古自治區托克托縣新發現的漢墓壁畫〉，《文物參考資料》1956:9，頁41-43。

裡的廚房場景[23]，表現人們做飯和打水的情形以及一個掛滿獸頭、腸、魚、肉、雉和野兔等食物的肉架子[24]。這兩幅圖和遼陽、河南、山東發現的幾乎一樣。也許可以說，漢代上層社會的廚房裝備已或多或少地標準化了，無論是在河南和山東等內地，還是在滿洲里和內蒙古等邊境地區，均如此。

漢代把肉掛在木架子或竿子上是一個普遍的習俗。四川發現的一塊畫像磚[25]和甘肅嘉峪關新發現的壁畫[26]，都顯示了肉架在烹飪場景中的主要地位，架子上的肉一眼望去便使人想起「肉林」一詞[27]。但這個習俗明顯起源於漢代之前，司馬遷已說過商代的最後一個國王紂「懸肉為林」[28]。總而言之，不同地方發現的漢代壁畫中，食物和廚具的任何部分都幾乎找不出差異。特別有趣的是，三大類(陸地、空中和水裡的)動物的肉都掛在架子上，和馬王堆一號墓出土的肉類名單基本吻合。

然而，漢代廚房有一個有趣的特徵並沒有出現在漢代壁畫中，這就是古代就已投入使用的冰室[29]。據王充說，漢代人在冬季伐冰

23　見文圖五

24　內蒙古文物工作隊、內蒙古博物館，〈和林格爾發現的一座重要的東漢壁畫墓〉，《文物》1974:1，頁12；*Museum of Fine Arts*, North Kyūshū，1974，圖19；《漢唐壁畫》(無作者)(北京：外語出版社，1974)，圖26。

25　見圖四。何浩天，《漢畫與漢代社會生活》(台北：中華叢書編委會，1958)，頁96。

26　見圖六。嘉峪關市文物清理小組，〈嘉峪關漢畫像磚墓〉，《文物》1972:12，頁2441，圖34。

27　《漢書》(商務印書館，1932)。

28　《史記》(商務印書館，1936)。

29　林乃燊，〈中國古代的烹調和飲食〉，《北京大學學報》(人文社科版)1957:2，頁131-144。

建造「冰室」以儲藏食物。怎樣使食物(特別是肉類)保存在低溫狀態而不致變質,這肯定是經常困擾漢代中國人的一個問題。王充進一步說,一些富有想像力的學者甚至設想出一種「肉扇」,它能自動產生風使肉保持低溫[30]。

繪畫和現實中的宴會

漢代壁畫中,宴會場景比廚房場景要多得多[31]。爲了方便起見,我們還從打虎亭墓的一個場景開始討論,然後用其他的考古和歷史證據加以擴充。

在這幅場景[32]的中央,一個人坐在一張低矮的長方形木榻上,木榻的後面和人的右邊都有屏風[33],榻上的人很可能是主人。在他的右邊,一位坐著的客人正看著主人;在他的左手邊,兩個客人坐在一起,顯然是在談論政治。客人坐在席子上而不是榻上。在主人身後的屏風的右端,一個女僕正在迎接兩位以上的客人。另外,四個男僕正供應著飲食。

在榻的前面,有一張矮的矩形桌子,即漢代所謂的案。桌上擺著酒杯和菜。這種長桌似乎特意做成和木榻的大小相配。在三道壕

30　《論衡》(上海人民出版社,1974),頁268。

31　見圖九-十四。

32　見圖九。

33　我們知道這種榻在漢代很普通,因爲不僅在棒臺子壁畫中(李文信,〈遼陽發現的三座壁畫古墓〉,《文物參考資料》1955:5,頁1718),也在四川的畫像磚上,發現了它,雖然後一例中榻旁邊沒有屏風(重慶市博物館,《四川漢墓畫像磚選集》,文物出版社,1957,頁20)。而且,《高士傳》也記錄了3世紀的管寧常坐在木榻上(引自《三國志·魏志》[商務印書館,1936],卷十一,頁27b)。

四號墓的壁畫裡，可以找到兩張同樣有屏風的榻，以及與之相配的桌子。很有趣的是，三道壕壁畫中的一張桌子上插著一支毛筆[34]。似乎可以說，與有屏風的榻相匹配的桌子並不是專供飲食之用，它也可以用作書桌。一般的食案要小得多，就像這個宴會場景中放置於客人前面的一樣。這也解釋了為什麼有德之婦孟光能每次「舉案齊眉」供給她丈夫梁鴻飯食[35]。一般來說，漢代食案有兩種形狀，圓形和長方形(有時是正方形)。不用的時候它們被堆疊在廚房裡，這在棒臺子的廚房場景圖，以及洛陽燒溝出土的陶桌的堆放形式上都有所反映[36]。如果桌子是圓的，就被叫做「檈」[37]。

我們不知道打虎亭場景畫中舉行宴會的原因，墓主暫時被認定為張伯雅，他是東漢河南弘農郡的太守，這幅畫可能是表現他在官邸宴請下屬。無論如何，主人在畫中占據著中心位置，那可能是個尊位。這樣的座次安排很符合漢代的尊卑之序。類似的座次安排也見於著名的山東孝堂山宴會石刻圖[38]。

打虎亭場景圖僅展示了宴會的開始，畫中只有喝的而不見食物。因此我們必須轉入歷史記載的宴會中，以獲取有關漢代宴會更具體的知識。這一時期最富盛名的宴會就是鴻門宴，時間是西元前

34　李文信，〈遼陽發現的三座壁畫古墓〉，《文物參考資料》1955:5，頁30，圖18-20。

35　《後漢書》(商務印書館，1935)，卷83，頁14a。

36　李文信，〈遼陽發現的三座壁畫古墓〉，《文物參考資料》1955:5，頁27，圖14；洛陽區考古發掘隊，《洛陽燒溝漢墓》(北京：科學出版社，1959)，頁137-139，圖64、圖35。

37　許慎，《說文解字》(1969)，頁122；瞿宣穎，《中國社會史料叢抄》(上海：商務印書館，1937)，頁131。

38　勞榦，〈論魯西畫像三石〉，《中研院史語所集刊》第8本第1分(1939)，頁100。

206年。在進入這個重要的歷史事件前,讓我們先介紹一幅由郭沫若鑑定的漢代壁畫,畫家表現的即是鴻門宴。這幅畫由朱紅、綠色、藍色、黃色和褐色畫成,是1957年在洛陽發掘的一座西漢墓中發現的。這是中國發現的最早的有壁畫的墓[39]。

郭沫若對壁畫的解釋摘要如下:墓室的後壁上裝飾著描寫鴻門宴故事的畫。畫的右側是一個人正在爐子上烤著大塊牛肉,另一個人手持一杖站在那兒觀看。人們身後的牆上掛著大塊的牛肉和一個牛頭。爐子的左邊,畫了兩個席地而坐飲酒的人。手持羊角杯的可能是項羽,另一個外表上更文雅的是劉邦。站在劉邦身邊的是項伯,劉邦左邊是一隻大老虎的坐像,這幅坐像實際上是畫在一扇門上的。老虎左邊拱手而立的兩個人是張良和范增,長相兇猛、持劍欲刺劉邦的是項莊[40]。

這無疑是一個軍營裡的宴會場景,但描繪的是否即鴻門宴還有爭議。太史公司馬遷在《史記》中對鴻門宴作了全面而生動的敘述:

> 項王即日因留沛公與飲。項王、項伯東向坐,亞父南向坐。亞父者,范增也。沛公北向坐,張良西向侍。范增數目項王,舉所佩玉以示之者三,項王默然不應。范增起,出招項莊,謂之曰:「君王為人不忍,若入前為壽,壽畢,請以舞劍,因擊沛公於坐,殺之。不者,若屬皆為所擄。」莊則入為壽。壽畢,曰:「君王與沛公飲,軍中無

---

39 河南省文化局文物工作隊,〈洛陽兩漢壁畫墓發掘報告〉,《考古學報》1964:2,頁107-125,圖2;《漢唐壁畫》(1974),圖2、3。

40 郭沫若,〈洛陽漢墓壁畫試探〉,《考古學報》1964:2,頁6。

以爲樂，請以舞劍。」項王曰：「諾。」項莊拔劍起舞，
項伯亦拔劍起舞，常以身翼蔽沛公，莊不得擊。於是張良
至軍門，見樊噲。樊噲曰：「今日事如何？」良曰：「急
甚。今者項莊拔劍舞，其意常在沛公也。」噲曰：「此迫
矣，臣請入，與之同命。」噲即帶劍擁盾入軍門。交戟之
衛士欲止不內，樊噲側其盾以撞，衛士仆地，噲遂入，披
帷西向立，　目視項王，頭髮上指，目眥盡裂。項王按劍
而跽曰：「客爲何者？」張良曰：「沛公之參乘樊噲者
也。」項王曰：「壯士！賜之卮酒。」則與斗卮酒。噲拜
謝，起，立而飲之。項王曰：「賜之彘肩。」則與一生彘
肩。樊噲覆其盾於地，加彘肩上，拔劍切而啖之。項王
曰：「壯士，能復飲乎？」樊噲曰：「臣死且不避，卮酒
安足辭！……」項王未有以應，曰：「坐。」樊噲從良
坐。坐須臾，沛公起如廁，因招樊噲出。[41]

　　將以上敘述和壁畫核對一下，我們立即發現兩者之間的差異多
於一致。壁畫中座次的安排和樊噲的缺席很難解釋這是關於鴻門宴
的故事。最左邊的那個凶漢，郭沫若認爲是項莊，但看起來更像司
馬遷描寫的樊噲。但如此一來，項莊就不在畫面中了。而且項莊和
項伯都應在宴會上表演舞劍。

　　當然，鑑別洛陽壁畫中的宴會場景並不是我們這裡所要關注的
主要問題。特別吸引我們的是，鴻門宴有助於我們了解漢代的宴
會。第一件引人注意的事情是宴會的座次安排，它見於《史記》而

41　《史記》卷7〈項羽本紀〉。

不見於《漢書》。如上所見，宴會中項羽和他叔父項伯面東而坐，因此項羽和他叔父共享尊位。事實上朝東的座位是漢代宴會中的尊位，武帝時丞相田蚡的事可以為例證。一天，田蚡邀請客人飲酒，他讓哥哥蓋侯面南而坐，而他自己坐在朝東的尊位上。他解釋說家庭的禮節不應降低丞相的尊嚴[42]。而且，西元前32年，丞相匡衡也被指控在一次官宴上違反規定，將朝東的尊位安排給了他的一個下屬[43]。應指出這個特殊的規定不是漢代的發明，其源頭可追溯到東周時期[44]。鴻門宴的座次安排因此有明確的意義，它透露出一個重要的信息，即劉邦實際上接受了把項羽當成自己的上級。這也許能解釋為什麼在每個人就座後，項羽不再一心要除掉劉邦。確實，吃飯的方式也可成為一種巧妙的政治手段。

關於肉的烹調，從這個歷史性的宴會我還看到另外一些東西。洛陽墓壁畫的宴會場景中，描繪了一個人在爐子上烤一大塊牛肉，這個矩形四腿的爐子可能是仿照一個鐵爐子畫的。在靠近燒溝的漢墓裡發現了這樣的爐子[45]。非常有意思的是，一眼看去，畫中的整個操作就像現在的戶外燒烤。如果我們由壁畫的這部分聯想到鴻門宴上肉的烹調方式，可能不算太牽強。大家可能還記得給樊噲一個未切開的生豬腿吃的情節，無法想像半生不熟或甚至幾乎完全是生肉會拿來待客。項羽的命令太突然，以致廚師沒有時間完成燒烤工作。如果食物已經準備好放在宴會上，如壁畫所展示的，從項羽下

42　《史記》卷107〈魏其武安侯列傳〉。然而據《漢書》記載，蓋侯面北而坐（《漢書》卷52）。

43　《漢書》卷76，頁25a。

44　尚秉和，《歷代社會風俗事物考》（商務印書館，1938），頁283-284。

45　《洛陽燒溝漢墓》（1959），圖58，圖3、4。

命令到樊噲吃豬腿，一連串的事情將更合理一些，細心的讀者也許
會同意這一點。畢竟，宴會是在戰時的軍營裡舉行。而且，烤肉對
漢代人來說是一道珍貴的菜肴。例如，賈誼（死於西元前169年）就
設想將它列入漢代邊境飯館的菜單，以便吸引匈奴投到中國這邊，
他樂觀地估計說：「以匈奴之饑飯羹啖膹炙暉渮多飲酒，此則亡
竭可立待也。」[46]烤肉也見於甘肅嘉峪關的東漢墓壁畫中，畫中的
肉被切成小塊，串在一個三枝叉上，準備用來待客[47]。

　　最後，在鴻門宴中，項莊以「軍中無以為樂」為由表演舞劍。
這為我們介紹了漢代宴會的另一個組成部分：娛樂。一個正式的漢
代宴會常常伴有各種娛樂活動，包括音樂、舞蹈和雜技。事實上，
在許多漢代壁畫和石刻中，娛樂活動是完整的宴會場景不可缺少的
一部分，最近考古發現的一套完整的俑可以生動地說明這一點。這
套俑出自濟南無影山的一個西漢墓，俑可分為四組：兩個面對面跳
舞的姑娘，四個表演雜技的男子，兩女五男演奏音樂，三位男士邊
飲酒邊觀看演出[48]。一般而言，漢代的宴會伴有音樂和舞蹈。文學
作品中，傅毅和張衡的〈舞賦〉都清楚地指出正式宴會都伴有音樂
和舞蹈[49]。張衡還為我們介紹了宴會中這類表演的順序。根據他的
描述，當音樂響起時，酒已斟好；當飲者開始喝醉時，美麗的女子
跳起舞來。甚至在非正式的宴會上，有時也有音樂助興。張禹（死

46　《新書》（商務印書館，1937），卷4，頁41。
47　嘉峪關市文物清理小組，〈嘉峪關漢畫像磚墓〉，《文物》1972:12，
　　頁25，圖7、圖1，以及頁40的圖34。
48　濟南市博物館，〈試談濟南無影山出土的西漢樂舞、雜技、宴飲陶
　　俑〉，《文物》1972:5，頁19-23。
49　嚴可均，《全上古三代秦漢三國六朝文》（1958），頁705-706，769。

於西元前5年)經常帶著心愛的學生戴崇到後堂伴著音樂吃喝[50]。

漢代壁畫中的宴會場景僅僅為我們提供了漢代真實生活中的宴會梗概,歷史記錄通常也不涉及飲食的種類及其製作,因此我們必須借助敘述性的文學作品,以便了解漢代宴會的具體情況。但我們又陷入了另一種困境中:對於今天的我們來說,文學作品裡提到的許多食物,僅僅是些名稱罷了。漢代作家從枚乘(西元前2世紀)到徐幹(3世紀),他們的賦作有十多篇都是這樣。

在可以認出的品類中,我發現下列食品和菜肴在漢代宴會中經常被提到[51]:

> 獸類:牛腴、肥狗、熊掌、豹胎、乳豬、鹿肉、羊肩。
> 鳥類:跑奴(貓頭鷹)、燉野鴨、麻雀湯、烤野鵝、野雞、應雁、山鶴。
> 魚類:鮮鯉膾、洞庭湖的鱸魚、燉甲魚、煮甲魚。
> 蔬菜:竹筍、蒲根、韭菜、大頭菜。
> 香料:薑、肉桂、花椒。
> 水果:荔枝、梨、榛實、瓜、橘子、杏。
> 調料:芍藥醬、鹽、梅子醬、肉醬、糖、蜂蜜、醋。

不用說,上面所列並不全面,但有助於我們了解漢代人在宴會上通常喜歡吃什麼食物。

---

50 《漢書》卷81,頁14a。
51 這些都以文學作品為基礎,見嚴可均輯錄的《全上古三代秦漢三國六朝文》,頁238,403,623,644,706,713,714,775,827,963,975,976。

　　然而，還需要一些補充說明以便使這個清單更有意義。首先，烹飪方法包括燉、煮、炸、烤、焙、蒸和醃製，五味的調和也被認為是廚藝的基礎。在這方面，漢代的烹飪繼承多於創新。但是，刀功似乎比以前更受到重視，幾個東漢作家談到將魚和肉切得最薄是精美食物的標準。實際上，在食品和烹飪史上，漢代也有重大的新發展。如果以為漢代人僅是沿襲古代正統的飲食傳統，那將是錯誤的。

　　其次，在漢代描敘宴會的文學作品裡，糧食也經常出現。米飯（一般的和粘性的）和小米飯受到特別的稱讚。我們由此可以認為人們更喜歡這類糧食。

　　再次，酒是宴會不可缺少的東西。西元前2世紀的一個作家鄒陽在他的〈酒賦〉裡區分了兩類酒飲料——醴和酒，並說酒類由米麥釀成[52]。醴和酒的區別也見於張衡的〈七辯〉，篇中告訴我們酒為黑色而醴為白色[53]。漢初楚元王的宮廷裡有一個叫穆的儒生，不喜歡喝酒，因此楚元王就常在宴會上為他備上醴。據唐顏師古注，醴是甜的，它的釀造比酒要少用　而多用米[54]。在古代宴會中，醴和酒被分裝在兩個樽中[55]，這個習俗一直沿襲到漢代。漢代的一首民歌中寫道：「請客北堂上……清白各異樽。」[56]另一方面，酒（或清酒）似乎是更普通的飲料。當然，酒比醴度數高。東漢字典《釋名》解釋說，一夜便可製成醴[57]。而據6世紀賈思勰所說，清

52　葛洪，《西京雜記》，1937年漢魏叢書本，卷4，頁4a-5b。

53　嚴可均，《全上古三代秦漢三國六朝文》，頁775。

54　《漢書》卷36，頁26。

55　《儀禮·鄉飲酒禮》。

56　郭茂倩，《漢樂府詩》(1955)，第2冊，卷37，頁2。

57　劉熙，《釋名》(1939)，頁66。

酒的發酵過程非常複雜，所以要用更長的時間[58]。

1968年，在滿城的兩個西漢墓中(河北)，共出土了33個陶製酒罐。有幾個酒罐上題有「黍酒」、「甘醪」、「稻酒」和「黍上尊酒」[59]。3世紀早期蔡邕給袁紹的信中也提到醴酒是用小麥製成的[60]。由此，我們知道在漢代實際上所有的糧食都可拿來釀酒，包括米、黍和小麥[61]。

需要解釋一下「上尊」，據如淳援引的漢律，用稻米釀造的酒被列為上尊(上等)，由稷米釀成的為中尊(中等)，由粟米釀成的為下尊(下等)。但顏師古認為酒的等級與用哪種穀物釀製無關，相反，漢代酒的等級是由它的度數決定的，度數越高，質量越好[62]。現在，由中山王劉勝和他妻子墓中的題字「黍上尊酒」，可以看出顏師古是正確的。

上面我們弄清了哪些食物和酒是漢代宴會上常見的，現在我們該推想用食物和酒款待客人的相關順序。首先，酒應該提供給客人。對此，上面引用的東漢詩已有說明，而且從鴻門宴中也可看出。我們可以回想起樊噲先是被給了一杯酒，接著才是一隻豬腿。在頭輪酒後，羹將是宴會的第一道菜，《儀禮》說：「羹定，主人速賓。」[63]2世紀的應劭也記敘了在他的時代，黍肉羹總是宴會裡

58　石聲漢，《齊民要術今譯》(科學出版社，1958)，3:460-462。

59　中國科學院考古研究所滿城發掘隊，〈滿城漢墓發掘紀要〉，《考古》1972:1，頁818。

60　嚴可均，《全上古三代秦漢三國六朝文》，頁872。

61　石聲漢，《齊民要術概論》，第二版(北京：科學出版社，1962)，頁81。

62　《漢書》卷71，頁12b。

63　《儀禮》，萬有文庫本(商務印書館，1933)，頁89。

的第一道菜[64]。如果還有別的菜，則在羹後面再端上來。我們有理由相信飯食是最後端上來的。前引的那首東漢詩歌中說了，臨近宴會結束時，主人急忙到廚房去準備飯食，以便不使客人久留[65]。漢代人和他們現在的後裔們一樣認為，如果沒有提供任何主食，那麼這頓宴會將是不完整的。2世紀早期的葛龔覺得有必要寫封信給他的朋友，為他某晚邀請朋友吃蝦沒有備飯而表示歉意[66]。

最後，吃完飯後，將拿水果給客人吃。也許這並不是一頓飯的一部分，而是在某種意義上和西方的餐後甜點相似。例如，王充在評論孔子先吃黍後吃桃子時，認為符合飲食順序[67]。傅毅(2世紀早期)在他的〈七激〉中也清楚地講述了飯後上了雍州的梨[68]。宴會結束，並不一定吃喝就結束了。據應劭說，有時宴會結束了，主人還想繼續和客人喝酒。在這種情形下，廚房已來不及準備新鮮食品，於是乾肉和由花椒、薑、鹽和豆豉調味的魚會被拿來佐酒[69]。這似乎顯示了早在東漢時，中國人就養成了喝酒時吃東西的習慣。

讓我們以西元前1世紀王褒〈僮約〉中的一段話來結束有關漢代宴會的討論。這個「契約」定於西元前59年，它以半幽默的口吻講述了王褒在四川成都買了一個叫便了的頑奴，在王褒安排的眾多家務活中，頑奴要為客人準備伙食。「契約」中這樣寫道：

舍中有客，提壺行酤，汲水作餔，滌杯整案。園中拔蒜，

64　嚴可均，《全上古三代秦漢三國六朝文》，頁680。
65　郭茂倩，《漢樂府詩》，卷37，頁1b。
66　嚴可均，《全上古三代秦漢三國六朝文》，頁780。
67　《論衡》，頁451。
68　嚴可均，《全上古三代秦漢三國六朝文》，頁706。
69　嚴可均，《全上古三代秦漢三國六朝文》，頁676。

斷蘇切脯。築肉臟芋，膾魚包鱉，烹茶盡具。[70]

　　這段本身已說得很清楚。只有一點還須特別注意，就是在中國茶是否這麼早已被飲用[71]。但是，根據〈僮約〉在內的許多文學作品的例子，顧炎武認為，甚至在漢代以前，四川境內就已開始飲茶[72]。飲茶的習慣傳到中國其他地方，特別是北方，則大約是很晚的事了[73]。

日常生活中的飲食

　　由於積累的材料的性質，我的討論多限於上層社會的飲食。馬王堆的食物殘餘和食品清單，不同墓中壁畫裡的廚房和宴會場景，歷史上的鴻門宴，文字描寫的無數令人垂涎三尺的美味佳肴——所有這些都為富人和權貴所專有，他們只是漢代六千萬中國人中的小部分。現在我必須試著找出漢代大多數人日常生活中通常能夠得到什麼樣的食物。這說來容易做來難，因為歷史記錄和考古發現通常反映的是多少有些財富的人的生活。而且，有時也需要在討論中拿富裕人家作對照和對比。

　　穀物是漢代中國人的主要食物，正如它仍然是現在中國人的主要食物一樣。那麼漢代種植的主要穀物有哪幾種呢？漢代人沿襲古

70　英譯引自 C. Martin Wilber, *Slavery in China During the Former Han Dynasty, 206BC-AD25*（New York, 1943）, p. 385, 有一點小修改.

71　英譯引自 C. Martin Wilber, *Slavery in China During the Former Han Dynasty, 206BC-AD25*, p. 391, n. 19.

72　顧炎武，《日知錄》卷7〈茶〉。

73　呂思勉，《兩晉南北朝史》（上海：商務印書館，1948），2:1136-1137。

代的說法，常稱「五穀」、「六穀」、「八穀」或「九穀」。但從漢代到現在的學者，從未對這些穀物的認定達成一致的意見[74]。儘管有語言上的混淆，但幸好最近的考古發現還是使我們現在能夠在更加穩固的基礎上來確定哪些是漢代人賴以為生的主食。

馬王堆一號漢墓出土的殘留穀物種類是大米、小麥、大麥、粟、黍、大豆和赤豆。除赤豆外，其餘的在傳統的注疏家和文獻學家的考證中都有提及。殘留的穀物在別處也發現過。1953年在燒溝（洛陽西北郊）發掘的145座西漢中期至東漢的墓裡，總共出土了983個陶製穀物容器，容器裡保留的穀物有黍、粟、稷、大麻、大豆、大米和薏苡。而且，大多數容器有標記指明所裝的糧食。除了以上給出的穀物名稱，我們還發現小麥、大麥、豆、小豆、稻穀和其他的名稱[75]。值得注意的是，一個日本專家分析發現，燒溝出土的殘存大米與印度大米很接近[76]。1957年有更多類似的穀物容器在洛陽秦故園村發現[77]。基於這些考古所得的發現，我們能自信地說，漢代中國人一般食用的穀物種類包括粟、黍、稷、大米、小麥、大麥、大豆、小豆和大麻。特別值得注意的是，這個考古目錄與西元前1世紀農學家范勝之書中所記錄的「九穀」非常吻合[78]。與鄭興和鄭玄這些農學知識主要來自書本的經學家不同，范勝之是一個專

74　齊思和，〈毛詩穀名考〉，《燕京學報》第36期（1949），頁263-311。

75　《洛陽燒溝漢墓》，頁112-113，表26。

76　中尾佐助，〈河南省洛陽漢墓出土的稻米〉，《考古學報》1957:4，頁79-82。

77　黃士斌，〈洛陽金穀園村漢墓中出土有字的陶器〉，《考古通訊》1958：1，頁36-41。

78　Shih Sheng-han（石聲漢），On "Fan Sheng-chih Shu": An Agriculturalist's Book of China Written by Fan Sheng-chih in the First Century BC（Peking: Science Press, 1959）, pp. 8-11.

業農學家，他曾教授長安附近的人種植技術[79]。

毋庸贅言，並不是所有這些糧食在漢代各地都可以同樣獲得。在古代，粟、黍、稷是北方的主食，而大米是南方的主要澱粉食物，這種情況似乎很好地延續到漢代。而且，我們有理由相信，總的來說，漢代粟、黍、稷的產量高於稻米[80]。據《淮南子》記載，只有來自長江的水才適合於栽種水稻[81]。班固在《漢書・地理志》也指出四川和楚地(主要是湖南、湖北)是水稻的兩大產地[82]。最近的考古發掘證實了這一點。1973年在湖北江陵鳳凰山發掘了九座西漢早期的墓，從八號、九號和十號墓中發現了各種食物殘留和400多枚竹簡。殘留的食物包括大米、瓜子、果核、蛋、粟、栗子和蔬菜種子。許多竹簡也提供了穀物方面的信息[83]，竹簡上記錄了大米、糯米、粟、小麥、豆類和大麻。從竹簡的數量和食物的殘留量判斷，似乎可以得出一個可靠的結論，即稻米和粟(特別是前者)是漢代這一地區的主食[84]。相比之下，洛陽燒溝墓出土的粟、黍、稷的數量要比大米多[85]。考慮到南北的地理差異，也許可以不太牽強地說，在漢代大體上粟、黍、稷是比大米更普通的主食。在古代，大米曾被當成昂貴和美味的飯食，甚至僅供貴族享用。沒有證據顯

---

79 Shih Sheng-han(石聲漢), On "Fan Sheng-chih Shu": An Agriculturalist's Book of China Written by Fan Sheng-chih in the First Century BC, pp. 42-441.

80 齊思和，〈毛詩穀名考〉，頁304-305。

81 劉文典，《淮南鴻烈集注》(商務印書館，1974)，卷四，頁10a。

82 《漢書》卷28下，頁20a，30b-33a。

83 〈湖北江陵鳳凰山西漢墓發掘簡報〉，《文物》1974:6，頁41-54。

84 黃盛璋，〈江陵鳳凰山漢墓簡牘及其在歷史地理研究上的價值〉，《文物》1974:6，頁76-77。

85 《洛陽燒溝漢墓》，頁112-113。

示這種情況在漢代已發生了急劇的改變。

通常排在稻穀與粟、黍、稷之後的是小麥、大麥、大豆和大麻。先說大麻。大麻是中國傳統紡織的主要原料，這是個常識。但大麻種子也可以食用，由於這個原因，大麻常被劃入穀物類。《鹽鐵論》記載說西漢初年儒生包丘子把大麻種子當作飯食[86]。然而，大麻種子並未像其他的穀物一樣成為重要的食物。

大豆和小麥對於窮人的生存而言，比粟、黍、稷更必要。雖然漢代粟、黍、稷的產量無疑比其他穀物高，然而消費量也可能更大，因此迫切要求將大豆和小麥作為替代品。正如班固指出，窮人只有吃大豆和喝水[87]。《鹽鐵論》也提到「嚼菽」是最簡單的伙食[88]。范勝之很好地解釋了為什麼會這樣，他說：

> 大豆保歲為易，宜古之備凶年也。謹計家口數，種大豆，率人五畝，此田之本也。[89]

小麥和豆類都被看成是粗糧。有一個關於豆粥和麵食的著名故事，在戰爭期間，馮異為光武帝和士兵們準備了這樣的快餐。許多年後，皇帝寫信給馮異，道歉還未回報他提供豆粥和麵食的恩惠[90]。王充也說：「豆麥雖糲，亦能愈饑。」[91]西元194年，都城

86　桓寬，《鹽鐵論》（1974），頁41。
87　《漢書》卷91，頁3a。
88　桓寬，《鹽鐵論》，頁41。
89　Shih Sheng-han(石聲漢), On "Fan Sheng-chih Shu": An Agriculturalist's Book of China Written by Fan Sheng-chih in the First Century BC, pp. 19-21.
90　《後漢書》卷17，頁3a、12a。
91　《論衡》，頁131。

附近發生了大饑荒，穀價漲到天高，500,000錢只買得一斛帶殼的
粟，而200,000錢只買得一斛豆或小麥[92]。這無疑表明作為糧食，豆
和小麥遠不如粟。如果一個官員死後發現只留下幾斛小麥，他將會
被認為生活簡樸而備受讚揚[93]。

即使同一類穀物也有精粗之分。在漢代，一斛帶殼穀物（穀或
粟）一般能產出六成的去殼穀物（米）[94]。如果產出占七成，那麼便
認為是糙米（糲）[95]。有時窮人吃的穀物更加粗糙，糟糠也被當作糧
食[96]。《史記索引》甚至將糟糠解釋為窮人的食物[97]，但這僅是文學
的誇張。孟康（180-260）認為所謂的糠不過是小麥脫粒後的剩餘物[98]。

在漢代人的日常生活中，哪些菜和飯一起吃呢？羹是平常的
菜。《禮記》說：「羹食自諸侯，以下至於庶人，無等。」鄭玄注
稱，羹是一餐中主要的食物[99]。這裡，漢代的這位經學家顯然是從
他自己的日常經驗來說的。做羹可以放肉，也可以不放肉。據我所
知，下面這則記述是對漢代肉羹唯一的真實描述。明帝時（58-
75），會稽（在今天浙江）陸續被關在都城洛陽的監獄裡。一天，他
吃到一碗肉羹，他立即明白母親已到洛陽來看他了。他告訴周圍的
人只有他母親才做得出那樣的羹，他描述道：「母嘗截肉未嘗不

---

92 《後漢書》卷9，頁8a。通常一斛帶殼穀物的價格僅在100錢左右（勞榦，
　　《居延漢簡考釋》，中研院史語所專刊，1960，頁59）。
93 《後漢書》卷31，頁22b；卷77，頁4b。
94 Lien-sheng Yang（楊聯陞）, *Studies in Chinese Institutional History* (Harvard,
　　1961), p. 154.
95 見《史記》（中華書局，1959），30:5a張晏的注釋。
96 《後漢書》卷41，頁18b-19a。
97 《史記》，卷61，頁8b。
98 《漢書》卷40，頁11b。不管怎樣，糟糠指的是最粗糙的糧食。
99 《禮記》卷8，頁22a。

方，斷蔥以寸爲度。」[100]從這個故事中我們知道，肉和蔥燉的羹是一種普通的羹。但在漢代，肉羹與其說是一種日常必需品，不如說是一種奢侈品。王莽時，一個太監從市場買回粟米飯和肉羹，哄騙王莽說，這是長安居民的普通伙食[101]。太監的欺騙行爲一定程度上證實了肉羹不是一般人所能獲取的。1世紀太原的一位學者閔仲叔，身體不好，又上了年紀，因爲貧窮，買不起他非常需要的肉，只得每天從肉店裡買一塊豬肝，也許他並不知道豬肝含有豐富的維生素[102]。在閔仲叔的事例中，他想要的可能是豬肉，雖然牛羊肉在漢代的市場上似乎需求更大[103]。牛肉特別珍貴，因爲牛是一種有用的動物，政府有時禁止屠殺它們[104]。理論上，肉是專給老人和貴族的[105]。在西元前179年的一道詔書中，文帝命令政府按月供應糧食、肉和酒給八十歲以上的老人[106]。整個漢代，類似的詔令一次又一次地頒發，但事實是官員們很少認眞對待這些詔令。

在所有肉類中，雞肉可能比其他肉類更接近普通百姓，地方官吏也特別鼓勵人們把養豬養雞當作家庭副業[107]。漢代的許多墓裡都出土過陶雞、陶豬和陶豬舍，特別是東漢墓[108]。這可以看成是

---

100 《後漢書》卷81，頁21ab。

101 《後漢書》卷53，頁2a。

102 《漢書》卷99下，頁21b-22a。

103 《論衡》，頁221。

104 《後漢書》卷41，頁3ab；應劭《風俗通義》卷九〈怪神〉「城陽景王祠」；嚴可均，《全上古三代秦漢三國六朝文》，頁543-544。

105 呂思勉，《秦漢史》(上海，1947)，頁571-572。

106 《漢書》卷4，頁6b-7a。

107 《漢書》卷89，頁5ab。

108 《洛陽燒溝漢墓》，頁140-42；〈廣州市文管會1955年清理古墓葬工作簡報〉，《文物參考資料》1957:1，頁71-76；〈貴州黔西縣漢墓發掘簡報〉，《文物》1972:11，頁42-47。

漢代普通家庭的真實反映。殺豬是每個家庭的一件大事。據崔寔記載，一年之中家裡只在年前幾天殺豬，至今農村還保留著這個風俗[109]。當一兩個客人來吃飯時，像孔子時代他們的祖先一樣，漢代人通常拿一隻雞來招待。漢代以前乃至漢代，雞肉配黍米飯都被當作待客的像樣飯食[110]。但對於窮人來說，吃雞的願望則不能滿足。2世紀的茅容只有一隻雞，給了老母吃，就不能款待他尊敬的客人郭林宗了[111]。也是在東漢，一個老婦人偷了鄰居的一隻雞，煮給自己和兒媳吃了[112]。

我們已經知道，肉和家禽對於普通人來說，並不像有錢有勢人家那樣容易獲得。於是，各種蔬菜在漢代大多數人的日常伙食中占據著重要位置。上面已提到，羹不一定必須和肉聯繫在一起，雖然來自馬王堆的菜單似乎給了人這樣的印象。實際上，完全可以說，在漢代之前就有了菜羹。例如，韓非已提到藜藿之羹與糙米飯[113]。藿是豆葉，按范勝之的說法，「其藿可賣」[114]。我們不太清楚藜是什麼，但它被描述為一種像蔥的植物[115]。「藜藿」一詞後來成為窮人吃的各類粗蔬的固定表達。

在歷史上，我們僅發現少數幾個有關窮人飯食的細節。前面提到的閔仲叔，在另一個場合，朋友給了他一些蒜，讓他就著豆子和

---

109 崔寔，《四民月令》（1965），頁7476。

110 尚秉和，《歷代社會風俗事物考》（商務印書館，1938），頁105。

111 《後漢書》卷68，頁4b。

112 《後漢書》卷84，頁14ab。

113 陳奇猷，《韓非子集釋》（香港：中華書局，1974），2:1041。

114 Shih Sheng-han(石聲漢), On "Fan Sheng-chih Shu": An Agriculturalist's Book of China Written by Fan Sheng-chih in the First Century BC, pp. 38-39.

115 《漢書》卷62，頁4a，顏師古注；王念孫，《廣雅疏證》，商務印書館，叢書集成本，7:1170。

水吃[116]。1世紀，井丹曾被供給小麥飯和蔥，然而他拒絕吃[117]。由此我們得知，蒜和蔥極有可能列在窮人的食譜上。但是我必須馬上補充的是，有時漢代的蔥很貴，這要看誰吃它們。西元前33年，召信臣得到元帝的支持，關閉了皇家種植反季節蔬菜的「溫室」，栽種的蔬菜中就有蔥和韭菜。結果每年節省了數千萬錢[118]。總的來說，蔥、蒜和韭菜在漢代很普通。許多資料都記述了它們的栽種情況[119]。

另一種普通百姓容易吃到的蔬菜是芋。成帝時(前32-前7)，丞相翟方進(字子威)造成汝南郡(在河南)一個主要灌溉大堤的崩潰，整個地區的農業因此受到嚴重影響。爲了表達對翟方進的不滿，汝南百姓編了一首歌，歌中道：「壞陂誰？翟子威。飯我豆食羹芋魁。」顏師古將第二句解釋得很清楚，意思是人們將大豆作爲主食(飯)，而用芋做羹[120]。芋是漢代的主要蔬菜，這在范勝之書中得到充分證實，書中詳細地介紹了芋的栽培技術[121]。

在漢代人的日常生活中，還有一類食物要提到，就是叫做糒、糗或糧的乾糧。很難將這三種乾糧區分開來，據說糒和糗就是乾飯，而將穀物磨成粉，通過烘烤將它弄乾，就做成了糧。大米、小麥、大麥、粟和豆都可做乾糧[122]。乾糧可能早在周代就已被士兵

116　《後漢書》卷53，頁1b。

117　《後漢書》卷83，頁10b-11a。

118　《漢書》卷89，頁15a；關於「溫室」，參看蔣名川，《中國的韭菜》(北京：財政經濟出版社，1956)，頁14。

119　《漢書》卷89，頁13a；《後漢書》51:7b；《四民月令》，頁13-15。

120　《漢書》卷84，頁22a。

121　Shih Sheng-han(石聲漢), On "Fan Sheng-chih Shu": An Agriculturalist's Book of China Written by Fan Sheng-chih in the First Century BC, pp. 24-27, 40-41.

122　《廣雅疏證》(1939)，6:935-936。

和旅客廣泛食用[123]。不過正是在漢代，這種食物才開始在許許多多中國人的日常生活中扮演極其重要的角色。

首先，它是漢代所有旅行者的主要食物，不管他們是什麼身分。例如，西元14年，王莽命令他的隨從為他外出視察準備乾糧和乾肉[124]。和帝（89-105）妻子鄧皇后在後宮裡也儲備了大量的乾糧[125]。事實上，皇宮裡有一位官員專門負責為皇室選擇穀物製作乾糧[126]。其次，北方反擊匈奴的大規模戰役連續不斷，戰士們完全依賴乾糧充饑。據嚴尤所說，漢朝士兵一旦被派到沙漠地帶去打匈奴，就得四季靠乾糧和水維持生命。他估計300天的遠征，每個士兵需要18斛糒。由此推斷，一個人每日消耗糒0.6升[127]。西元前99年，當李陵的軍隊被匈奴包圍時，他給每個戰士2升糒和一塊冰，讓他們一個一個突圍出去，然後在漢朝的要塞集合[128]。顯然，要塞距戰場在三日的行程之內。再次，漢代政府經常囤積大量的乾糧，除戰爭外，還有其他的用途。西元前51年，漢朝送給匈奴34,000斛糒，作為對他們臣服的獎勵，這是漢代歷史上所記錄的最大數量的一批乾糧[129]。最後，地裡勞動的人也吃乾糧。應劭指出，戰士和農民隨身帶著餱糧[130]。《四民月令》建議人們在小麥剛收穫時盡可能多做糒[131]。的確，我們可以有把握說，漢代幾乎

123 齊思和，〈毛詩穀名考〉，頁293。

124 《漢書》卷99，頁26b。

125 《後漢書》卷10上，頁28b。

126 《後漢書》「志」部，卷26，頁2b。

127 《漢書》卷94下。

128 《漢書》卷54。

129 《漢書》卷94下，頁24a，25a。

130 應劭，《漢官儀》，漢官七種本（台北：中華書局影印，1962），1:35b。

131 《四民月令》（1965），頁43。

每一天都有人在吃乾糧。

在結束這部分前,我想談談漢代的餐具。但這個話題很重要也很複雜,至少需要一個章節來進行廣泛討論。因此下面我只是對比漢代壁畫廚房場景中所見餐具和普通人日常生活使用的餐具,來指出漢代餐具的一些特點。

學者們通過一次次的努力,得出一個可靠的結論,即在漢代,上層社會主要使用漆器,而一般人做飯、吃飯和喝酒全用陶器[132]。在以前談到漢代漆器的時候,人們經常拿樂浪和諾顏烏拉的兩個重要考古發現作說明[133]。現在這兩個發現在馬王堆一號墓和三號墓面前已黯然失色[134]。可以毫不誇張地說,馬王堆出土了最大和保存最完好的一組西漢漆器,而且器皿的類型是最多的[135]。馬王堆一號墓和三號墓發現的漆器多數是餐具和酒具。

中國古代吃喝之間存在著一個根本的區別[136],上面許多的例子充分說明了這種區別延續到漢代。馬王堆兩個墓裡出土的漆器也反映了這種區別,通過餐具和酒具上「君幸食」、「君幸酒」的字樣,可將兩者清楚地區分開來。用於吃飯和用於飲酒的器皿似乎各有分工。

根據兩種不同的題字,我們可以很容易地將酒具和餐具區分開

132 中國科學院考古研究所,《考古學基礎》(北京:科學出版社,1958),頁133;《廣雅疏證》,頁71。
133 Ying-shih Yu, *Trade and Expansion in Han China*(1967),參見本書頁25。
134 《考古》編輯部,〈關於長沙馬王堆一號漢墓的座談紀要〉,《考古》1972:5,頁41。
135 《長沙馬王堆一號漢墓》,英文摘要,頁5。
136 Kwang-chih Chang(張光直),"Food and Food Vessels in Ancient China," *Transactions of the New York Academy of Sciences*, 2d Ser. 1973, pp. 509-510.

來。前者包括鈁、鍾、彝、卮、勺和耳杯，後者包括鼎、盒、奩、盤和有耳食杯。一些餐具和酒具在出土時還有遺留物，因而它們的實際功用就一目瞭然。而且，杯子和盤子的大小不同，例如，酒杯的容量有4升、2升、1.5升或1升[137]。眞正研究過這些文物的學者們已經指出，如果把某些器皿視爲成套的要比把它們視爲單個的更好理解[138]。毋庸贅言，在這些漆器中間，卮、耳杯和彝是漢代人最常用的酒具，而杯被用來盛羹，它們都不是上層社會所專用的[139]。不用說，雖然普通百姓用的是同類的器皿，但它們所用材料(土或木)的質量卻較差。考古發現也表明，漢代陶製器皿有時也成套生產，也許是模仿漆器吧[140]。漢代漆器的價格不僅比陶器和木器高，而且比青銅高。勞榦說在漢代塗漆餐具基本替代了古代的青銅餐具，他的說法的確是正確的[141]。

漢代人對吃喝用的器皿的質地很敏感，因爲這體現著身分。西漢末期，一位高官唐尊因爲以瓦器飲食而被指責爲虛僞[142]。在光武帝統治時期，桓譚在給君王的諫書中，抨擊了那些虛僞的朝廷大臣，他們用沒有裝飾的木杯飲食以博得樸素的名聲[143]。劉向採錄了一位孔子弟子所發表的議論，其議論清楚地暗示瓦器和煮食僅適合窮人[144]。煮食被認爲是劣等的，可能因爲窮人經常通過煮來弄

---

137 《長沙馬王堆一號漢墓》，頁76-96；《文物》1974:7，頁44-45。

138 《文物》1972:9，頁67。

139 王振鐸，〈論漢代飲食器中的卮和魁〉，《文物》1964:4，頁112。

140 王振鐸，〈再論漢代酒樽〉，1963:11，頁13-15；洛陽區1959，頁149。

141 〈論魯西畫像三石〉，《中研院史語所集刊》第8本第1分(1939)，頁99。

142 《漢書》卷72，頁30a。

143 嚴可均，《全上古三代秦漢三國六朝文》，頁536。

144 劉向，《說苑》(1967)，卷20，頁13a。

熟小麥、豆子和豆葉。

最後，漢代人最基本的炊具是什麼呢？答案可以毫不遲疑地給出：釜和甑。這兩種炊具是漢代每個家庭廚房的基本用具，富人窮人都一樣。釜主要用於做羹，甑主要用於蒸飯。在實際的烹飪過程中，甑通常放在釜的頂上。考古發現兩者經常在一起，像是不可分離的一對。多數釜和甑是用泥土做成的，就如馬王堆[145]、山東禹城[146]、廣州[147]和燒溝[148]所發現的那些一樣。但金屬釜也有，一件鐵釜在燒溝被發現[149]，七件裝有魚骨的青銅釜在廣州出土[150]。1955年，從漓渚、紹興的漢墓裡出土了三種材料製成的釜——陶釜、青銅釜和鐵釜，鐵釜的數量比其他兩種多[151]。在歷史著作中，我們也經常看到釜和甑被相提並論[152]。可以肯定地說，既然羹和飯是漢代人最基本的兩種食物，那麼成對的釜和甑就反映了漢代飲食的基本事實。

145　《長沙馬王堆一號漢墓》，頁124-125。

146　山東省文物管理委員會，〈禹城漢墓清理簡報〉，《文物參考資料》1955:6，頁77。

147　麥英豪，〈廣州華僑新村西漢墓〉，《考古學報》1958:2，頁64。

148　《洛陽燒溝漢墓》，頁135。

149　同上，頁196。

150　麥英豪，〈廣州華僑新村西漢墓〉，《考古學報》1958:2，頁68。

151　浙江省文物管理委員會，〈紹興漓渚的漢墓〉，《考古學報》1957:1，頁133-140。

152　《史記》（商務印書館，1936），卷7，頁10a；《漢書》卷31，頁14a；《後漢書》卷81，頁28b。

烹飪革命

　　至此，這個研究還未特別提到漢代烹飪史上引人注目的新發明。這裡我想通過歸納來強調指出，漢代人在飲食方面既有繼承，又有創新。下面我將列舉一些首次傳入中國的重要外來食品，接著討論漢代對於烹飪藝術的兩大貢獻，我個人的偏見以爲，它在中國烹飪史上產生了深遠的革命性結果。

　　漢代的一個特點就是開放，而開放會使中國不可避免地接觸外來的東西，包括食物。漢代以後的文學作品都相信幾乎所有的外來食品都是漢代最偉大的旅行家張騫從西域帶回來的。這些食品包括葡萄、苜蓿、石榴、胡桃、芝麻、洋蔥、香荽種子、豌豆，來自大夏的胡荽和黃瓜。桑原　藏則令人信服地指出，這些植物中沒有一種是張騫引入中國的[153]。但毫無疑問上述外國食物中有一些是在張騫之後不久傳入中國的，葡萄和苜蓿種子被漢朝的外交使節在西元前100年左右從大宛帶回中國[154]。葡萄還出現在東漢的文學作品裡[155]。到了2世紀，西域進口的葡萄酒受到極大的歡迎[156]。孔融寫了封短箋感謝朋友送給他胡桃[157]。在《四民月令》中，我們找到了苜蓿、芝麻、豌豆和洋蔥[158]。芝麻似乎特別重要，在書中它單

153　桑原隲藏，《張騫西征考》，楊鍊譯(商務印書館，1935)，頁47-52，117-127。
154　《史記》(商務印書館，1936)，卷123。
155　嚴可均，《全上古三代秦漢三國六朝文》，頁784。
156　Ying-shih Yu, *Trade and Expansion in Han China*, 本書頁170。
157　嚴可均，《全上古三代秦漢三國六朝文》，頁922。
158　《四民月令》，頁13，20，26，41，46，56。

獨地出現了三次。受到靈帝(168-188)喜愛的「胡飯」，很可能是由穀物和美味的芝麻做成的[159]。

還要談談龍眼和荔枝，雖然它們出產於地處熱帶的漢代南方邊境，但在整個漢代人們都或多或少對它們感到新奇，兩種水果都從廣州用快馬運送到宮廷[160]。順帝時(126-144)，王逸在《荔枝賦》中，稱讚它爲貢品中的佼佼者[161]。到了漢末，仲長統批評同時代的人過分沈溺於荔枝的滋味[162]。

前面我們已知大豆和小麥是普通人的主要糧食，但大豆和小麥暗地裡導致了一場始於漢代的烹飪革命。在此，我特別要提到豉的製作和麵粉的加工。正如石聲漢指出的：

> 豉在中國很多地區都用；在農村村民中尤導致一種很樸素的生活……這幾乎是他們能享用的唯一美味。使用豉的時期還無法確定，但司馬遷在《史記》中將它作爲城市商品之一提到它，因此在他的時代豉肯定已有大量生產。《齊民要術》則對它的加工第一次作了眾所周知的說明。[163]

按照唐代孔穎達和宋代周密的意見，豉發明於西元前200年左右[164]。西漢時，已成爲基本調料。淮南屬王長謀反被察覺後，朝

---

159 《後漢書》「志」，卷13，頁8b。
160 《後漢書》卷4，頁25ab。
161 嚴可均，《全上古三代秦漢三國六朝文》，頁784。
162 嚴可均，《全上古三代秦漢三國六朝文》，頁956。
163 石聲漢，《齊民要術概論》，頁86。
164 《左傳》49：542；周密，《齊東野語》，叢書集成本(1959)，2:15。

廷將他流放，在提供的很少食品中就有豉[165]。漢代的童蒙書《急就篇》中，也可發現「豉」的名字，這清楚地顯示了它的普及性[166]。現在，隨著馬王堆一號墓的發掘，遺留下來的豉首次成為一個具體的考古事實[167]。據說最早的豆腐製成於漢代，但沒有足夠的書面證據支撐這個觀點[168]。

我們現在所謂的麵，顯然是漢對中國烹飪藝術作出的獨特貢獻。在漢代，「麵食」從廣義來說就是「餅」，在標準字典《說文》裡，麵被解釋為麵粉[169]。麵食出現在漢代而不是更早，是因為直到漢代中國才有大規模麵粉碾磨的技術。這個技術可能是對外擴張的產物，它是西漢後期從西邊傳入中國的[170]。比如，有人懷疑麵粉磨是從另一種文化裡引入的，而不是中國本土的發明[171]。燒溝的墓裡出土了三個石磨，墓的年代為西漢末東漢初[172]。由此我們可以推測，至遲在西元前1世紀的下半葉左右，漢代人已製成了麵粉。「䴴」就是一個專門造出的字，用來指小麥磨的粉[173]。

東漢有了多種麵食，包括煮麵、饅頭和芝麻餅[174]。劉熙認為

---

165 《史記》卷118。
166 王國維，《校松江本急就篇》，王忠愨公遺書本(1929)，頁10b；沈元，〈《急就篇》研究〉，《歷史研究》1962:3，頁66。
167 《長沙馬王堆一號漢墓》，頁127，138。
168 李喬平，《中國化學史》(台北：商務印書館，1955)，頁200。
169 段玉裁，《說文解字》(1955)，頁234。
170 篠田統，《中國食物史》，頁54。
171 Berthold Laufer, *Chinese Pottery of the Han Dynasty*(Leiden, 1909), pp. 15-35.
172 《洛陽燒溝漢墓》，頁206，圖162。
173 段玉裁，《說文解字》，頁234。
174 齊思和，〈毛詩穀名考〉，頁294-295。

麵食被稱爲餅是因爲「餅」字有將粉和水混合（並）的意思[175]。關於這一點，在沂南[176]和嘉峪關[177]等地的漢代及魏晉墓葬中都發現了揉麵的場景。《四民月令》中也提到過煮麵和拉麵[178]。煮麵在2世紀非常流行，連皇帝也吃過[179]。從王莽那時起賣麵食成爲一項重要的買賣，恐絕非偶然[180]。

西晉作家束晳(3世紀晚期到4世紀早期)寫了一篇〈餅賦〉，據他說，周代人只知小麥飯而不知麵餅，麵餅是最近才出現的。他特別生動地描述了廚師的手是如何熟練地將麵團揉成不同的形狀，他也提到有肉(特別是羊肉和豬肉)的麵餅是怎麼做得味美可口的，以及所需的調料(包括薑、蔥、花椒和最重要的豉)。但從歷史的眼光看，他對麵食起源的下述看法我們更感興趣，「或名出於里巷，或法出乎殊俗」[181]。換句話說，正是漢代人在最普通食物的原料上所做的創新，加上願意學習別人的文化，最終掀開了中國飲食史上的全新篇章。

據"Han," in K. C. Chang, ed., *Food in Chinese Culture, Anthropological and Historical Perspectives*. New Haven and London: Yale University Press, 1977, pp. 53-83譯出。　　　　　　　　(李彤　譯)

---

175 劉熙，《釋名》，頁62。

176 《沂南古畫像石墓發掘報告》(1956)。

177 〈嘉峪關漢畫像磚墓〉，《文物》(1972)，12，頁40，圖31。

178 《四民月令》，頁44-45。

179 《後漢書》卷63，頁14b-15a。

180 《漢書》卷99上，頁18b；《後漢書》卷64，頁23b；卷82下，頁12a；尚秉和，《歷代社會風俗事物考》，頁105。

181 嚴可均，《全上古三代秦漢三國六朝文》，頁1962-1963。

圖一　河南密縣打虎亭東漢晚期墓壁畫中的庖廚圖(《文物》1972年第10期)

圖二　遼寧遼陽市棒臺子東漢晚期墓壁畫中的庖廚圖(《文物參考資料》1955年第5期)

圖三　寧遼陽市三道壕漢代晚期墓壁畫中的庖廚圖(《文物參考資料》1955年第5期)

圖四　川成都出土的漢代畫像磚庖廚圖拓片（何浩天，《漢畫與漢代社會生
活》，台北：中華叢書編委會，1969）

圖五　蒙古和林格爾縣漢墓中的漢代庖廚圖（《漢唐壁畫》，北京：外語出版
社，1974）

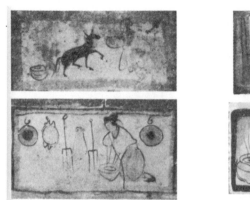

圖六　峪關漢墓畫像磚上的漢代庖廚圖(《文物》1972年第12期)

圖七　南長沙馬王堆一號漢墓中盛在盤中的食物(《長沙馬王堆一號漢墓》第
　　　二卷，北京：文物出版社，1973)

圖八　湖南長沙馬王堆一號漢墓中發現的四種食物（《長沙馬王堆一號漢墓》
　　　第二卷，北京：文物出版社，1973）

圖九　打虎亭墓中的漢代宴飲圖（《文物》1972年第10期）

圖十　東金鄉朱鮪墓室漢代宴飲圖（Wilma Fairbank, *Adventures in Retrieval*, Cambridge, Mass.: Harvard-Yenching Institute, 1972）

圖十一　遼寧營城子漢墓中的祭祖壁畫（Wilma Fairbank, *Adventure in Retrieval*, Cambrige, Mass.: Harvard-Yenching Institute, 1972）

圖十三　嘉峪關漢墓畫像磚上的
　　　　宴飲圖（《文物》1972
　　　　年第12期）

圖十二　漢代畫像磚宴飲圖拓片（同上）

圖十四　嘉峪關漢墓畫像磚上的進食圖（左）　宴樂圖（右）（《文物》1972年第
　　　　12期）

附錄二

匈奴

（1990年）

　　中國傳統文獻將匈奴的起源追溯到遠古時代。據說，匈奴在遙遠的古代就曾經以葷粥、獫狁、戎、狄等一些不同的名稱爲人所知。到了現代，甚至連商代的鬼方也被添加到這個名單上。然而，從嚴格的歷史學眼光來看，所有這些定名只能停留在推測階段。目前我們的歷史知識還不允許我們對西元前3世紀以前的匈奴作出任何可靠的估計，而中國早期文獻中另外一個唯一能被認定爲匈奴的名稱是「胡」。換言之，當戰國末期中國歷史正準備揭開嶄新一頁的時候，匈奴才開始正式登上中亞歷史的舞臺。

　　很有趣的是，當我們在中國早期文獻中看到匈奴對中國的武裝入侵之前，我們就已經知道中國是如何防禦匈奴的了。戰國晚期的三個大國秦、趙、燕都是匈奴的南鄰，它們都在北部邊境修築了一條長城作爲抵禦遊牧民族的屏障。三國之中，秦國最早這樣做，大概不晚於西元前324年；但是它的整個長城防禦體系——位於隴西（甘肅）、北地（甘肅和寧夏的部分地區）、上郡（陝西和內蒙古的部分地區）——直到西元前270年左右才最終完成。然後是趙國的北邊長城，從雲中（在內蒙古）開始，經過雁門，一直延伸到代郡（二者都在山西），修築於西元前300年左右。最後，比趙國晚十年，燕昭王也修築了一條長城，從造陽（在察哈爾）直抵襄平（在遼寧），不僅爲了防禦匈奴，也用來抗拒東胡的侵襲。

　　在這一時期，趙國和匈奴有特別密切的接觸。爲了應付匈奴的軍事挑戰，保衛國土，趙武靈王在西元前307年發布了一條政令，正式採取胡人的衣著樣式，並且教導他的臣民學習騎射技藝。「胡化」政策迅速帶來成果，使趙國軍隊能在一年左右就滲透到遠至榆中（在甘肅）的匈奴腹地。後來在西元前3世紀中葉，趙國還取得了對匈奴的另一個輝煌勝利。負責在雁門（今天山西大同附近）守衛趙

國北疆的著名將領李牧在一次大規模戰役中擊潰了匈奴。他首先引誘胡人深入趙國領土，然後使用一支由戰車、騎兵和弓箭手組成的超過16萬人的精銳混合部隊，發動了一次突襲，擊敗了超過10萬人的匈奴騎兵。據中國文獻記載，單于率部遠遁，其後十年不敢靠近趙國邊郡。這次失敗對於匈奴的早期擴張無疑是一個沈重的打擊。

燕國也和匈奴有接觸，可以舉下面的故事予以說明。西元前227年，秦國將軍樊於期叛逃到燕國，燕太子丹為他提供庇護。燕國朝廷中的一位老臣卻力主把樊將軍送到匈奴那裡去，以便一舉兩得，一來可以不讓秦國得知樊氏曾經逃到燕國，二來燕國可以藉此尋求與匈奴單于結盟，以對付日益猖獗的共同敵人秦國。忠告沒有被採納，這對我們的討論無關緊要，重要的是這個建議本身清楚表明，當時的匈奴已經成為北方一股強大的政治勢力。

然而，在三個國家中，只有秦國真正遏制住了匈奴的南下擴張。西元前221年，秦始皇完成了統一中國的大業，把匈奴的勢力範圍向北驅逐得更遠。西元前214年，秦將蒙恬成功地從匈奴手中奪取了鄂爾多斯地區。緊接著秦王朝將秦、趙、燕三國在戰國時期修築的三段互不相連的長城連接了起來，並加以維修和擴建，於是一條萬里長城最終形成了，它西起甘肅臨洮，一直延伸到今天平壤以北的碣石。匈奴因此被迫退卻到鄂爾多斯以北的陰山中。在隨後的一些年中，除了南下擴張被秦朝阻止以外，匈奴還得面對東面強大的東胡，甘肅西部和新疆東部的月氏，以及北面的丁零和其他部族。丁零尤其值得注意，它占據了從南西伯利亞的貝加爾湖附近直到葉尼塞河的廣大地域。因此，在西元前3世紀末秦帝國崩潰以前，匈奴實際上處於強鄰的四面包圍之中。

然而另一方面，中國的統一和長城的建成也對匈奴產生了積極

的影響。這兩件大事震動、激勵了他們的遊牧社會，在其內部喚醒了一種團結意識。這種勃然而興的意識必然有助於頭曼單于確立他的統治地位，並且將匈奴各部落融合爲一個統一的政治組織，這或多或少是仿效了秦帝國的模式。

冒頓的興起

西元前209年，正當擴張剛剛開始之際，冒頓取得王位成爲單于。他繼位的故事說明他要求部下絕對忠誠，以及他馭下有方。儘管冒頓是頭曼的長子，他的父親卻喜歡另一個兒子，並且將冒頓送到西面的月氏當人質，接著又進攻月氏以求除掉他。然而冒頓在月氏人殺掉他之前偷了一匹好馬逃脫了。頭曼很欣賞兒子的勇氣，於是讓他指揮一萬名騎射之士。冒頓訓練他的射手們，要求他們在他用鳴鏑（一種可以發聲的特殊的箭）射擊任何目標時，都要毫不猶豫地跟著射擊。那些不從命的人被當場處決。開始的時候，冒頓首先用鳴鏑射他心愛的馬，然後是他寵愛的妻妾，那些猶豫不決的人都被除掉。當他用鳴鏑射父親的良馬時，沒有一個人敢違抗，於是他知道部下已經被調教好了。在鐵的紀律保證下，他終於將箭射向他的父親，而他的部下也毫無二心地跟從了。然後冒頓剷除了家族中其餘曾經密謀反對他的人，以及那些拒絕合作的大臣。在匈奴帝國內部牢固地確立起統治地位之後，冒頓終於可以把注意力轉向境外了。

匈奴的東鄰東胡在聽說冒頓繼位以後，明目張膽地想要試探一下這位新統治者。他們先是要求冒頓將一匹名馬相贈，然後又要他的一位美麗愛妃。他毫不猶豫地答應了，因爲東胡此時相當強大，

即使不超過匈奴，至少也能相抗衡。但是當東胡認為冒頓害怕他們，得寸進尺地要求位於兩國之間的一些土地時，冒頓被激怒了，他趁東胡不備發動突然襲擊，徹底擊敗了他們。他殺死了他們的首領，還俘獲了大批人口和牲畜。接著他乘勝回兵西征，打敗了月氏，然後又向南收復了被中國秦朝奪走的匈奴領土。

有兩個明顯的原因可以解釋匈奴何以能奪回鄂爾多斯地區。首先是中國將領蒙恬的死。在秦始皇時代，蒙恬指揮著一支超過30萬人的軍隊守衛長城。他的指揮部設在上郡(在今天的內蒙古)，這一設置表明防線中的首要地區是鄂爾多斯。然而，當蒙恬於西元前210年被迫自殺後，鄂爾多斯地區的防禦體系徹底瓦解。其次，在秦始皇時代有大批中國人被強制遷移到鄂爾多斯地區以充實和保衛邊疆。內戰爆發之後，這些人全都逃回內地家鄉，以致這一地區完全空虛，給了匈奴逐漸滲入的機會。

冒頓的實力在漢朝初年迅速膨脹。為了阻擋匈奴的入侵，漢高祖於西元前201年春派遣韓王信[1]守衛邊境，將指揮部設在馬邑城。當年秋，韓王信被冒頓的軍隊長期圍困，數次派使節前往匈奴求和。與匈奴的這些頻繁接觸讓漢廷懷疑韓王信不忠。由於害怕朝廷會對自己採取行動，韓王信獻出馬邑投降匈奴，並且幫助他們進攻太原(在今天的山西)。西元前200年冬，高祖親率大軍擊敗韓王信，進而攻打匈奴，推進到平城(在今天山西大同附近)。漢軍總數超過30萬，但是冒頓搶在漢軍全部到達之前，用數量相當的最精銳騎兵包圍了平城。高祖被困於城中七日之久，最後僅僅勉強脫身。經過這次實力較量，漢高祖不再認為戰爭會對他有利，而且放棄了

1　韓王信，與淮陰侯韓信不是同一人。

武力戰勝匈奴的想法。從這個事例中我們可以看出，當時匈奴在軍事實力上遠勝漢朝。他們的優勢在於行動迅速的騎兵和閃電般的進攻，後者是他們的主要戰術。相比之下，漢朝主要依靠的是行動遲緩的步兵。

韓王信的叛變還說明了一個重要的事實，那就是西漢早期匈奴對中國的威脅不僅是軍事性的而且是政治性的。在這一時期，北部邊境另外幾個足以與韓王信比肩的實力派人物也加入了變節者的行列，特別是燕王盧綰和代國丞相、將軍陳豨。此外，很多漢朝邊將，如王黃，曾經做過商人，早就與匈奴建立了良好的關係。這些人在政治上首鼠兩端是再正常不過了，他們聽命於漢朝還是匈奴，很大程度上取決於邊境地區的形勢。無論如何，漢朝廷決不能指望他們的忠心[2]。甚至連中國老百姓對漢朝的忠誠度也亟待提高。在中國逃亡者中流傳著一句話：「向北我們可以逃往匈奴，往南我們可以跑到越國。」因此叛逃的危險一直存在於社會各階層中，而且經常影響著漢朝和匈奴之間的力量平衡。當漢朝尚未在內部建立起無上權威時，對匈奴保持敵意只能削弱漢帝國的統治基礎。

「和親」協議下的匈奴和漢朝

在這種形勢下，漢高祖別無選擇，只能採納劉敬的建議，在西元前198年以眾所周知的「和親」方式與匈奴結成和平聯盟。「和

2　關於叛變問題，見Owen Lattimore, *Inner Asian Frontiers of China*, pp. 477-480. 編按，此篇係合著書中抽出，內中引用文獻或因前文已有，故版本甚或書名均照例省略。當時收集時只抽印出此篇，未留意此，讀者鑒諒。

親」最初的形式非常簡單。漢朝將一位公主嫁給單于，一年幾次送給匈奴各種禮物，包括一定數量的絲綢、酒和食品，匈奴的地位是與漢朝平起平坐的兄弟之邦；匈奴則許諾不再入侵漢朝領土。西元前198年冬天，劉敬護送一位皇族女子以皇帝公主的名義嫁到匈奴，簽署了第一個「和親」協議[3]。

然而隨著匈奴帝國的擴張，冒頓對最初的「和親」協議條件越來越不滿，而且他也越來越驕傲自大。西元前192年漢惠帝繼位時，另一位所謂的公主嫁給冒頓。漢惠帝統治時期，實際掌握政權的是他的母親呂后。大約在此時，冒頓給她寫了一封信說：

> 孤僨之君，生於沮澤之中，長於平野牛馬之域，數至邊境，願遊中國。陛下獨立，孤僨獨居。兩主不樂，無以自虞，願以所有，易其所無。

對於這封污辱性的信，呂后答道：

> 年老氣衰，髮齒墮落，行步失度，單于過聽，不足以自汙。弊邑無罪，宜在見赦。[4]

冒頓隨後派遣一位使節向呂后道謝，並致以歉意。「和親」協定再次生效。

大約15年後，西元前176年，冒頓致信文帝，更鮮明地顯示出

3　關於漢朝和匈奴之間從漢高祖直到武帝的「和親」聯盟，見手塚隆義在《史淵》第12卷第2冊(1948年12月)上的論文。

4　冒頓信見《漢書》卷94上，頁4b；呂后信見《漢書》卷94上，頁5a。

他的大膽。冒頓一開始就自稱「天所立匈奴大單于」，接著說：

> 以天之福，吏卒良，馬強力，以夷滅月氏，盡斬殺降下
> 之。定樓蘭、烏孫、呼揭及其旁二十六國，皆以爲匈奴。
> 諸引弓之民，並爲一家。北州已定，願寢兵休士卒養馬，
> 除前事，復故約。[5]

在這封信中我們可以察覺到一股咄咄逼人的語氣。很顯然，在征服月氏和其他部族之後，冒頓的勢力大大增強，匈奴對北方的控制也更爲鞏固。文帝收到這封信以後在一次朝廷會議上與大臣們商討此事，多數意見認爲漢朝應該順從冒頓的意願，重續「和親」協議。

冒頓死於西元前174年。他的兒子老上（也叫「稽粥」）繼位爲單于。老上顯得比他的父親更加爭強好勝。西元前166年，他親率14萬精騎入侵安定（在今天的甘肅）。西元前160年老上去世，他的兒子軍臣繼位，也根本不把和約放在眼裡。西元前158年，軍臣單于派3萬騎兵入侵上郡，另外3萬人進攻雲中。山頂報警的烽火一直傳到漢都長安。從這些進攻中我們多少可以看出一種模式，每當新單于即位，他都要設法通過軍事上的成就在匈奴人中建立自己的權威。

不斷的侵擾最終迫使文帝修改了「和親」協定的條款。據史學家班固記載，「逮至孝文，與通關市，妻以漢女，增厚其賂，歲以千金」[6]。在這些修改之中，以建立「關市」（邊境市場）的形式開

5　Watson, II, p. 168略有修改.「二十六國」應爲「三十六國」，參見松田壽男，《古代天山の歷史地理學研究》(1956)，頁36-38。

6　見班固的「贊」，《漢書》卷94下，頁12b。

放邊境貿易尤其值得注意。以前歷史學家都認為北方邊境市場的正式開放始於景帝(前156-前140)。實際上,關市的建立是在文帝時期由匈奴強加於中國的。政治家和學者賈誼(卒於西元前169年)留給我們一段涉及關市的簡短說明:

> 夫關市者,固匈奴所犯滑而深求也,願上遣使厚與之和,以不得已許之大市。使者反,因於要險之所,多為鑿開,眾而延之,關吏卒使足以自守。大每一關,屠沽者、賣飯食者、羹臛炙膹者,每物各一二百人,則胡人著于長城下矣。是王將強北之,必攻其王矣。以匈奴之饑,飯羹啖膹炙,嗶潽多飲酒,此則亡竭可立待也。[7]

在景帝時期以及武帝早年(約前156-前135),匈奴停止了對中國的大規模襲擊。但是這短暫而相對的和平並非沒有代價。在「和親」體制下,漢朝不停增加作為和約組成部分的禮物,以換取匈奴遵守約定的興趣。當武帝即位時,漢朝為「和親」付出的代價達到了最高點。根據中國的記載,武帝最早的措施是「明和親約束,厚遇,通關市,饒給之。匈奴自單于以下皆親漢,往來長城下」[8]。從這一記載中我們可以看出,在武帝早期,不僅漢朝送給匈奴更多的禮物,而且官方邊境貿易的規模也擴大了。皇帝的禮物餵飽了匈奴貴族,而官方邊境貿易則滿足了匈奴平民的需要。

從西元前198年到前135年,漢朝和匈奴一共達成了不下十次

7　賈誼,《新書》(《叢書集成》本)卷4,頁41。
8　Watson, II, p. 176.

「和親」協定[9]。幾乎每一次新協定的簽署都會使漢朝損失一些東西，而使匈奴有所收穫。對於漢朝來說，「和親」協定已經變成一項永無休止而且日益增長的財政負擔。然而所有這些代價並不能完全阻止匈奴對邊境的侵擾。例如，西元前144年，匈奴侵入上郡，從那裡的皇家養馬場搶走馬匹。又如，西元前142年，匈奴進攻雁門，太守馮敬戰死。花費越來越大，而「和親」協定的效力卻越來越差，漢朝下決心改變政策，由防禦轉為進攻，一勞永逸地解除匈奴的威脅，這幾乎是必然之舉。

匈奴與其他鄰邦

現在我們必須回過頭來討論一下匈奴和其他鄰邦的關係。首先我們來看東胡，或東夷，它主要包括烏桓和鮮卑人。直到西元前3世紀末，東胡控制的領土從內蒙古南部一直延伸到東北南部。此時東胡十分強大，而且不斷地侵擾西面的匈奴領地。前文提及，約西元前206年漢帝國建立時，冒頓弒父做單于以後，在一次決定性的戰役中大敗東胡，虜獲了難以計數的人口、牲畜和財產。在這次失敗之後，烏桓和鮮卑都從內蒙古遷移到東北，定居在我們今天所說的為西拉木倫河和老哈河(遼河上游的兩條支流)流域。從那時起烏桓成為匈奴控制的附庸，每年向他們進貢牛、馬、羊和貂裘。如果沒有按時給匈奴進貢，他們的妻兒就會被擄為奴隸。關於這一時期的鮮卑我們所知甚少，但是他們很可能與烏桓一樣，受到匈奴相似

9　見於記載的「和親」協定有(均為西元前)：198, 192, 179, 174(兩次)，162, 161, 156, 155, 135。

的對待。

　　即使到西漢末年，烏桓仍然必須年年向匈奴進貢，這一點我們在下面的事例中可以看到。西元2年，王莽控制下的漢朝發布了有關匈奴與中國以及其他民族之間關係的新規則。規則之一便是禁止匈奴擄掠臣服於他們的烏桓人。為了執行新規則，管理烏桓事務的中國官吏讓烏桓人停止向匈奴交納皮布稅。然而，匈奴仍然依照慣例派使者向烏桓徵稅，而且這一年使者還帶來了大批想同烏桓做生意的匈奴百姓。當烏桓人拒絕服從匈奴的命令時，使者拘捕了烏桓首領並且將他倒吊起來拷問。首領的兄弟大怒，殺死了匈奴使者及其隨從，扣留了匈奴婦女和他們帶來的牲畜。單于聞訊後立即派左賢王討伐烏桓叛逆。烏桓百姓聞風四散逃命，一些人逃進山裡，另一些人藏身於要塞。匈奴屠殺了很多來不及逃走躲藏的烏桓人，擄走了一千名烏桓婦孺，囚禁在左賢王的領地。匈奴要求烏桓人用馬、牛、毛皮、布匹贖回人質。這些烏桓人質的親屬（人數超過兩千）帶著錢財和牲畜前往匈奴，可是匈奴卻將這些人連同錢財、牲畜一起扣留。這個故事清楚說明，自從冒頓時代戰敗以來，烏桓人長期擔負著向匈奴定期納貢的義務。這些貢賦可能已成為匈奴的一項重要收入。

　　完成對烏桓的征服之後，冒頓將兵鋒轉向西面與自己類似的遊牧帝國月氏。月氏最初居住在甘肅地區，據記載在極盛時期曾擁有超過十萬引弓之士的武力。冒頓早年曾在月氏做過人質，這可能使他形成了對他們的仇恨。他繼位後不久就發動了對月氏的第一次戰爭，奪取了甘肅走廊的大片土地。大約20年後，西元前175年，冒頓命令右賢王再次以更大的規模進攻月氏。這一次月氏被徹底擊潰。

　　這次戰敗後，月氏無法繼續在甘肅走廊立足，遂分裂為大月氏

和小月氏兩個部族。小月氏向祁連山脈(緊鄰甘肅走廊)南部退卻，後與羌人融合。大月氏向西遷移，定居於伊犁河谷。但是沒過多久，老上單于在西元前162年聯合烏孫(天山東北麓一個剛被匈奴征服的國家)再度進攻他們，殺死了大月氏國王，並將他的頭骨做成酒器。烏孫隨後遷入伊犁河谷，而大月氏繼續向西遷到南索格代亞納(康居)。匈奴占據甘肅走廊之後，將渾邪王和休屠王兩位親王分封於此。

接著匈奴馬不停蹄地去征服以塔里木盆地為中心的西域地區。最先被匈奴征服的幾個西域國家是樓蘭(在羅布泊以南)、烏孫和呼揭，這些人的後代可能就是赫赫有名的回鶻人。匈奴的控制很快就擴展到整個西域，這進一步增強了他們帝國的政治和經濟基礎。

西域人民一般過著定居生活。他們建築城郭，耕種農田，馴養家畜。經濟上他們比遊牧的東胡更先進一些。為了管理這些西域國家，匈奴設立了一個名為「童僕都尉」(掌管奴隸的總督)的機構，受日逐王節制。僮僕都尉的駐地設在焉耆(Karashahr)、危須(在焉耆西北)、尉犁(Kalmagan)三國之間。這個機構不僅有權向各國徵稅，而且有權徵發勞役。從這個機構的設置，我們知道西域要為匈奴提供物資和人力資源。

僮僕都尉一直存在到西元前60年，當時日逐王向漢朝投降，這個機構也被廢除。然而有證據表明，在此之後，只要一有可能，匈奴仍繼續向西域各國搜刮稅收和勞力。例如，莎車國(Yarkand)就每年向匈奴進貢。另一個例子是，西元107年至123年之間，北匈奴命令西域所有國家在規定期限內交清稅收欠款。因此我們發現，一旦漢朝對這一地區的控制削弱，匈奴就會捲土重來，要求他們失去的權利。

　　大概是出於歷史原因，即使在漢朝的勢力滲入西域以後，仍然有一些國家明顯傾向匈奴，烏孫和樓蘭最為凸出。實際上，從冒頓時代直到西元前53年呼韓邪單于向漢朝投降為止，烏孫以西遠到帕提亞（安息）的西域諸國對待匈奴普遍要比對待漢朝好得多。例如，匈奴使節只需帶上單于的委任狀就可以隨處獲得全部給養，相反漢朝使者如果不花錢就得不到食物和馬匹。不久漢朝就意識到，如果不首先奪取西域這個匈奴的重要力量源泉，就不可能戰勝匈奴。正是這一認識促使武帝下決心與西域各國建立聯繫，目的是「斷匈奴右臂」。

漢朝的進攻

　　西元前134年是匈漢關係史中一個決定性的轉折點。這一年，馬邑城一個名叫聶翁壹的邊境商人向朝廷獻計，將匈奴大軍引誘到漢軍預設於馬邑的埋伏圈中。御前會議經過激烈爭論之後，此計最終被年輕的武帝採納。第二年，聶翁壹潛逃到匈奴，對單于說：「我能殺死馬邑的縣令和軍事長官，將城池獻給您，這樣您就可以得到所有的財物。」單于喜歡而且相信他，因此許諾聽從他的建議。然後聶翁壹殺死了一名等待宣判的死囚，將他的首級掛在城牆外面作為給單于使者的信號，告訴他「馬邑縣令現在已經死了，請馬上行動」。於是單于率領10萬騎兵闖進中國關塞。此時，由戰車、騎兵、步兵組成，總數超過30萬人的漢軍混合部隊正在馬邑附近的山谷中守候。但是當匈奴距離馬邑僅百里（1里大約相當於三分之一英里）之距時，單于發現他即將落入圈套，於是迅速撤軍。這一事件決定性地終止了漢匈之間持續70餘年的「和親」關係。

　　但是，全面的戰爭直到五年後(前129)才正式爆發。那年秋天，漢朝分遣衛青、公孫賀、公孫敖、李廣四位將軍各領一萬精騎，從邊境市場突襲匈奴。這些進攻一無所獲；不過有趣的是，漢軍選擇在邊境市場襲擊匈奴，這是因為前文所講到的大批匈奴人經常到這些市場來購買貨物、大吃大喝。漢朝第一次重創匈奴是在西元前127年。衛青將軍率軍從雲中出發直指隴西，奪取了鄂爾多斯地區，漢朝隨後在那裡設立了朔方和五原兩個郡，並將10萬中國人遷移到這一地區。自此，鄂爾多斯永久歸屬於中國。西元前121年，霍去病將軍讓匈奴領教了第二次沈重打擊。霍將軍帶領他的輕騎西出隴西，深入匈奴右部領地。他一路闖過五個匈奴王國，斬殺匈奴折蘭王和盧胡王，俘虜了渾邪王(前文提到他負責守衛甘肅走廊)的兒子，從匈奴手中奪取了焉支山和祁連山。他甚至迫使渾邪王率部屬4萬人投降中國。西元前119年，霍去病和衛青兩位將軍各率5萬精騎，後隨3、5萬步兵，由不同的路線到戈壁以北追擊單于。衛青向北追趕單于，直到闐顏山趙信城才回兵。霍去病到達翰海(貝加爾湖)附近，在狼居胥山(在賀蘭山和陰山之間)和姑衍分別舉行了「封」、「禪」大典。

　　這些戰役的結果之一是迫使匈奴將戈壁以南靠近漢地的王庭遷移到大漠以北。兩位將軍總共斬殺、俘虜了約8萬到9萬匈奴人，而漢軍的損失也與此相當。但是對於中國來說更為重要的是戰馬的損失。兩位將軍出塞時一共帶了14萬官、私馬匹，但他們回國時只剩下不到3萬匹。此後，由於缺乏戰馬，漢朝沒有繼續進攻大漠中的匈奴。

　　王莽時期(9-23)的一位官員指出，漢軍出塞攻擊匈奴要面臨幾大難題，糧食供應問題是其中之一。一名士兵在300天行軍中需要18斛米糒(晾乾的米飯)，這些米必須用牛來運輸，而牛的口糧意味

著再加20斛。經驗證明牛在大漠中不到100天就會死去。剩下的糧食，士兵是無力背負的。另一個困難是匈奴境內的氣候，秋冬酷寒，春夏又風沙肆虐。士兵無法爲北征攜帶足夠的燃料。這位官員接著解釋道，這就是爲什麼漢朝過去對匈奴的戰役沒有一場能夠持續100天以上[10]。

西元前121年和前119年的兩大戰役至少給匈奴人的生活造成了兩個深遠影響。一個是祁連山和焉支山的喪失，多年來它們一直是匈奴珍愛的故土和牧場。一首匈奴歌謠這樣哀歎他們的損失：

> 亡我祁連山，使我六畜不蕃息；失我焉支山，使我婦女無
> 顏色。[11]

另一個變化是丟失了從甘肅走廊西至羅布泊的土地。漢朝在這裡設立了酒泉郡，正好將匈奴與南面的羌人分隔開來，他們從冒頓時代起便一直是盟友。隨著這個郡的建立，漢朝第一次打開了通往西域的入口。匈奴獨霸西域的時代結束了。

西域之爭

從西元前115年到前60年的半個世紀，是匈奴與漢朝爭奪西域控制權的時期。漢廷十分清楚，西域爲匈奴提供了一個重要的軍

10　《漢書》卷94下，頁10b。
11　漢語「焉支」也就是「胭脂」，可能來自吐火羅語。據說胭脂是用紅花製成，而焉支山盛產紅花。參見E.G. Pulleyblank, "Chinese and Indo-Europeans," *Journal of the Royal Asiatic Society*, April 1966, p. 20.

事、政治和經濟基地，因此必須千方百計從匈奴手中奪取西域。

　　在漢武帝(前140-前87年)統治初期，曾派遣張騫前往西域尋找大月氏，希望能建立漢朝和月氏的軍事聯盟，兩面夾擊匈奴。張騫沒有完成這個使命。但是，他在匈奴大約十年的囚禁，以及在西域，包括大月氏國和大夏一年左右的旅行並非徒勞無功。他為中國帶回了有關西域的第一手資料，並且熟知匈奴境內的地理形勢。張騫對於匈奴地理的知識後來被證明具有巨大的軍事價值。西元前123年，他作為衛青將軍部隊的嚮導，幫助將軍打了一個漂亮仗，擊敗了匈奴右賢王。

　　漢武帝並未放棄建立反匈奴聯盟的努力。西元前115年，張騫以漢朝使節的名義再次被派往西域。他成功地首次與大宛、康居、烏孫等國家建立了聯繫。漢朝使用金帛禮物與西域各國打交道，不過有時候婚姻也是一種重要手段。例如西元前105年，漢朝將一位「公主」嫁給了烏孫年邁的國王昆莫，烏孫自從冒頓時代以來也一直是匈奴的盟國。匈奴很快就看清了這場聯姻的用意，於是單于也把他的一個女兒許配給烏孫國王。昆莫將漢朝公主封為右夫人，而將匈奴公主封為左夫人。如果烏孫人也和匈奴人一樣，以左為貴的話，那麼我們不得不承認漢朝在聯姻戰線上並沒有真正贏得第一個回合。

　　匈奴和漢朝爭奪西域霸權的鬥爭也會訴諸政治方式，例如人質制度。西元前108年，樓蘭被趙破奴將軍打敗，向漢朝投降。匈奴聞訊後攻打樓蘭，最終樓蘭國王被迫把一個兒子送到漢朝當人質，而把另一個兒子送到匈奴當人質。這些質子在隨後的局勢中扮演著重要的政治角色。幾十年後，樓蘭王去世，匈奴一聽說他的死訊就急忙將他們的那位質子送回樓蘭扶上王位，讓他們所喜歡的人掌

權。這個事例生動地體現了匈奴人在玩弄政治遊戲時的技巧。

然而在爭奪中，決定性的勝利還是得取決於戰場。我們可以舉車師為例(它實際上是兩個國家，一個在吐魯番盆地，另一個在盆地北邊的山上)。無論是匈奴還是漢朝，要實施對西域的統治，車師都是關鍵的地區。因為匈奴只能通過他們在車師的軍事基地控制西域人，而漢朝只有通過這裡才能到達西面的大宛、烏孫等國。車師長期以來都是匈奴的忠實盟友。因此，西元前108年趙破奴將軍占領樓蘭之後就迅速北上擊敗車師。漢朝一旦控制了這個國家，遠至大宛和烏孫各國都能感覺到中國的軍事壓力。漢朝之所以能在西元前105年首先與烏孫建立聯姻紐帶，與漢軍對車師的勝利有直接關係。

但是，匈奴也認識到這一地區對他們至關重要的軍事和經濟價值，因此在西元前1世紀的頭二十五年中，他們不斷試圖奪回車師。西元前60年以後，當匈奴最終喪失對車師的絕對控制時，他們對西域無可爭議的統治也走到了盡頭。然而在兩漢時期，匈奴與車師之間的聯繫始終沒有徹底斷絕。西元前60年以後的幾個世紀中，漢朝在西域的影響一旦削弱，匈奴就立即捲土重來奪取車師。直到西元123年，有證據表明車師仍然是匈奴的軍事、經濟基地。事實上，東漢時期的北匈奴一直企圖依靠他們在車師的基地擴展對西域的控制。

另一場有助於漢朝從匈奴手中奪取西域控制權的重要戰役是西元前101年貳師將軍李廣利對大宛的征服。當匈奴得知漢朝大軍在向西運動時，他們企圖截擊漢軍，但是漢軍的數量遠遠超過他們。武帝決心征服大宛是出於兩個重要考慮。首先，漢朝想得到更多大宛的「汗血馬」以用於對匈奴的戰爭。其次，漢朝要向西域人展示

軍事實力。大宛距離中國非常遠（離長安12,550里），位於烏孫的西面。如果漢朝能夠征服大宛，所有的西域國家都會對中國惟命是從。正如《漢書》所言：「自貳師將軍伐大宛之後，西域震懼，多遣使來貢獻。」[12]

匈奴喪失對西域的控制權

匈奴在西域戰場上的不斷失利最終使漢朝控制了這一地區，西元前60年西域都護的設置標誌著漢朝霸權的建立。前面我們提到的日逐王（名叫先賢撣）於此年向漢朝投降，匈奴童僕都尉的機構隨即被廢除。我們完全有理由相信匈奴童僕都尉的功能被漢朝的西域都護所繼承。漢朝將軍鄭吉在接受日逐王投誠之後，立即被任命爲首任西域都護。另外，西域都護不僅是漢朝在西域的軍事指揮部，還擁有廣泛的政治權力，一方面維持漢朝對整個地區的控制，另一方面調節當地多數國家之間的關係。據記載童僕都尉的治所位於焉耆、危須、尉犁三國之間，漢朝都護的治所設在烏壘城（Chadir），距離上述三地都只有300、500里。我們推測烏壘城很有可能就是匈奴童僕都尉的舊址所在；換句話說，漢朝只是簡單地將匈奴的機構改頭換面變成了西域都護。

當漢朝打開通往西域的入口之後，匈奴蒙受了政治上的失敗和經濟上的損失。早在征服大宛之後，漢朝就在西域各地推行軍事性屯田，以排擠匈奴。每處屯田基地一般有500名屯戍士兵。建立這些屯田區是爲了給西域的漢朝士兵和使者提供充足的食物供應。車

---

12 《漢書》卷96上，頁1b。

師再次成爲爭奪的關鍵，因爲除了戰略價值以外，它還以肥沃的農田著稱，曾經是匈奴的糧倉。這足以解釋爲什麼車師在西元前1世紀的前二十年中會成爲匈奴和漢朝武力爭奪的焦點。

昭帝時期(前86-前74)匈奴曾經完全控制了車師的農業區。然而當西元前67年車師投降漢朝後，漢朝開始在那裡建立屯田基地。匈奴首領很快意識到這一動向的分量，於是在此年之後他們不斷地襲擊漢軍在車師的屯田點。這些襲擾迫使漢軍在西元前64年撤出車師，匈奴重新奪回了這片土地。但是當漢軍從這一地區撤退時，他們強迫車師的大部分居民(即使不是全部)遷移到渠犁，實際上只留給匈奴無人耕種的土地。不過在西元前48年，呼韓邪單于投降漢朝五年之後，漢朝重新在車師建立起屯田系統。這一次新建立了一個稱爲「戊己校尉」的機構，正式負責管理整個西域的所有屯田基地。匈奴在西域的統治維持多年後終於壽終正寢。

西元前209年到前60年的一個半世紀見證了匈奴帝國的迅速崛起和擴張，也同樣見證了它在西域影響的日漸衰微。擴張增強了帝國內部的地方主義傾向，後者隨之播下內亂的種子，而與西域聯繫的斷絕使匈奴喪失了大量軍事、經濟資源。我們將在下文探討地方主義的問題。現在，讓我們更詳細地說明一下丟失西域對匈奴來說究竟意味著什麼。首先，西域的很多國家，尤其是車師，已經有比較發達的農業經濟。在漢朝控制這一地區之前，匈奴的食品供應很大程度上依賴於這些國家生產的穀物。其次，西域還向匈奴提供各種軍需物資，包括鐵製兵器。第三，西域還給匈奴貢獻了大批人力資源，這一點可以由童僕都尉的存在予以說明。最後，匈奴在西域徵收賦稅。如果我們考慮到中國和遙遠的西方之間經由西域的大規模過境貿易，那麼這筆賦稅總收入是相當可觀的。漢朝在西域統治

的開始意味著匈奴所有這些收益的結束。

　　匈奴在漢朝手中的軍事失敗也鼓舞了那些從前受其奴役的民族奮起反抗。這些反抗進一步動搖了匈奴的經濟基礎。例如，西元前72年，烏孫騎兵在一支漢朝軍隊的協助下洗劫了匈奴右谷蠡王的駐地，擄走了包括貴族在內的4萬匈奴人，還有總數多達75萬頭的馬、牛、羊、驢和駱駝。西元前71年，趁匈奴實力削弱之機，烏孫從西面、丁零從北面、烏桓從東面對匈奴發起一次協同進攻，給他們造成更慘重的損失，據記載匈奴總共喪失了三分之一的人口和一半牲畜。從此匈奴對其附庸國的控制徹底瓦解。

地方主義和王權危機

　　當匈奴剛剛擴張到東吞東胡、西併西域的範圍時，單于一個人是無法管理其帝國的廣闊領土的。因此，早在冒頓時代，匈奴就已經發展出一套二元政治體制。單于之下，最有權勢的首領是左、右賢王和左、右谷蠡王。帝國中部的領土由單于直接管轄，東部的領土由左部統轄，西部由右部統轄。在每個王國內部，國王擁有高度自治權，有權任命、設置其下屬官員和機構。正是這種地方分權使得一些歷史學家相信匈奴帝國始終保持著某種「封建主義」因素[13]。

　　隨著擴張的繼續，不得不建立越來越多的王國去統領新吞併的領土。重要的是，並不一定要在原有的二元體制內給這類新建的王國分配一個位置。例如，西元前120年左右，在匈奴領土的西部（甘

13　W. M. McGovern, *The Early Empires of Central Asia* (University of North Carolina Press, 1939), p.118. 並參見Hsieh Jiann最近用中文發表的研究〈匈奴政治結構研究〉，《中研院史語所集刊》第41本第2分(1969)。

肅走廊境內)出現了兩位很有實力的渾邪王和休屠王,他們都擁有自己的領地和屬民。很明顯,他們並沒有被單于指定歸屬於左部或是右部。有趣的是,後來呼都而尸單于(18-46)授權右日逐王管理匈奴領土的南部,而不是西部。這個事例進一步說明匈奴的地方主義最終導致他們衝破了二元制結構。還有證據表明匈奴的二元制組織很多世紀以來一直在膨脹。例如,《後漢書》舉出了六個從未見於以前史料的左、右部王稱號。

從西元前1世紀中葉開始,另外兩個發展趨勢似乎也證明了地方主義的滋長。首先,有的地方諸王拒絕參加在單于王庭舉行的一年一度的會議。其次,有好幾位單于最初是在他們統轄的地區發展起自己的勢力基礎。例如,西元前57年五單于爭位,都有各自的轄區追隨。西元48年南匈奴的第一位比單于是由帝國南部八個部落的酋長共同擁立的,而那裡原先是他直接統轄的領地。

匈奴人中一場可以稱之為「王權危機」的內亂大大助長了地方主義,這場動亂從西元前114年一直持續到前60年。在這半個世紀中,匈奴王位先後由七位單于繼承,他們是:烏維(前114-前105)、詹師廬(前105-前103)、句黎湖(前102-前101)、且鞮侯(前101-前97)、狐鹿姑(前96-前85)、壺衍鞮(前85-前69)和虛閭權渠(前68-前60)。平均起來這些統治都很短命。除狐鹿姑和壺衍鞮外,每一位單于的統治都不超過十年,最短的只有一年。這與早年單于的長期統治,尤其是冒頓(前209-前174)和軍臣(前160-前126),形成了鮮明對比。而且,這七位單于中沒有人能以強大的王權保護他的臣民。其中的兩位單于詹師廬和壺衍鞮,即位時可能還尚未成年。前者的綽號叫做「兒單于」,後者則處於母親的控制之下。實際上,在西元前85年至前60年最後兩位單于統治期間,內部

的派系鬥爭已經開始，地方主義也暴露無遺。

說到這裡，我們有必要交待一下匈奴王權危機的制度背景。王權危機與單于繼承問題密不可分。眾所周知，要想歸納出匈奴王位傳遞背後的原則是十分困難的。然而從歷史上看來，在西元前209年冒頓當上單于到西元前2世紀中葉匈奴第一次分裂的這段時間裡，兩個基本條件似乎已經在實踐中確立起來了。首先，單于的頭銜通常只由父親傳給兒子。例如，從老上（前174-前160）到虛閭權渠（前68-前60）的十次繼承中，只有四例偏離了父子相承的常規。在這四例當中，伊穉斜（前126-前114）是通過反叛從他的侄子於單（法定繼承人）那裡奪取了單于寶座，從而繼承其兄軍臣（前160-前126）；句黎湖繼承他的侄子詹師廬（前105-前102）是因為後者的兒子還是幼童，不能作為單于理事；而句黎湖次年（前101）去世，其弟且鞮侯繼位，有可能是出於相同的原因。只有在虛閭權渠的例子中，我們才發現他是在正常情況下繼承其兄壺衍鞮的。但此時（前68）匈奴已深陷於王權危機之中，而繼承方式的這一變化有可能是出於對危機的合理反應。

其次，在指定法定繼承人的過程中，在位的單于通常擁有最終決定權。例如，雖然「兒單于」非常殘忍，不受歡迎，匈奴貴族仍然接受他的統治，而不敢對他的權力合法性有任何質疑，因為那顯然是出自他父親的意願。狐鹿姑單于的經歷可以作為另一個例證。狐鹿姑是且鞮侯的長子，已經被他垂死的父親指定為正式繼承人。但是狐鹿姑沒有及時趕到單于王庭，匈奴貴族認為他可能病危，於是將他的弟弟立為單于。當這位弟弟聽說狐鹿姑安然無恙時，他堅持要把寶座還給狐鹿姑，不過要求狐鹿姑指定他為下任合法繼承人作為回報。這一事例清楚表明，在位單于在繼承問題上的意願所受

到的尊重有多麼大。顯然它壓倒了匈奴貴族的集體決議。

這種繼承體制似乎容易引發(或至少加重)匈奴的王權危機。在位者經常不能勝任單于的位置。當繼位者是一個乳臭未乾的年輕人時(例如「兒單于」詹師盧和壺衍鞮),後果可能不堪設想。「兒單于」因為喜好殺戮,在匈奴統治階層中造成普遍的緊張不安,他的暴虐統治甚至導致左大都尉治下一個強大集團的反叛。壺衍鞮生性怯懦,為其母后所操縱,導致很多匈奴貴族離心離德,匈奴百姓對漢朝的進攻產生了普遍的恐慌。無論如何,這種父子相傳的陳舊繼承模式不僅在戰時應付形勢方面顯得日益失效,而且成為挑起匈奴王室成員之間權力鬥爭的重要禍根。例如,西元前57年匈奴分裂為互相對抗的五個集團,就是由爭奪繼承權直接造成的。顯然是由於這一痛苦的經驗,呼韓邪單于(前58-前31)定下了一條新規矩:將來繼承他位置的長子必須把王位傳給弟弟。從呼韓邪時代直到西元2世紀中葉,兄弟相承基本上成為主要的繼承方式。

從分裂到投降

匈奴的內部鬥爭在西元前60年後完全公開化。在已故虛閭權渠單于所廢黜的王后的幫助下,右賢王屠耆堂於西元前60年成為單于(取名「握衍朐鞮」)。王后在虛閭權渠去世前就與屠耆堂私通。她讓情人當上單于,是因為根據匈奴傳統,新單于有權納已故單于的王后作為自己的合法妻子。握衍朐鞮所做的第一件事,就是除掉所有從前虛閭權渠單于手下有權勢的人,這些人的勢力根基在左部。幾乎可以肯定這次清洗有地區性背景。但是由於這一行動,握衍朐鞮單于激怒了全體左部貴族,他們隨即在西元前58年擁立稽侯狦為

自己的單于(號稱「呼韓邪」)。同一年,呼韓邪在戰鬥中擊敗握衍
朐鞮,迫使他自殺。呼韓邪最初的勝利只不過是匈奴統治階層一次
大分裂的開始。在隨後的一年(前57年)裡,匈奴分裂為五個地方實
力集團,都有各自的單于。最後,在西元前54年,分裂縮小為兩個
分別由呼韓邪單于和郅支單于領導的相互競爭的大集團。

西元前54年,呼韓邪在他的對手和兄弟郅支手中遭到軍事上的
慘敗。因此他被迫放棄了位於北部的匈奴都城,往南向中國遷移。
在其後的二十年中,這兩兄弟將蒙古高原分成了兩個獨立的匈奴王
國,呼韓邪在內蒙古,郅支在外蒙古。

因為受到北面郅支的強大壓力,對呼韓邪來說,向中國投降以
取得軍事和經濟支援的想法開始變得越來越有吸引力。早在伊稚斜
單于(前126-前114)統治末期,匈奴已經開始尋求與漢朝恢復「和
親」和平同盟的機會。但是漢朝決定把匈奴納入中國的朝貢體制,
這使得協商中斷於萌芽狀態。當烏維單于(前114-前105)即位時,
他制止匈奴在邊境的襲擾,希望能從漢朝那裡得到一次「和親」和
平。漢朝的朝貢條款又一次阻止了任何有成效的交流。隨著匈奴軍
事和經濟狀況進一步惡化,壺衍鞮(前85-前69)和虛閭權渠單于(前
68-前60)也對與中國恢復和平協約表現出真誠的興趣。在這種背景
下,呼韓邪傾向於加入漢朝的朝貢體制就絲毫不令人驚訝了。

但是匈奴是一個驕傲自大的民族,接受漢朝臣屬的地位對他們
來說是一劑難以下咽的苦藥。西元前53年,在由呼韓邪主持的一次
御前會議上,主張投降漢朝的左伊秩訾王與反對他的一群匈奴貴族
進行了一場激烈的辯論。貴族們認為投降對於匈奴來說是莫大的恥
辱,而且會使匈奴喪失此前在所有胡族中無可爭議的領袖地位。作
為對這種意見的回應,伊秩訾王指出:

今漢方盛，烏孫城郭諸國皆爲臣妾。自且鞮侯單于以來，
匈奴日削，不能取復，雖屈強於此，未嘗一日安也。今事
漢則安存，不事則危亡，計何以過此？[14]

這個現實主義的考慮完全贏得了呼韓邪的支持，同意向漢朝朝貢的
和平決議最終達成。

　　漢朝強加於匈奴的朝貢條款可以概述如下：首先，單于應在中
國朝廷上覲見漢朝皇帝；其次，單于要把一個兒子送到漢朝當人
質；第三，匈奴要向中國進貢以回敬皇帝的賞賜。作爲回報，漢朝
有義務在需要時爲匈奴提供軍事保護。而且，漢朝還必須爲匈奴提
供中國的物資，尤其是絲綢和食物。

　　在以後的一些年裡，呼韓邪履行了朝貢條款中所有的義務。西
元前53年，他把一個兒子送到中國都城做人質；而後在西元前51
年，他親自帶著貢品到長安參加漢朝的朝會，第一次覲見中國皇
帝。呼韓邪降漢是漢匈關係史上頭等重要的大事。據《漢書》記
載，只有到呼韓邪朝見漢皇帝之後，西域人民才放棄匈奴，轉而效
忠漢朝[15]。

　　不過呼韓邪加入漢朝朝貢體制得到了充分的回報。在長安時，
漢朝皇帝賞賜他20斤黃金，20萬銅錢，77套衣物，8,000匹各種絲
織品和6,000斤絲綿。最重要的是，中國還向匈奴提供急需的食品
供應。在西元前51年，當呼韓邪回到內蒙古之後，大約3.4萬斛米
糒被運往匈奴；西元前48年，應單于要求，漢朝又從兩個邊郡爲匈

14　《漢書》卷94下，頁2a。
15　《漢書》卷96上，頁8b。

奴調運了兩萬斛糧食。在西元前51年到前1年的半個世紀中,匈奴從漢朝那裡得到的經濟援助一直在穩步增長。

除了經濟援助外,漢朝還給匈奴軍事上的支持。西元前51年,兩位漢朝將軍率領16,000名中國騎兵護送呼韓邪回到單于庭。這支漢朝軍隊受命留下來幫助呼韓邪鎮壓反叛的匈奴人,顯然是要給北面不可一世的郅支一個信號。不可否認,漢朝軍隊必然還接到皇帝的秘密指示:監視剛剛歸順的呼韓邪。不過,漢朝軍隊在呼韓邪與郅支的王位爭奪中確實大大增強了他的軍事實力。據記載,當郅支聽說漢朝已經在軍事力量和食品供應兩方面支援呼韓邪時,他明白已經沒有機會將匈奴統一到麾下了,於是他向西遷移到占據伊犁河谷的烏孫附近。

西元前44年或43年,呼韓邪治下的匈奴與漢朝簽署了這樣的軍事協定:

> 自今以來,漢與匈奴合爲一家,世世毋得相詐相攻。有竊盜者,相報,行其誅,償其物;有寇,發兵相助。漢與匈奴敢先背約者,受天不祥。令其世世子孫盡如盟。[16]

不用說,這個條約跟人類歷史上所有其他條約一樣,不會永遠維持下去。不過,事實證明它比從前的「和親」協定更有效,在王莽新朝(9-23)前,它大體上協調著匈奴與漢朝的關係,也許是出於條約的義務,漢將陳湯於西元前36年率領一支由漢朝和匈奴士兵組成的聯合部隊在康居擊敗並殺死了郅支。爲了答謝,呼韓邪表示了朝見

16　《漢書》卷94下,頁3a。

漢朝皇帝的願望。呼韓邪的最後一次朝覲之旅是在西元前33年，這一次呼韓邪還要求成為漢朝的女婿。漢朝皇帝嫁給單于的不是一位「公主」，而是一位名叫王嬙(昭君)的宮女，她是中國歷史上最有名的美人之一。這無疑暗示了單于在朝貢體制中的地位比從前在「和親」體制中要低。

然而事實證明呼韓邪與王嬙的婚姻在政治上成果豐碩，因為在呼韓邪死後(約西元前33年)，不僅他們的一個兒子成為右谷蠡王，而且王嬙的女婿(名叫須卜當)也是單于王庭中炙手可熱的人物，他堅定不移地繼續推行親漢的外交政策。根據中國方面的記載，匈奴和漢朝的關係從來沒有比西元前33年到西元11年之間更融洽了。這些友好的接觸也被近年來的考古發掘證實。在內蒙古長城舊址沿線發掘的這一時期的漢墓中，發現了數不清的漢代瓦磚，很多瓦磚上有諸如「單于和親」或「單于天降」之類的銘文。

最後的分裂：南匈奴和北匈奴

西元前1世紀中葉的政治分裂給匈奴人留下了永久的傷痕。從那時起，冒頓、老上和軍臣統治下的匈奴帝國所特有的團結一心已經不復存在了。然而，在呼都而尸單于(18-46)統治期間，當中國先是忙於內戰，隨後又忙於重建政治秩序時，匈奴還有實力趁機重新樹立起他們在西域以及東胡(尤其是烏桓)人中間的權威。

匈奴還試圖在與漢朝的關係中恢復他們從前的地位。在其短暫統治期間(23-25)，更始皇帝於西元24年派遣一位使者到匈奴，要求他們重歸漢朝的朝貢體制；呼都而尸強調現在應該把朝貢關係倒轉過來，中國皇帝必須來朝見單于。呼都而尸聲稱他幫助漢朝推翻

了王莽的新朝，就像漢朝曾經支持呼韓邪與郅支鬥爭一樣。在光武帝(25-57)統治早期，單于始終堅持恢復原先的地位。而且，呼都而尸甚至將自己與他傑出的祖先冒頓相提並論，想把兩個世紀以前的「和親」條款強加給東漢。

　　光武帝統治的前二十年中，匈奴與東漢的關係在很多方面都和西漢初期漢高祖與冒頓的關係非常相似。首先，光武帝不斷試圖用卑詞厚禮安撫匈奴。其次，匈奴在一些叛變的中國北疆實力派將領中找到了盟友，特別是彭寵和盧芳。第三，在這二十年中匈奴一次又一次的襲擊、劫掠漢朝邊郡，全然不顧漢朝皇帝慷慨相贈的豐厚禮物。

　　但是此時匈奴的地方主義已經發展到相當程度，呼都而尸遠遠不能完全控制那些地方巨頭。早先在短命的新朝，王莽曾經做過一次認真的嘗試，想把匈奴帝國分成十五份，分別由呼韓邪的十五個兒子統轄。一位特使帶著大量珍貴禮物前往匈奴，將單于的稱號授予每一個兒子。那次行動的收穫實在有限，十五人中只有三個接受了王莽的冊封。然而，這一計畫充分證明匈奴是可以分割的，否則即使是王莽這樣的政治幻想家也不可能產生在匈奴人中同時扶植十五位單于的想法。呼都而尸單于自命為冒頓再世的想法是不現實的自我欺騙。在他統治末期，呼都而尸將自己的兒子指定為法定繼承人，違背了已故的呼韓邪定下的兄弟相承的規矩，引起他的侄子，即前任單于的長子右日逐王比的怨恨。比在匈奴帝國南部有自己的勢力基礎，他甚至拒絕到他叔叔的王庭參加年度大會，這再次顯示了匈奴的分裂危險。

　　西元46年，呼都而尸去世，他的兒子蒲奴登上單于寶座。比於是決定效法祖父呼韓邪的榜樣，在第二年向東漢投誠。他得到南部

八個匈奴部落的全力支持，兵力總共有四五萬人。西元48年，八部貴族擁立比為他們自己的單于，以後他們這個群體在中國史中有了南匈奴這一正式名稱，與蒲奴統治下的北匈奴相區別。

漢朝貢納體制下的南匈奴

西元50年，南匈奴正式重歸中國朝貢體制。這一年，單于比派遣一位質子，以及攜帶貢品的使者代表他前往東漢朝廷朝見。光武帝回贈給匈奴大量禮物，包括1萬匹絲織品、1萬斤絲、2.5萬斛米糰、3.6萬頭牛羊。南匈奴與東漢之間的朝貢關係比從前更加嚴格規範了。一方面，匈奴在每年年底都要送上貢品和一位新的質子。另一方面，漢朝有責任護送上一年度的單于質子回到匈奴王庭。而且，漢朝每年給匈奴的賞賜也多少有一個固定的數額。例如，據西元91年中國一位上書者所言，按照東漢的成例，每年給南匈奴的供應總價值為一億零九十萬銅錢。

在蒲奴的北匈奴的強大壓力下，南匈奴繼續南遷，向東漢尋求保護。西元50年，不少匈奴部落進入漢帝國境內，聚居於幾個邊郡（在今天的內蒙古、甘肅、山西）。到西元1世紀末，中國境內的匈奴人口已經超過20萬人。東漢政府還強迫大批漢人遷移到這些邊郡，於是漢人和匈奴雜居的聚落開始發展。西元1世紀以後，南匈奴的發展與其說是中亞史的一部分，不如說是中國歷史的一部分。不過必須進一步指出的是，正是單于劉淵統帥下的南匈奴後裔在西元317年推翻了西晉王朝，建立了中國歷史上第一個異族王朝。

北匈奴

　　南匈奴向東漢投降將他們北邊的兄弟推到了非常困難的境地。依靠中國的軍事和經濟後盾，南匈奴逐漸鞏固了在內蒙古的勢力，而北匈奴單于蒲奴再也沒有機會實現他重建一個統一匈奴帝國的夢想了。從一開始，東漢朝廷就採取了孤立、牽制北匈奴的政策。朝廷的長期目標是切斷北匈奴與南匈奴以及整個西域的所有政治、經濟聯繫。

　　北匈奴充分認識到處境的艱難，他們不斷努力尋求與東漢和解。西元51年，他們派遣使者帶著貢品到中國邊郡武威(在甘肅)要求和平談判。在一次御前會議上討論後，光武帝最終拒絕了他們的提議，因為他擔心疏遠南匈奴。漢朝皇帝的顧慮是，中國與北匈奴恢復和平可能會最終導致匈奴的重新統一。

　　第二年，西元52年，蒲奴單于又採取了爭取和平的另一個重大舉措。這一次北匈奴使者給東漢朝廷帶來的不僅有包括馬匹和裘皮在內的貴重貢品，還有西域各國的一些代表。有趣的是，他們請求漢朝賜給他們新的中國樂器(比如竽、瑟、箜篌)，因為一個世紀以前賜給呼韓邪的舊樂器已經全部朽壞了。

　　不難理解匈奴使者為什麼要在他們的行列裡加上來自西域各國的代表。北匈奴顯然認為這些代表能夠加強他們與東漢討價還價時的地位。不過他們對樂器的要求至少包含了兩個信息，我們需要解釋一下。首先，匈奴想通過對中國音樂的濃厚興趣來表示他們與東漢建立和平關係的誠意，因為「禮」和「樂」在中國人的觀念中是和平的兩個重要象徵，而當時匈奴對此已經非常熟悉。另外，那些

朽壞的漢朝樂器最初被賜給呼韓邪是表示認可他作為單于的合法地位。如果東漢答應北匈奴的請求，用新樂器替換舊的，那就意味著中國承認蒲奴單于自稱為呼韓邪繼承者的合法性。這一事件充分顯示匈奴在處心積慮地玩弄微妙的政治遊戲。

在給蒲奴單于的正式答覆中，光武帝對西域各國代表和要求樂器這兩點作出了明確的強調。皇帝對北匈奴將西域納入他們的「朝貢使團」感到很不高興。在他看來，西域各國都是漢朝臣民，北匈奴把這些國家引見給漢朝，好像他們只遵從北匈奴的領導，這是不合適的。皇帝還拒絕了對新樂器的要求，他說北匈奴現在需要的不是樂器而是武器。從這一答覆可以明顯看出，漢朝下定決心不向北匈奴的示威屈服。

實際上在整個東漢時期，中國政府僅僅把北匈奴當作一股「事實上的」經濟和軍事力量，始終拒絕承認他們是一個「理論上的」政治實體。儘管東漢政府經常派官員與北匈奴商談邊境貿易，但他們卻極不願意派遣皇家使節到單于庭以酬答北匈奴的「朝貢使團」，這一事實清楚地表明瞭這種態度。

既然無法與東漢達成滿意的和解辦法，北匈奴就將其注意力完全轉向了西域。在光武帝統治期間(25-57)，中國忙於內部事務，既沒有時間也沒有足夠的實力去顧及西域。東漢早期，光武帝甚至拒絕西域很多國家積極加入漢朝朝貢體制的請求。他不僅拒絕接受這些國家的人質，還拒絕在這一地區重建都護官署。東漢最初幾十年的「不介入」政策給北匈奴在西域的政治、軍事活動留下了充裕的空間。

從光武帝統治末期到西元73年左右，有好幾個國家在西域崛起。第一個在西域成為支配力量的國家是莎車。莎車王賢(西元33-

61年在位)野心勃勃,趁東漢忙於安頓內政,匈奴因乾旱和瘟疫等天災而實力大為削弱之機,企圖征服整個西域。西元45年,包括車師、鄯善(在羅布泊附近)和焉耆在內的十八個西域國家將人質和貢品送到東漢朝廷,要求軍事保護以抵禦莎車的壓迫。他們甚至坦率地告訴光武帝,如果中國不能保護他們逃脫莎車的吞併,他們唯一的選擇就是轉向匈奴。由於無力應付形勢,光武帝只能聽任這些國家倒向匈奴一邊。這一動向最初幫助了北匈奴在西域重建起他們的勢力根基。

後來,在西元1世紀50年代,莎車的實力迅速下降。其他國家,比如于闐、鄯善和車師,起而爭奪西域霸權。然而當匈奴最終介入時,他們迫使西域所有的重要力量成為他們的附屬國。例如,在于闐征服莎車之後不久,五位北匈奴將軍率領一支由西方十五個國家的士兵組成的超過3萬人的軍隊襲擊了于闐。結果于闐王向北匈奴投降。他不僅把一個兒子送到北匈奴當人質,而且允諾每年向他們交納賦稅。有了西域的人力物力資源支持,北匈奴一次又一次地襲擾中國的西北邊境。河西地區(在甘肅)的四個邊郡(敦煌、酒泉、張掖和武威)危如累卵,以致所有重要城市的大門被迫在白天關閉。形勢使得東漢朝廷別無選擇,只能在西元73年下決心以武力從北匈奴手中奪回西域。

73年春,東漢朝廷分別派出四支騎兵進攻北匈奴。四支軍隊中,竇固將軍率領的一支戰果最大。竇固的軍隊從酒泉出塞北進,在天山重創呼衍王指揮的匈奴軍隊。竇固追擊呼衍王直到蒲類海(Barkol nor),在撤軍回漢朝時,他留下了一些官吏和士兵在伊吾盧附近建立屯田據點。第二年(74),竇固再次在蒲類海附近地區擊敗北匈奴,進軍至車師國。征服車師以後,竇固獲得東漢朝廷批

准,在時隔60年之後重建西域都護和戊己校尉官署。於是在東漢王朝治下,中國第一次成功地切斷了北匈奴與西域的聯繫。應該指出的是,伊吾盧和車師一樣以土地肥沃著稱,因此這兩個國家對匈奴具有極大的經濟價值。正因為如此,東漢對西域的重新征服才從這兩個關鍵地區開始。

北匈奴在中國將軍竇憲手中遭受了最慘痛的軍事失敗。在稽落山(在外蒙古)進行的一次戰役中,包括高級貴族在內的13,000多匈奴人喪命。單于本人逃往金微山(阿爾泰山南脈)避難,八十一個匈奴部落的20餘萬人口向漢朝投降。西元91年,北匈奴單于再次在金微山戰敗,向西逃往伊犁河谷。這一連串失敗導致北匈奴帝國在外蒙古和西域的全面崩潰。

然而,北匈奴的瓦解不僅僅是由於軍事失利,其他幾種力量所起的作用更大。班超天才的外交活動就是其中之一。竇固將軍在西元73年派遣班超作為漢朝特使前往西域,他的使命是將北匈奴在西域的盟友爭取過來。運用高度機動靈活的戰略,班超成功地切斷了北匈奴和當地幾個主要國家之間的聯繫,包括鄯善、于闐和疏勒。結果很多國家正式回到漢朝朝貢體制之下。北匈奴在西域的勢力基礎大為削弱主要應該歸功於班超的努力。後來,在西元91至102年之間,班超被任命為西域都護,治所設在龜茲,此時東漢對整個塔里木盆地的控制已經牢固地建立起來。

第二個導致北匈奴在西元1世紀70年代崩潰的因素,是大規模逃亡引起的人力資源的嚴重流失。大概是由於物質上的匱乏,大批人口開始逃離位於外蒙古的北匈奴。他們中有很多人投降了東漢,而另一些人則加入了南匈奴、烏桓、鮮卑或丁零。規模最大的一次投誠發生在西元87年,據記載有大約五十八個部落,共20萬平民和

8,000士兵，到漢朝的四個邊郡(雲中、五原、位於今天綏遠的朔方和寧夏的北地)尋求中國的保護。我們不知道這些逃亡者是匈奴人還是被北匈奴征服的其他民族。不過，根據一條較晚的史料，這些北匈奴逃亡者中包括大批西域人、羌人和丁零人，他們從西漢起就遭到匈奴的奴役。毋庸多言，這些持續的人口流失必然大大削弱了北匈奴[17]。

　　第三，在這一動盪的時代，中國北部邊疆的其他胡族開始扮演起比從前更為活躍的角色。他們包括南匈奴、鮮卑、烏桓、丁零，以及西域各族人。例如，據《後漢書》記載，西元85年：

> 時北虜衰耗，黨眾離畔，南部攻其前，丁零寇其後，鮮卑擊其左，西域侵其右，不復自立，乃遠引而去。[18]

實際上，前面提到的漢朝在西元73年和89年對北匈奴的遠征，並不僅僅是中國人和北匈奴人之間的戰爭。援助漢朝軍隊的不僅有南匈奴的騎兵，還有羌、鮮卑和烏桓的騎兵。

　　我們不能不提到鮮卑，它是中亞一支重要的新興力量。西元87年，他們僅靠自己就給北匈奴造成了一次重創。在戰鬥中他們殺死了北匈奴優留單于，而且剝了他的皮。鮮卑的這次襲擊給北匈奴帶來了一場浩劫，前文提到的五十八個匈奴部落降漢就是一個直接的嚴重後果。西元91年，當北匈奴單于將其王庭遷往伊犁河谷之後，鮮卑就遷移到外蒙古地區北匈奴騰出的土地上。在西元2世紀後半

17　馬長壽，《北狄與匈奴》，頁39-40。
18　《後漢書》卷119，頁5a。

段檀石槐的卓越領導下，鮮卑迅速擴張。據記載在這一階段，鮮卑曾「南抄漢邊，北拒丁令，東卻夫餘(在滿洲)，西擊烏孫，盡據匈奴故地」。北匈奴在中亞的角色已經完全被鮮卑繼承了[19]。

在西元107-123年之間，東漢軍隊由於財政困難幾乎完全撤出了西域，北匈奴作了一次短暫的反攻。但是此時北匈奴行動的基地已經不再是塔里木盆地或者外蒙古了。

據"The Hsiung-nu," in Denis Sinor ed., *The Cambridge History of Early Inner Asia*(Cambridge: Cambridge University Press, 1999), pp. 118-150譯出。

(汪小烜譯)

---

19 陳壽，《三國志‧魏書》卷30，頁6a(百衲本)引王沈，《魏書》。關於鮮卑，參見石黑富雄，〈鮮卑遊牧部落的領域〉，《北(海道)大史學》，1957年10月，頁80-91。作者想在此感謝香港中文大學中國文化研究所1974-1975年所提供的研究便利，爲本章的準備帶來了很多幫助。另外還要感謝康書蘭(Susan Converse)女士在編輯上的出色幫助。

附錄三

評崔瑞德
《唐代的財政管理》

（1964年）

　　1946年以來，經濟史研究界以西方語言出版了一大批重要成果，如對《食貨志》或者二十四史中的經濟史部分進行的註釋、節譯、全譯等等 [1]。毋庸贅言，所有這些研究與翻譯的巨大貢獻在於從不同角度增進了我們對傳統中國經濟秩序的理解。遵循這一正確的研究路線，崔瑞德教授的這本書立志「對《舊唐書‧食貨志》進行全譯和介紹」（〈序言〉），堪稱本領域又一有價值的貢獻。

　　本書包括六章與五個附錄。前五章討論了一系列唐代財政與經濟的重要問題，其排列順序與《舊唐書》中的一樣（卷四十八和四十九）：田賦、直接稅、國家專賣和貿易稅、流通與信用、交通系統。最後一章把唐朝財政管理的演變分成了三個時期，並就每個時期發生的典型的制度變遷進行了分析，從而對唐朝財政管理進行了總體考量。五個附錄向讀者提供了前面五章相關的基礎數據。除了包含兩個鑄幣廠表格的附錄四之外，其餘都是由作者翻譯並加以評論的重要文獻，如詔敕、法令、歷史記載等構成。

　　崔瑞德教授這本精彩的著作大大增進了我們對經濟史和唐代制度史的認識，我們當然應該給予他由衷的掌聲與歡迎。儘管作者坦率地宣稱自己的工作僅限於「討論國家財政政策，而不涉及這一時期任何最廣泛意義上的經濟史討論」，但是實際上本書所描述的唐

1　Lien-sheng Yang(楊聯陞), "Notes on the Economic History of the China Dynasty," *Harvard Jouranl of Asiatic Studies*, 9.2(1946), 107-185(重印於氏著 ：*Studies in Chinese Institutional History*, Cambridge, Massachusetts, 1961, pp. 119-197); Rhea C. Blue, "The Argumentation of the *Shih-huo chih* Chapters of the Han ,Wei, and Sui Dynasty Histories," *Harvard Journal of Asiatic Studies*, 11.12(1948), 1118; Nancy Lee Swann, *Food and Money in Ancient China* (Princeton, 1950); Etienne Balazs, "Le Traite Economique du Souei-chou," *T'oung Pao*, 42.34(1953), 113-329; Herbert F. Shurmann, *Economic Structure of the Yuan Dynasty* (Cambridge, Massachusetts, 1956).

代經濟與財政史的內容如此豐富，以至於已經超越了鞠清遠《唐代
財政史》(1940)與《唐代經濟史》（與陶希聖合作，1936），而這兩
部書至今仍是這一領域的重要參考書。

　　然而，距離鞠氏著作的出版已經二十年過去了。在這二十年
間，學術界尤其是中國與日本學者一直在努力以多方面的工作，推
進唐代財政與經濟史的研究。在這些成果中，有一部分是基於新發
現的敦煌吐魯番史料的[2]。而本書以一種簡潔、批評的形式介紹了
大部分這些成果中的精華，使之能夠被英語世界的學者有效利用，
我們應該向崔瑞德教授為這一工作所付出的艱苦努力表示感謝。需
要指出的是，本書不僅僅介紹了東方學者有價值的發現，同時包括
了作者自己十年來的原創性學術貢獻，這些成果部分的目錄可以參
見本書第354-355頁。寫作如此廣博範圍和複雜內容的著作，作者
很容易陷入這樣兩個陷阱：要麼在細節描述方面令人厭煩地絮絮不
休，要麼空發大而無當的理論概括。值得慶賀的是，本書作者將分
析的部分與綜合的部分巧妙編織得天衣無縫。給讀者留下深刻印象
的是，作者在所有場合都力求保持鋪敘史料與提出觀點的平衡。例
如，在唐代均田制的問題上，一部分學者誇大敦煌吐魯番史料的作
用，將這一區域個案所反映的均田制實行情況，不正確地適用於整
個唐帝國疆域，而另一批學者則或多或少地低估了敦煌吐魯番材料
的價值，甚而有時曲解這些材料所反映的事實，其做法就是把個別
片斷材料從上下文中抽出進行斷章取義的解釋，最終否認均田制框
架在歷史上曾經存在的真實性。對這一問題，作者的態度值得讚

2　晚近最重要的出版物是三卷本《敦煌吐魯番社會經濟資料》，西域文化
　研究會出版(京都，1959-1960)，它包括了新的史料和研究成果。

賞。在令人信服地告訴讀者「可以證實這些文件反映的法令條文具
有令人驚喜的眞實性，向我們提供了唐代地方管理實踐的新圖景」
之後，作者立刻發出了警告：「必須謹愼地使用這些材料，敦煌和
吐魯番都是唐朝在中亞的軍事前哨。……在這種條件下，土地非常
稀缺，當地的環境在整個唐代疆域內並不典型。」(頁6)19世紀末
以來不斷發現的新材料在很大程度上是零零碎碎的片斷，作爲歷史
信息的資源，這些片斷無異是極其重要的。它們的偶然發現，爲現
在的研究者提供了西北一隅的些許歷史細節，塡補了今人對該地區
歷史認識的空白。但是絕不能僅僅以這些片斷爲基礎建構歷史的認
知架構，歷代沿襲的文獻如正史、會要、詩文集等對完整地認識歷
史仍然十分重要。在唐代制度史研究中，這是特別需要注意的。正
如偉大的唐史權威陳寅恪指出的那樣，在隋唐制度領域，只有少量
新出史料能夠提供重要信息[3]。

　　無論在理論上還是在實踐中，書評都難以充分公正地對待被評
論的書。評論者不可能僅僅通篇羅列本書的優點，而忘了書評的責
任之一是給被批評者挑毛病。接下去，本書評將對本書所討論的一
些主題加以補充，而非批評這一完成得十分細緻的成果。毋庸贅
言，評論者下面將要發表的看法並非一定正確，而下文被評論的觀
點如此富於創見，以致評論者自忖也不可能比作者作得更好。在其
中一些觀點上，評論者與作者不過是重心和評價的差異，並無對錯
之分。但是，即使是這樣的差異也標示了唐代經濟和制度史的問題
所在。評論者眞誠地希望，提出這些問題將刺激專家們對這一領域
的研究更加深入與廣泛。

3　參見陳寅恪，《隋唐制度淵源略論稿》(上海，1946)，頁1。

　　在第一章，作者嚴重質疑了唐政府採用均田制的合理性。他首先批評這個均田制系統是僵化的和與時代精神背道而馳的（頁1）。他在下文發揮了他的這一觀點：「唐王朝採用的以及西元624年《田令》所反映的土地制度，在本質上是與北魏田制一致的，儘管創設北魏田制時的社會、經濟環境與唐代已經大大不同。」（頁3）最後關於這一制度的衰落，他評論道，這不僅主要是因為均田制與中國社會發展趨勢相背離，也是因為支持均田制推廣的法律並不完備（頁10-11）。

　　首先，要指出一個重要的差別，說均田制已經不能適應西元624年的經濟狀況與說均田制在7世紀晚期以來的發展十分衰微，是兩個完全不同的概念。如果本書對均田制的批評對象是後者，那麼筆者完全同意，但不幸本書作者的立場顯然是，唐王朝採用均田制在一開始就是個錯誤。看來證實這一批評需要弄清以下三個問題：1、初唐的經濟情況是否允許政府採用這一制度？2、在採用均田制的時候，土地政策的制訂者們有沒有注意到當時的社會發展狀況，並關注到何種程度？3、究竟初唐政府是否有必要採用這一套系統呢？下面我們就按此順序逐個檢視這三個問題。

　　傳統學者和現代史學家都同意，均田制的推行依賴兩個條件，即人口不足與政府掌握大量土地。然而，就這兩個條件而言，西元624年的唐王朝與西元485年的北魏並非「相去甚遠」[4]。宋代學者王應麟引用劉恕、范祖禹（《資治通鑑》的兩位編者）和林勳的觀

　4　本書作者以486年為北魏推行均田制的時間，而未加解釋（頁1）。但大多數學者則接受485年。然而必須指出的是，即使這一時間也是非常自相矛盾的。參見唐長孺，《魏晉南北朝史論叢續編》（北京，1959），頁1620；繆鉞，《讀史存稿》（北京，1963），頁46-52。

點，認為均田制在北魏和唐都能推行，是因為在這兩個時期一方面農業人口稀缺，另一方面政府控制著充足的土地[5]。據杜預記載，初唐登記戶數下跌到不足300萬（從606年的約900萬），遲至西元657年唐高宗巡視汝州（河南中部）時，驚訝地發現當地依然地廣人稀[6]。至於初唐的土地制度，我們有充分理由相信國家掌握著大量土地。明顯的證據就是「賜田」的例子，初唐朝廷以一種驚人的慷慨姿態向大臣賜田。最著名的例子就是開國之君唐高祖向裴寂賜田1,000頃，時間正是唐軍勝利攻占長安不久的西元618年[7]。另一個例子是「賜田」的幅度從5[8]、10[9]、50[10]到300頃[11]間變化。在這樣的經濟條件下，唐王朝不但可以、甚而渴望推行均田制。

我們對第二個問題的回答較第一個問題相對複雜，因而需要先稍作申說。作者以敏銳的觀察捕捉到了土地政策導向與社會經濟發展趨勢之間的歧異，然而對二者的差異不應該高估。均田制並不是要取代土地私有制。最好的證據是桑田（後稱永業田或實業田，意為永久擁有之田），它的存在（當然是在有限的程度上）證明私人土地所有權在均田制下延續了下來。個人對土地的占有權到4世紀早期已經獲得了社會的廣泛認同，儘管「普天之下，莫非王土」的傳

5 　王應麟，《困學紀聞》（閣雲精舍本）卷16，頁14b-15b。

6 　《通典》（圖書集成本1901年刊本）卷7，頁2b-3a。現代學者對此的討論參見，李劍農，《魏晉南北朝隋唐經濟史稿》（北京，1959），頁243；賀昌群，《漢唐間封建的國有土地制與均田制》（上海，1958），頁35-38；岑仲勉，《隋唐史》（上海，1957），頁357-361。

7 　《舊唐書》（同文書局本），卷57，頁2b。本文引用正史，都據該版本。

8 　《舊唐書》（同文書局本），卷56，頁13a；卷58，頁7a。

9 　同上，卷59，頁14a。

10 　同上，卷67，頁10b。

11 　《全唐文》（彙文書局版，台北，1961），卷249，頁9a。

統政治理念在官僚中依然根深蒂固。「地主」（義為占有土地者，現代英語中相對應的詞是landlord）一詞在分裂時期（晉末五胡亂華）剛開始時在中國北方的廣泛使用，就很能證明這一點。這意味著那個時代的社會觀念已經接受了個人將土地作為私有財產而占有[12]。後來實行均田制的目的之一就是遏制（而非消滅）貴族士族對土地愈演愈烈的兼併。然而另一方面，均田制也在某種程度上試圖迎合地主對私有土地的要求。只要我們對均田制採取動態的視角，循著這一制度在它存續的300年（485-780）中興衰變遷的軌跡，這一點就顯得非常清楚。動態地看，在不同時期內發生的均田制系統內的種種細微的修正，以及均田制系統外同時發生的種種變化，都指向這樣一個越來越明顯的傾向：「承認私人占有土地的權利。」人們大可相信，土地政策制訂者們（包括唐初的官員）對當時社會經濟的真實狀態，盡其所能地給予了關注。限於篇幅，本文不擬展開細節討論，但下面兩點就足以說明情況：

首先，我們可以考察一下均田制框架內土地交易買賣權利的發展。拓跋魏時代，法律嚴格地規定，可供買賣的土地僅限於桑田。而且，其買賣數量限制在法定授田額度20畝以內[13]。然而到了北齊，關於土地買賣的法律有所鬆動，根據當時史料記載，出賣或抵押沒有登記的「未耕地或耕地」是合法的，買賣「露田」（後來又

12　《晉書》，卷100，頁20a。亦見束世澂文，刊《中華文史論叢》第3輯（1963年5月）文，頁38-39。

13　《魏書》卷110，頁6a。有趣的是拓跋魏法律規定：「有盈者無受無還。」這一條文似適用於那些已經積累了大量土地以使自己永久占有多於法定面積的土地的人。參見譚惠中，〈關於北魏均田制的實質〉，《歷史研究》，1963年第5期，頁137-139。

叫「口分田」，意即每口分得之田）雖然非法，買賣亦無重責[14]。這些修正可以看作是國家方面向土地私有權的步步退讓，這種讓步更可上溯到6世紀的前二十五年[15]。到了唐代，在特殊情況下國家分給個人的土地也可出賣[16]。因而，下一步就是承認個人對土地的所有權[17]。至於官員的永業田，初唐《唐律》的條文說，只有五品及五品以上官員可以賣它們[18]。然而到了一個世紀後的西元737年，相應的條文經修訂後默認所有的官員都可出賣永業田[19]。一位學者正確地指出，這一修訂表明政府對土地的控制更加鬆弛了[20]。顯然，這些都可視爲對急劇變化中的社會經濟狀況的回應。因而，此書的下列說法可能不太公平：「儘管西元624至737年間的歲月見證了帝國的經濟結構發生廣泛和基礎性的變遷，有關均田制系統的詔令的十二次修訂卻絲毫沒有注意到這一點。」（頁10）

其次，應該注意到政府以各種方式允許土地逐漸地集中到士族手中。從北魏到唐，均田制是占主導地位的土地佔有形式，但絕非惟一的形式。其他土地占有形式是均田制的重要補充。因而，客觀地評價一個王朝的土地政策，不但要研究主流土地所有制——均田制，而且還要注意到那些次要的土地所有制，下文就對這兩者進行簡要地討論。

14　《關東風俗傳》，引自《通典》，卷2，頁1b。這一重要材料有Etienne Blalazs 的法譯本，見*T'oung Pao*, p. 276-281.

15　唐長孺關於均田制的論文，收於《中國封建社會土地所有制性質問題討論集》（北京，1962），第2冊，頁561。

16　《唐律》，十二，第14條，此書在附錄I有譯文，頁136。

17　李劍農，《魏晉南北朝隋唐經濟史稿》4頁247-249。

18　見註4。

19　《通典》，卷2，頁3，譯文見此書頁130。

20　前引唐長孺文，頁537。

　　上文提到過「賜田」，賜田就是政府贈與的土地。在拓跋魏時代，魏宣武帝(500-515)將大量公共土地送給了平民，據推測他可能還允許其寵臣和貴族買賣「永賜田」(義為永久的贈與)[21]。由於賜田沒有區別是露田還是桑田，而且賜田由受贈者自由支配，因此很可能被當作私有財產[22]。作為一項行之已久的制度，賜田當然是對均田制系統的突破[23]。最後，賜田演變出兩種形式：常規的賜田是朝廷根據官員的品級賜予的；此外朝廷也根據需要臨時賜予官員土地，謂之「橫賜」。在隋唐兩代，常規賜田是可繼承的(所謂「永業田」)，於是賜田成了均田制系統內的組成部分[24]。賜田向永業田的轉化，以及種種非時橫賜，無疑為士族官僚兼併土地打開了一扇合法的側門。

　　唐代造就大地主的另外一個渠道是向政府「借荒」。這一舉措的出現可以上溯到拓跋魏時代。根據485年的田令，在地廣人稀的地區，政府根據申請，隨力所及，官方將公共土地借給民眾耕種[25]。這項政策的本意可能旨在鼓勵廣大民眾致力於農業生產，而不一定是賦予貴族階級的一項特權[26]。到了後來，士族卻把這項政策當成了將公共土地逐漸轉化為私有土地的穩定渠道。如在北齊時代，所有肥沃土地被有力者「借」去，而普通民眾卻不能從政府那裡得到

21　《關東風俗傳》，引自《通典》卷2，頁1b。
22　前引唐長孺文，頁572。
23　前引李劍農書，頁170-171。
24　唐承隋制的情況，參見《田令》第四條，此書附錄Ⅰ，頁126-127。
25　此書在頁16-17討論了這一問題。不幸的是，全書把「借荒」(chieh-huang)錯誤地音譯成了「hsi-huang」(惜荒)。
26　《魏書》卷110，頁6a-b。

哪怕一小塊好地[27]。這種情況延續到了唐代。752年的詔令批評
「借荒者括走了其中肥沃的土地並將其據爲己有」[28]。用本書作者
的話說：「大量史料證明大規模地圈占荒地與山地的行爲十分普
遍，這成了均田制範圍之外進行土地再分配與土地兼併的合法手
段。」（頁16-17）。

均田制在485-780年之間延續了300年，這三個世紀中它一直處
在變化之中。當我們分析這一延續了中古時期三個世紀的土地制度
時，有必要強調其正當性與延續性。但當我們考察它在這一時期的
演進時，又必須更多注意到它變化的一面。尤其在唐代，不但均田
制本身爲了適應社會經濟狀況的變化而作了種種調整，均田制以外
的其他手段，也以現實主義的精神配合著均田制的調整而作爲一個
整體變化著。因而，只有以歷史的視角認識到唐朝政府在處理土地
問題時所採用的手段越來越複雜這一事實，才能夠正確地理解與公
正地評價均田制[29]。

上面的討論自然引出了第三個問題：初唐社會經濟是否正朝著
土地私有制的方向發展？如果答案是肯定的，那麼何以唐政府要再
次引入均田制來干擾這一發展呢？在回答這些問題前，有必要先弄
清「方向」、「趨勢」或「運動」這些詞的意義。毫無疑問，一位
優秀的史學家應該從過去中發現這些東西。但是，我們必須承認，
確定一種特定的「方向」、「趨勢」或「運動」到底清晰、明顯或
強大到了何種程度，是極端困難的。而歷史學知識的本質是「回

27　《關東風俗傳》，引自《通典》卷2，頁1b。

28　見此書第1章註156的譯文，頁256。

29　近來，谷霽光《府兵制度考釋》（上海，1962）也討論了這一問題，參見
　　該書頁198-204。

溯」(retrodict)[30]歷史上到底發生過什麼，而不是猜測也許發生過什麼？因此，均田制最終為唐政府所採用這一事實至少說明，「承認土地所有權的運動」在7世紀早期仍不成氣候。

就這個問題本身而言，則可以從兩個層面回答。在理論層面上，正如本書作者已經指出的那樣，初唐的觀念仍認為土地屬於皇帝，或者更確切地說屬於國家(頁1)。因此，土地的支配權必然取決於政府。而且，必須注意「均」這一觀念在正統中國政治與經濟思想中的地位，漢代以來的很多制度都體現了這一觀念，雖然很多情況下流於表面[31]。至少在初唐，這個觀念被當作有效的口號以爭取普遍的支持。很難想像，當時的政府會片面地追隨所謂「時代精神」而採用放任主義的土地政策。

然而從實際權力鬥爭的層面考量，政策的設計與決策應該受到更多的注意。漢代以來，士族與國家圍繞土地占有展開的鬥爭一直沒有停止過。當然，保證稅收來源是國家非常關心的問題，但僅此不足以解釋一切。最近對自漢至唐的土地制度的研究表明，這一鬥爭能夠有效地解釋每個朝代內部興衰的周期。舉例來說，當一個王朝富強和穩定的時期，往往是皇帝能夠對土地所有權建立和保持牢固的控制的時期。另一方面，當土地流入士族豪強手中時，王朝衰落的徵兆便出現了。看來，占有土地不僅是權力的關鍵，更是國家與皇帝的重要基石[32]。因而當士族把他們在南北朝時代對社會各個

---

30 這個術語見W. H. Walsh, *An Introduction to Philosophy of History* (London, 1955), p. 41.

31 參見楊聯陞教授的近作，《史林》(1962)，第5期，頁31-32。進一步的闡述參見氏著*Les aspects économiques des travaux public dans la chine impériale* (Collège de France, 1964), pp. 59-62.

32 賀昌群，《漢唐間封建的國有土地制與均田制》，頁11-13。

領域的主導權延續到初唐時，初唐政府就有理由採取措施來保證土
地占有。舉例來說，從社會聲望的角度來說，建立唐朝的李唐家族
都不能與老牌的士族家族相匹，於是就有了這個著名的故事：唐太
宗強令《氏族志》的編纂者對該書進行修訂，使皇室置於舊士族的
前面[33]。因而，控制土地，就是把這一最強有力社會要素的作用發
揮到極致的最有效途徑之一。

　　唐代制度領域的初學者，經常欽佩唐代將革新與傳統結合時顯
現出來的政治智慧。均田制與唐代其他解決土地問題的手段，亦可
作如是觀。一方面，它延續了北朝以來通過國家控制的土地分配制
度，來鞏固重新統一的中國的帝國秩序。在另一方面，唐王朝又對
均田制和其他制度進行了修正與改進，以適應時代的需要。均田制
的成功因此也贏得了某種榮譽：爲貞觀之治(627-649)、開元盛世
(713-741)打下了基礎。採用對國家財政極端重要、卻「直接違反
時代精神」的均田制，爲唐帝國帶來了穩定和富強，也許這不是完
全不可能，卻肯定超越了歷史解釋的常規範圍。

　　與均田制系統崩潰直接聯繫在一起的，是本書在頁12-16討論
的遊民與遷徙問題[34]。在這一因果聯繫方面，本書對括戶(政府爲
了應付遊民問題而重新登記人口)問題的論述有兩點值得注意。第
一，作者非常謹慎地說：「這項政策的潛在目的現已不能完全搞
清。」(頁15)但他隨即補充，其中既有政治目的也有經濟目的。說
到政治動機，應該充分考慮到，唐政府擔心持續的遊民現象可能導

33　《舊唐書》卷65，頁3a-4a。亦見陳寅恪，《唐代政治史述論稿》(上
　　海，1947)，頁57-59。

34　對此問題給予充分關注的還有前引李劍農書，頁249-254，李氏在此搜
　　集了很多與本論題相關的材料。

致普遍的動蕩甚至公然造反。李嶠在西元695年的奏疏中指出：長期流竄的遊民不僅給國家造成巨大的經濟損失，而且可能帶來更嚴重的社會危機[35]。西元711年一個叫韓琬的御史也表達了同樣的意見[36]。這種擔心絕非杞人憂天。事實上，西元680年以來河南[37]與四川[38]等地都有遊民落草爲寇的報告。採取括戶政策的目的顯然是讓流民回歸到定居的常規狀態。

其次，本書作者探信了宇文融在西元721年首先建議括戶的傳統觀點(頁14)[39]，可以肯定的是，他沒有忽視在宇文融之前的李嶠的奏疏，因而作者採用了岡崎文夫的觀點，即李嶠的建議深刻地影響了宇文融後來的政策(頁211，註121)。但在另一處，他又指出：「李嶠只是提出了一個建議，但沒有被朝廷實行。」(頁221，註126)而最近對吐魯番敦煌文獻的研究卻表明，事實也許並非如此。[40]在吐魯番文書中，倖存下來一份嚴重破碎的西元702年(或703)的致「括浮逃使」的報告，這份文件可能來自當地官府[41]。其全貌雖不幸不可復睹，但其標題中提到的「括浮逃使」和「浮逃行客」兩個詞，顯然是這份文書的主題內容，這已經清楚地指示：至遲在西元703年括戶政策已經付諸行動。由大谷公爵探險而發現的一件敦煌

---

35 《唐會要》(台北，世界書局，1960)，頁1560。
36 同上，頁1561-1562。
37 同上，頁1252。
38 《舊唐書》卷211，頁1a-2b。
39 需要指出的是，早在6世紀早期的北魏，括戶政策就已經被用來對付均田制下出現的嚴重流民問題。參見Etienne Balazs前引書，頁199-200註81。
40 唐長孺，〈關於武則天統治末年的浮逃戶〉，《歷史研究》，1961年第6期，頁90-95。
41 轉引自前引唐長孺書，頁90。

文書也是一個有力證據。這是一份低級衙門向州長官提交的報告，時間大概在西元703年，集中而詳細地描述了流民問題。文書的開頭描述了近段時間流民的情況：農民持續地逃向鄰近的州。接著，就怎樣才能讓農民回鄉提出一些建議。這份文書受到了上級官司的評價和賞識，其抄本被下發到鄰近各州衙門，並申報給朝廷指派的專門處理戶籍再登記問題的官員，文書中稱為「括浮逃採訪使」、「括逃御史」或「括逃使」[42]。這兩個文書證明了一個傳統估計：武周統治下全國各道長官都執行了重新登記流民的命令[43]。這強有力地證明了，李嶠的奏疏曾被付諸實施是無可置疑的[44]。而玄宗朝宇文融的括戶政策只是武周時代末年在某種程度上推行過的同樣政策的延續。這一點並不令人驚訝，眾所周知，武周時代開始實施的一些強有力的政策在玄宗朝得到了繼續執行[45]。

　　唐代的稅制是另一個學術熱點，這是由於在唐代發生了由租庸調制(一種丁口稅系統)到兩稅制(一種基於將納稅人財產與所耕土地等級結合起來進行評估的改良稅制)的革命性變化(780)。對這一變化，本書在第二、三章中進行了討論。遺憾的是，本書作者過多地注重了統計分析，而對唐代財政管理變化的一面著墨不夠，而這些伴隨著稅收手段的變化而產生的具有歷史重要性和廣泛影響的現象，普通讀者卻只能從本書得到一個模糊的印象。因而下文的評論也是出於這樣一個願望：使本書的價值變得更加清晰易知。

　　兩稅制作為一種稅收手段，正如現代學者的研究指出的那樣，

42　轉引自《敦煌吐魯番社會經濟資料》，2，頁12-14.
43　《新唐書》卷125，頁1b。
44　前引唐長孺書，頁94。
45　陳寅恪，《唐代政治史述論稿》，頁14-16。

並不是什麼新事物[46]。即使如此，為了便於討論，仍可將西元780年作為唐代稅收政策重心的轉變的標誌。在租庸調體制下，田稅是整個稅收體制的重心，這顯然是沿襲了北朝的舊規。然而在西元780年之後，非土地稅源，包括手工業與貿易，在國家財政中的比重大大增加了，這一現象讓人回想到南朝的類似情況[47]。而且，從8世紀中葉起，唐政府採取了以前南朝政府採用過的許多措施和實踐，以向商人階層抽稅。兩稅制本身就是這一趨勢的表徵。舉例來說，兩稅制系統所強調的一條原則就是基於財產評估的徵稅，而這一原則，發端於南朝劉宋(420-478)，並為南朝以後幾個政權所沿襲[48]。

在稅收政策的重心發生變化的同時，國家財政對南方經濟的依賴也日益增加。不難發現，手工業與商業在南方發展得更好，而北方則基本上朝著農耕經濟前進。需要指出的是，南、北方地區之間的如此重要的區域性差異，存在了很長時間，自南北朝以來便是如此，但在南北統一一個多世紀後，這種差異再次變得明顯起來。正如本書作者所警告的那樣，這一差異不應被誇大，它畢竟只適用於國家歲入結構與大城市的比較上[49]。不過，在國家財政的層面上，這種差異無可否認是至關重要的，稅收制度和土地制度都受到它的

---

46 最近的研究見王仲犖文，《歷史研究》，1963年第6期，頁117-134，該文綜合了傳統史料和新出文獻。而徹底反對兩稅制是由「地稅」、「戶稅」演變而來的觀點，見曾我部靜雄的論文，《東洋學集刊》，2(1959年12月)，頁3-24。

47 楊聯陞，〈中唐以後稅制與南朝稅制之關係〉，《清華學報》，第12卷，第3期(1937年7月)，頁613-618；陳寅恪，《隋唐制度淵源略論稿》，頁107。

48 楊聯陞上引文，頁613-615。

49 頁209-210註109。頁28-29也在某種程度上涉及了這一問題。

影響。在南北朝時代，北方推行的均田制導致田賦成了主要的國家
財政收入。南方則相反，現在可知在3世紀到6世紀間，大土地所有
者大量增長[50]。因之，爲了應付政府支出，各色賦稅被強加到商人
頭上。由於南北對峙的政治態勢，兩個完全不同類型的財政系統並
立也就不是不合邏輯的了。但是，在重新統一的隋唐時代，我們立
即發現以統計的方式解釋這種並存，面臨著不可克服的困難。

在理論上，法令顯示，全國的土地與稅收系統得到了統一，而
且均田制與租庸調制的關係如此密切，以致於通常二者被看成是一
個不可分割的有機整體。但是，西元589年隋統一江南後發生的一
切仍令人生疑。在隋文帝時代(580-604)，南方士族受到了嚴厲的
壓制。而且，西元592年朝廷派出使者到南方，在那裡像全國其他
地方一樣推行均田制[51]。然而，事實上，江南經濟模式遠比帝國法
令頑固，根深蒂固的南方大土地所有制是否已經完全、或根本上溶
解於均田制之中，實在是值得懷疑的。本書作者認爲：「在南方和
長江流域，用於進行大規模農作的土地高度集中，均田制自然不能
在此地紮下很深的根。」(頁17)實際上，我們對唐代財政管理制度
的理解中，有一環節是我們知之不多、甚至忽視的。大多數研究只
是關注了那些頒行全國的法令，或者是敦煌吐魯番文書這樣具有鮮
明西北邊陲地域特徵的文獻。也許，爲了獲得對南方地區均田制崩
潰前的經濟狀況更加具體而眞切的認識，我們應該擴大考察的範
圍[52]。就稅收管理實踐而言，類似西元780年的變異早在此前就在

---

50 唐長孺，《三至六世紀江南大土地所有制的發展》(上海，1957)，較新
 的成果見劉毓璜文，《歷史研究》，1962年第3期，頁116-133。

51 《隋書》卷24，頁13a-b。亦見Etienne Balazs, T'oung Pao, p. 157.

52 我同意本書作者的這一觀點，即，古賀登的兩篇文章(《史觀》，46，

南方存在了。著名的「租布」就說明了這一點。在南朝,將應輸穀物根據家族地位而分等折合成布匹輸納,是一種行之已久的實踐。類似的做法在6世紀末以前仍可以在南方發現,但到西元737年爲止它一直不是唐代官方稅收體制的一部分[53]。西元780年後,代償物的範圍由布匹擴展到現金和其他支付物[54]。不幸的是,現在我們已經無法弄清,到底這一辦法是在經歷了隋代和唐初的廢棄後,再度被唐稅收體制所吸收的呢?抑或是一開始就在區域層面上作爲行之有效的徵稅方式而被保留了下來?陳寅恪看來認同後者,但是未能提供哪怕一點證據[55]。另一方面,需要指出的是,這一現象本身揭示了租庸調制富於彈性的一面,從而給了我們與本書作者爭辯的勇氣:唐代均田制並非如本書作者所認爲的那樣僵化。

最後,我將討論以下幾個小問題。

(1)大多數有關唐代貨幣和信用的問題(本書在第四章討論到),在中文著作中都有廣泛而富於學術價值的探討,儘管角度可能有所不同[56]。在很多情況下,後者提供了更多的細節。本書所討論的「銀錠」問題(頁283註41),通過楊聯陞教授的著作,可知1938年出版的奧平昌洪《東亞錢志》中已經著錄了一件現存的9世

(續)─────────────

1956年3月;《東方學》,17期,1958年11月)論斷江南地區從未推行均田制,缺乏足夠的證據(本書頁28與頁240註49)。但是,我仍然覺得這一正確研究路線值得繼續推進,關鍵是要更加仔細地搜討唐初期史料以找到證據。

53　陳寅恪,《隋唐制度淵源略論稿》,頁114-115。對南朝「租布」的不同解釋,見唐長孺,《魏晉南北朝史論叢》(北京,1955),頁73-84。

54　古賀登,《東方學》17,頁66-74。

55　陳寅恪,《隋唐制度淵源略論稿》,頁107,104。

56　彭信威,《中國貨幣史》(修訂版,上海,1958),頁178-255。本書初版於1954年。

紀唐代模具。1956年，在西安西北郊區的大明宮遺址發現了至少四件天寶年間(742-755)錠的實物。在它們的一面，刻著「天寶」字樣標示其鑄造時間，另一面則刻著「五十兩」字樣標示其分量。這些錠的度量，無疑是統一的，因爲這些錠是從不同地區進貢到朝廷的[57]。

　　有時，彭信威的觀點和解釋，也與本書作者存在分歧。如確認西元845年諸道所鑄銅錢的原鑄地時，此書的作者認爲銅錢上刻的「昌」，指的是其原鑄造地昌州，而不是年號——「會昌」(頁341註1)。彭氏則認爲這枚刻著「昌」字的銅錢鑄於揚州，並提出理由說明「昌」是年號會昌的意思，而其他銅錢上刻的標誌卻又代表鑄造地。至於刻有「揚」字的銅錢，彭氏對其眞實性表示懷疑[58]。另外一個例子就是「交子」這一中國歷史上最早的發行於1024年的官方紙鈔。日本學者如加藤繁和日野開三郎經過艱苦探索，得出了交子起源於櫃坊(可考最早出現於中唐的金融機構)的存款憑證的結論。這一結論已經爲包括本書作者在內的許多學者所接受(頁73-74)，但是彭氏認爲此說仍缺乏直接證據[59]。因爲彭氏此書已經成爲這一領域的標準參考書，因此，無論如何都是值得討論相關主題的作者參考的。

　　(2)在此書頁70-71，作者談到了著名的唐與回鶻(曾幫助唐平定安史之亂)的馬匹貿易。每年唐都向回鶻支付足量的絹，卻換回

57　同上，頁197與頁200註18。更多的討論見唐長孺文，《學術月刊》，1957年第7期，頁29-30；以及萬斯年文，《文物參考資料》，1958年第5期，頁32-35。

58　彭信威《中國貨幣史》，頁188-189。

59　同上，頁280-281，頁288註6。

來其實並不眞正需要的馬。本書認爲：「在研究絹馬交易中絲的大小和質量時，至少應該注意到，標準大小的絹是一種貨幣，有缺陷的絹與劣質銅錢等值。」確實如此。根據唐朝法令，絹的標準尺寸應當是，每匹寬1尺8寸、長40尺（頁282註36）。可是，我們必須注意到在唐代劣質絲實際上並不少見，尤其是在支付給回鶻的大宗絲布中。大詩人白居易(772-846)已經告訴我們，回鶻人抱怨唐絹「短尺粗織」，而這些絲經常長達30多尺[60]。至於一匹回鶻馬相當於多少絲，學術界一直對官方資料提供的40匹這個數據存在爭議（頁282註35）。白居易的詩提出了50匹這個標準，這爲韋利所採信[61]。出現這種差異的原因可能是絲的質量不同：40匹是指質量好的「絹」，而50匹是指質量差一點的「縑」[62]。而且，白居易在西元809年代表唐王朝寫給回鶻可汗的一封信中要求，把2萬匹馬換50萬匹絹的價格，降低爲25匹絲換1匹馬。這又是一個困擾歷史學家的痛苦問題[63]。需要進一步指出的是，在政府向人民搜集絲時，絲的長度有時還可能增加到45尺1匹。尤其在徵收料綾時更是如此，因爲這是產自越州向朝廷進貢的最上等絲[64]。

　　(3)本書有關唐代財政管理的章節涉及到有關「六部」與「九寺」的關係，作者寫道：

　　　唐代以六部爲基礎的管理體系是從北朝發展而來的，這一

60　Arthur Waley, *The Life and Times of Po Chü-I* (London, 1949), p. 55；陳寅恪，《元白詩箋證稿》（北京，1955），頁245。

61　Arthur Waley, p. 55.

62　陳寅恪，《隋唐制度淵源略論稿》，頁243-244。

63　同上，頁244-245；Waley, p. 221.

64　陳寅恪，《隋唐制度淵源略論稿》，頁233-234。

體系與自漢朝保留下來的舊九寺體系並存。很多情況下，
這些機構的職能是互相重疊的，幾乎不可能準確明晰地區
別它們各自的職權範圍。但可以肯定，九寺決不是沒有實
權的擺設，而是真正獨立的權力機構，有些時候它比與之
對應的六部更有權勢。（頁102）

　　六部與九寺這兩個在職能和責任表面上重合的官僚體系，確實
長期困擾著歷史學家。然而，我提請作者注意嚴耕望大約十年前發
表的研究成果[65]。嚴氏的研究說明，在安史之亂掃蕩一切之前，這
兩套機構的職能範圍是有清晰的界定的。通過對所有可能找到的史
料進行排梳，包括吐魯番文書和日本藏唐代文書，嚴氏得出的結論
是：九寺五監並非與六部平行，而是隸屬於六部。一般而言，相對
於九寺五監，六部是政策的決策和制訂機構，寺監接受來自六部的
指示，並在執行這些指示後向六部彙報。換句話說，六部掌控著帝
國全部行政職能，但只行使了其中一小部分的最重要的責任。多數
常規細務是由寺監處理的[66]。這種關係尤其明顯地表現於太府寺、
司農寺與戶部之間。例如，在某些情況下，司農寺受戶部的子司
「倉部」的指導，而太府寺則受戶部的另一子司「金部」的控制[67]。
此書認為這些部門是互相平行並獨立行使職權的（頁102-103）。嚴
氏還引用了一份著名政治家陸贄的奏疏，他從正面肯定太府寺應該

65　嚴氏的兩篇論文見《大陸雜誌》2.11（1951年6月）、4.8（1962年4月）；更
　　詳細的論述參見《中研院史語所集刊》，24（1953）。下面引述的觀點引
　　自後者，部分內容亦見《唐僕尚丞郎表》（台北，1956），頁16，崔瑞德
　　教授參考過該書的很多觀點。
66　嚴耕望前引書，頁1-45。
67　同上，頁34。

在戶部的重要子司──度支的指導和監督下行使職權[68]。同時代的史料也證實了這一事實[69]。當然，嚴氏的研究還不能回答所有問題。譬如我們依然不清楚，一個寺監是否僅僅隸屬於六部中的一個特定的部──看來似乎不大可能，或它可能同時(或在不同時候)受若干個相應的部的管轄。然而大體而言，我們應當接受他的那些建立在無可置疑的證據之上的基本觀點[70]。

(4)在音譯方面，本書存在著一些錯誤需要糾正。譬如，chieh(借)誤拼成了hsi(惜)。上文我們已經指出了chieh huang(借荒)的例子。還有一個例子是hsi-yung(惜用)應當作chieh-yung借用。Shuai-tai(率貸)被誤譯成shuai-huo(率貨)。Ts'ao-tsui的翻譯也是錯誤的，正確的是去掉末尾的i，作Ts'ao-tsu(漕子)。鞠清遠《唐代財政史》的「財」字被音譯爲tsai，正確的應當是ts'ai。在第10頁還有一個重要的錯誤：「在Kao-tsung's(高宗)統治時代(627-650)，這些士族因占有大片肥沃土地而引來不滿。」乍看起來，這裡似乎把T'ai-tsung(太宗)寫成Kao-tsung是印刷錯誤， 甚至括號裡的時間也是錯誤的，太宗的統治時期是626-649年；但是翻檢引文出處(頁216註86)，發現它所說的是發生在高祖時代的事情(618-626)。而且，引文中也只說到了「併兼田產」，而沒有提到土地是否「肥沃」，或者兼併土地的規模有多大[71]。

---

68 《陸宣公翰苑集》，四部叢刊初編縮本，頁169。

69 嚴氏前引書，頁38。

70 石田幹之助亦主此説，參見他給嚴氏論文所作的註釋，見《東方學》，8(1954年6月)，144。岑仲勉對嚴氏的論斷作有未指名的簡短批評(《隋唐史》，頁532)，但不幸的是，他給出的論據是無力的，而且這些論據嚴氏不僅注意到，而且也作了解釋。

71 《舊唐書》卷64，頁4b。作者與我在標註頁碼上的不同，是因爲作者使

　　據A review article on D. C. Twitchett, *Financial Administration under the T'ang Dynasty, Journal of the American Oriental Society* 84.1(1964): 71-82譯出。

（王宇譯）

　　用的是百衲本。

索引

五劃

余英時文集10

漢代貿易與擴張：漢胡經濟關係的研究

2023年1月二版　　　　　　　　　　　　　定價：平裝新臺幣480元
有著作權・翻印必究　　　　　　　　　　　　　　精裝新臺幣680元
Printed in Taiwan.

著　　　者	余	英	時	
譯　　　者	鄔 文 玲			等
編　　　者	何			俊
總 策 劃	林	載	爵	
總 編 輯	涂	豐	恩	
副總編輯	陳	逸	華	
叢書主編	沙	淑	芬	
校　　對	陳	龍	貴	
封面設計	莊	謹	銘	

出　版　者	聯 經 出 版 事 業 股 份 有 限 公 司	總 經 理　陳 芝 宇
地　　　址	新北市汐止區大同路一段369號1樓	社　長　羅 國 俊
叢書主編電話	(02)86925588轉5310	發 行 人　林 載 爵
台北聯經書房	台 北 市 新 生 南 路 三 段 9 4 號	
電　　　話	(0 2) 2 3 6 2 0 3 0 8	
台中辦事處	(0 4) 2 2 3 1 2 0 2 3	
台中電子信箱	e-mail:linking2@ms42.hinet.net	
郵 政 劃 撥 帳 戶	第 0 1 0 0 5 5 9 - 3 號	
郵 撥 電 話	(0 2) 2 3 6 2 0 3 0 8	
印　刷　者	世 和 印 製 企 業 有 限 公 司	
總　經　銷	聯 合 發 行 股 份 有 限 公 司	
發　行　所	新北市新店區寶橋路235巷6弄6號2F	
電　　　話	(0 2) 2 9 1 7 8 0 2 2	

行政院新聞局出版事業登記證局版臺業字第0130號

本書如有缺頁，破損，倒裝請寄回台北聯經書房更換。　ISBN　978-957-08-6715-2 (平裝)
聯經網址 http://www.linkingbooks.com.tw　　　　　　ISBN　978-957-08-6716-9 (精裝)
電子信箱 e-mail:linking@udngroup.com

本書中文譯稿由上海世紀出版股份有限公司古籍出版社授權使用

國家圖書館出版品預行編目資料

漢代貿易與擴張：漢胡經濟關係的研究/余英時著.
　鄔文玲等譯 . 二版 . 新北市 . 聯經 . 2023.01 . 380 面 . 14.8×21 公分 .
　譯自：Trade and expansion in Han China : a study in the structure of
　　　 Sino-barbarian economic relations
　ISBN　978-957-08-6715-2（平裝）
　ISBN　978-957-08-6716-9（精裝）
　[2023年1月二版]

　1. CST: 國際貿易　2. CST: 漢史　3. CST: 少數民族

558.09202
　　　　　　　　　　　　　　　　　　　　　　　111021607